不平静的人生

李深静传

清华大学华商研究中心 ◎ 著

清华大学出版社
北京

内 容 简 介

李深静（1939 年 6 月 3 日—2019 年 6 月 1 日），马来西亚第三代华人，著名企业家、教育慈善家，获颁"丹斯里"勋衔，祖籍福建省永春县。幼年家境贫寒，中途曾一度因交不起学费而辍学，儿时卖过冰棒，长大后当过园坵经理，开过加油站，白手起家，先后创立著名的 IOI 置业集团和 IOI 集团，建立起了房地产开发、酒店、商场和棕榈种植、棕油精细化工等两大事业王国。2019 年《福布斯》全球亿万富豪榜上，他以 221 亿马币身家成为马来西亚第五大富豪。

本书记录了李深静先生艰苦奋斗而又心系公益的传奇一生。本书共分三篇：上篇记录李深静白手起家的创业历程，以及他自强不息、诚信合作的精神；中篇记录李深静先生影响久远的慈善事业，他回报桑梓并积极投身教育；下篇记录李深静的成长经历，以及他教育子女、振兴宗族的家国情怀。

图书在版编目（CIP）数据

不平静的人生：李深静传 / 清华大学华商研究中心著 . -- 北京：清华大学出版社，2024. 12. -- ISBN 978-7-302-67683-6

Ⅰ. K833.853.8

中国国家版本馆 CIP 数据核字第 20245E3D71 号

责任编辑：王巧珍
装帧设计：傅瑞学
责任校对：王荣静
责任印制：杨　艳

出版发行：清华大学出版社
　　　　　网　　　址：https://www.tup.com.cn，https://www.wqxuetang.com
　　　　　地　　　址：北京清华大学学研大厦 A 座　　　　邮　　　编：100084
　　　　　社 总 机：010-83470000　　　　　　　　　　邮　　　购：010-62786544
　　　　　投稿与读者服务：010-62776969，c-service@tup.tsinghua.edu.cn
　　　　　质量反馈：010-62772015，zhiliang@tup.tsinghua.edu.cn
印 装 者：北京联兴盛业印刷股份有限公司
经　　销：全国新华书店
开　　本：165mm×240mm　　　印　　张：18　　　字　　数：253 千字
版　　次：2024 年 12 月第 1 版　　　印　　次：2024 年 12 月第 1 次印刷
定　　价：122.00 元

产品编号：105855-01

目　录

深水静流，隽永不息
——深切缅怀马来西亚企业家李深静先生

世界上有成千上万成功的企业家，但是极少有企业家能像亨利·福特或者乔布斯那样，在他们离开这个世界之后，影响力依然生生不息，甚至愈发深远，成为传奇。

马来西亚杰出企业家李深静先生就是这样一个传奇！

为什么李深静先生能成为一个传奇？这至少有三个理由。第一个是他白手起家创立的商业帝国。李深静先生生前是世界最著名的华人企业家之一，他领导的 IOI 集团一度是马来西亚证交所市值最大的上市公司，即使到目前为止，马来西亚也还没有一家私人创办的上市公司取得如此辉煌的业绩。李深静先生被誉为"世界棕榈油大王"，从棕榈种植、精炼到产品开发，IOI 集团拥有全世界最大、最全的棕榈油产业链，在这一领域稳居全球领先地位。棕榈油是高端食品必不可少的配料，也是许多工业产品的必用原料。除此以外，在他的带领下，IOI 集团在房地产、娱乐休闲等产业都有涉猎，在房地产领域也是全球领跑企业。

比商业帝国更为可贵的是李深静先生白手起家创业的精神。他出生于马来西亚的一个贫穷的华人三代移民家庭，从小他就明白，自强不息、敢闯敢干不仅能够让自己摆脱贫困，更能够为社会做贡献。家中七个孩子，李深静排行第五，为了补贴家用，他很小就骑着自行车去各地卖冰棍。年幼单薄的他，没法推动负荷满满的自行车，每次骑车起步时，他都需要求助路边的大人帮忙推一把，才能顺利上路。这让他从小就懂得一个道理，人生的起步阶段，往往都需要能力更强的人推一把。反过来，当自己成功，有能力之后，也要推一把那些没有成功还需要帮助的人。但是，归根结底，一个人还得靠自己努力奋斗、自强不息。有一次，他刚出门不久就遇到了狂风暴雨，他满载冰棍的自行车在泥水里越陷越深，顷刻间冰棍都要倾倒于泥水之中。在暴雨泥泞中，他使出全身力气，用他瘦小的身躯紧紧顶住即将倾倒的自行车，默默地向上天祈祷，祈祷上天帮助他扛过这个艰难的时刻。凭着坚定的信念和顽强的毅力，他终于等来路过的好心人，帮他渡过难关。成年后，他在棕榈园找到了工作，通过不懈努力，逐步掌握了棕榈树的种植技术和棕榈园的管理技巧，一步一步从种植园的员工变成了管理者，最后变成了拥有自己棕榈园的企业家。

李深静先生成为传奇的第二个理由是他影响久远的慈善事业。孟子曰："穷则独善其身，达则兼济天下。"作为世界著名企业家，他秉持着从小骑自行车起步的感悟，不遗余力地回馈社会。对身边的员工，他永远给他们鼓励；对生活困难的员工，他主动伸出援手，帮助他们走出困境。他深深感激马来西亚对华人的包容，也一直努力回馈马来西亚社会：他设立了丹斯里李深静基金会，每年捐赠千万元帮助马来西亚各地的贫寒学生完成学业。后来，厦门大学在马来西亚开设分校，他也积极奔走、鼎力相助，并捐赠 3 000 万元支持了分校的建设。

李深静先生明白自己的成功不仅是他个人努力奋斗的成果，同时也归根于中国文化的孕育。在事业起步后，他始终心系祖国，致力于祖国的教育事业，在泉州、厦门、北京等很多地方，不间断地捐款支持多所学校的建设和发展。

我清楚地记得 10 年前，受清华大学的委托，我负责筹建清华大学苏世民书院，2014 年 2 月，我和几位同事到吉隆坡拜访李深静先生。在 IOI 集团总部，我们一见如故，他热情地给我们介绍他的产业，包括他的种植园、加工厂以及棕榈油的广泛应用。当天晚上，他又设宴盛情款待我们，晚饭之后，借着微醺的威士忌，伴着吉他手的弹奏，他深情地唱起了《月亮代表我的心》《何日君再来》等歌曲，一首接一首，深情款款，情深意重。第二天一大早，他又来到酒店和我们共进早餐，情真意切地为我们送行。正是因为李深静先生的慷慨解囊，苏世民书院在创建初期获得了来自华裔企业家群体的广泛支持，为书院的起步奠定了关键基础。

育子有方，薪火相传，这是李深静先生成为传奇的第三个理由。他非常注重孩子的家庭教育。我仔细分析发现，李深静先生育子有三大法宝。第一法宝是言传身教，孩子小的时候，要言传身教而不是说教。李深静先生在事业起步时期，每次去棕榈园巡查，都会带着孩子同行，让他们实地学习，点滴培养，润物无声。第二大法宝是当孩子稍大以后，大胆放手，让孩子自己去社会上历练。他把次子李耀昇送到新加坡寄宿学校学习，李耀昇毕业后又留在新加坡并在跨国企业独立工作，在李耀昇经过一段时间历练后，才让他回IOI，作为自己的特别助理亲自培养他。第三大法宝是当孩子成人之后，平等尊重，耐心沟通。在李深静先生生命的最后时期，看着自己亲爱的孩子李耀昇还没成家，他并没有像很多家长一样，给孩子压力，而是不动声色与儿子亲切交谈，李耀昇对这种无声的教育铭记在心。一次非常偶然的机会，李耀昇看报纸时，注意到马来西亚新上任的能源、科学、技术、环境及气候变化部部长杨美盈女士的新闻，被深深触动并就此认定杨美盈就是他理想的人生伴侣。后来在李深静的鼓励下，他和杨美盈女士相识相恋，携手步入婚姻殿堂。

我经常思考一个问题：华人企业家为什么能在世界各地取得成功？也许李深静先生光辉的一生就是最好的答案。在马来西亚这个多元而包容的社会环境里，以李深静先生为代表的一批华人企业家，自强不息，努力拼搏，激发出生命最大的光和热。以语言学习为例，马来西亚的成功华人企业家必须同时掌握多种语言，即普通话、闽南话、广东话、马来语、英语，甚至还有当地原住民的语言。他们还必须准确把握异国他乡极其复杂的社会关系。能在异国他乡站稳脚跟并闯出一片天地，靠的就是优秀的中华文化。有人讲中国没有宗教，但是我一直认为，中国的优秀传统文化比很多狭义宗教更为包容、更有活力，在异国他乡孤独的环境中，中华优秀传统文化激发了华人的潜力，让他们成长为社会的中流砥柱。

斯人已去，我们永远怀念李深静先生。李深静先生创立的企业，正在由他的孩子继续发扬光大。李深静先生的精神，也影响着一代又一代的年轻人。

李深静先生去世以后，作为李深静先生精神的传承人之一，他的次子李耀昇先生和我都不约而同地思考一个问题：如何让李深静先生的精神在祖国大地代代相传？李耀昇先生提出，要不要开设一个李深静先生讲座系列放在清华大学中国经济思想与实践研究院。我经过深思熟虑，建议以李深静先生的名义在清华大学捐赠建设一个学术大楼，就是我们清华大学期盼已久的社会科学大楼。在这里，社科学子们每次驻足停留在李深静先生纪念匾前，了解先生的生平事迹，一定会铭记李深静先生的恩情，缅怀李深静先生的光辉事迹。2020年，在清华大学举行的捐赠仪式上，李耀昇先生留下了深情的眼泪，李深静先生的精神，将在清华得到永久的传承。

深水静流，生生不息，永远缅怀我们尊敬的李深静先生！

李稻葵

清华大学苏世民书院创始院长

清华大学中国经济思想与实践研究院院长

2024年1月9日

序

一

父亲已经离开我有四年之久，很遗憾再也见不到一生中最挚爱的他。

我对父亲的回忆，一直深深地埋在心底，酿成长久的思念。俄国文学大师高尔基曾经说过："父亲是一部震撼心灵的巨著，读懂了他，你也就读懂了整个人生！"人至中年的我，慢慢体会到，一个人要读懂父母，尤其是一个男人要读懂父亲，需要岁月的沉淀和人生的阅历。

思念常伴，历久弥新。随着岁月的流逝，也许一座石碑会因风雨而被侵蚀，碑文也会褪色。鲁迅说过："时间是忘却的救世主。"我却不能释怀，时间无法稀释浓浓的血缘，时空无法阻断深深的思念，有关父亲的往事总是那么清晰，如在眼前。父亲离开后，我有很长一段时间沉浸在悲痛之中，日思夜想。因思念心切而常常与父亲在梦里相见，如幻似真，几次梦醒，不知是梦，是回忆，还是……始终无法忘却父亲陪伴在我身旁的岁月。每当遇到一些困惑，我总会不由自主地想起父亲，如果他还健在，一定会给我恰当的建议和忠告。而当我取得一点成绩，父亲又会为我感到别样的欣慰和骄傲。只可惜，亲爱的父亲再也回不到我身边了。随着岁月的流逝，我也必须试着开始接受现实，学会将对父亲的思念更多转化为前进的动力。

父亲是我一生的眷念。在我的内心深处，父亲永远都在。他眼神坚定，富有魄力；他头脑敏捷，智慧过人；他气宇轩昂，乐观豁达。他的音容笑貌深深地留在我的脑海里，依然鼓舞着我，鞭策我前进。人们常说父爱如山，父亲的爱会给家庭带来信心和力量。父亲是家庭的顶梁柱，是我们子女不可或缺的良师益友。我的父亲为人低调，勤奋好学，诚实守信，勇于担当，平易近人，充满热诚，乐善好施，广结善缘，他的这些为人处世的态度，是我心中永恒的丰碑，是点亮我前进的灯塔，鼓励和引导着我继承并发扬他的精神——至善至美。

我曾经探索过，到底是什么原因使我父亲可以从一个没有受过高等教育的农民，变成一位可以在逆境中成长，善用商机去创造属于自己商业帝国的翘楚。这两年里，我因会议和商业往来经常遇见父亲生前的很多朋友和知己，和他们的交流让我感受到人生最重要的意义在于，一个人在有限的生命中改变了多少人的命运，影响了多少人的人生。

我父亲一生最大的骄傲，并不是为自己创造了多少财富，而是为员工带来了就业机会，为生意伙伴们搭建了合作平台，为贫困儿童带来了教育资源，给予员工与贫困的人们改善自己和家人生活条件的机会。他在晚年把自己大部分的时间奉献给马来西亚和中国的教育事业。其中包括他自己在马来西亚全资建设的深静（前哈古乐）国民华文小学，捐款建设的百年老校坤成独立中学与中国老家永春的多所中学、小学，以及向中国最高学府清华大学和厦门大学捐款等。

他不仅为我们留下了巨大的物质财富，还为我们留下了更加宝贵的、用之不竭的精神财富。父亲在马来西亚享有盛誉，是对国家和社会有巨大贡献的杰出人士，是马来西亚华人的骄傲。

父亲这辈子有太多值得我学习和记录的事迹。我作为家里的老幺，随侍和陪伴在父亲身边多年，父亲今天的成功不是一蹴而就的，是他用辛苦劳作的一生换来的，虽名为深静，却没有一天平静下来的人生。如果将企业家的成功归功于企业家精神，那么从我父亲的经历可以看出，一个人的成功绝非偶然，那些鲜为人知的故事背后是不服输的拼搏、敢于攀登高峰的一次次冒险、诚信与合作的处事态度，这些在我父亲身上体现得淋漓尽致。

父亲生前的好友，中国前驻马来西亚大使胡正跃曾经多次劝说他出一本个人自传。但父亲态度坚决地说事业未竟，往事也不忍回首，苦难太多或许无法倾诉，希望再多给他一些时间。父亲将一生中大部分的时间留给了事业，他志存高远、低调做人，令人敬慕。

二

父亲早年贫穷，不得不以骑自行车卖冰棍为生，尝尽人生酸甜苦辣。然而，卖冰棍也让父亲领悟出一番道理，既是经商之道，也是为人之道。当年，父亲骑的自行车后座放着一个又大又重的冰柜，起步时需要别人帮着推一把，车子达到一定速度，才能维持平衡，这恰恰是不断发展才能求得平衡的道理。此外，在路途中，很难有人再帮着推车，所以就不能轻易下车，于是父亲就想，起步时一定要评估好所带货物的数量和重量，还要事先找到好卖的地方，尽早尽可能多地卖出去。这样一来，自行车的负重减轻了，再次起步或回程就轻松多了。小故事大智慧，既要对市场脉搏有准确把握，又要对商业机会有灵敏嗅觉，这不就是重要的经商之道吗？父亲身后留给世界的不仅有庞大的商业帝国，还有做人做事的朴素道理与方法智慧。

我常回想起小时候跟随着父亲一同到棕榈园坵、炼油加工厂和建筑工地巡视业务的情景。

在我的记忆里，父亲是个典型的工作狂，早出晚归，周末和节假日都抽空去园坵巡视业务。1984 年，我大约 6 岁就开始陪父亲一同去巡视园坵，短则一日，长则几周。就这样，我的大部分周末和假期也跟父亲一样，奉献给了工作。我们的主要代步工具就是小吉普车，朴素而实用。园坵一般在郊外，需要几个小时车程，短则 3 个小时，长则 5 ～ 7 个小时。人多车挤，有时候，小小的我被安排坐在吉普车的后备厢里。当时的路大多是弯路，我常会因晕车而难受甚至呕吐，故而记忆深刻。

到达目的地之后，园坵经理先报告业务情况，然后我们就一同实地巡查。千篇一律的棕榈树，令人很难辨别路径。但父亲到每个园坵，都能很快辨明方向，他会指示经理把车开到他要去的那个地方，然后径自走进园坵里面，看个究竟。原来，父亲在办公室里听汇报时，就能意识到哪些园坵管理得当，哪些园坵的产量不达标，哪些园坵有失管理了，他就会去管理不善的园坵，亲自探访，看看到底是哪里出了差错。产量低的园坵，有的是因为这片林子的位置离大路有一段距离，施肥和收割果串的工作难度很大，员工疏于关注，久而久之，导致产量下降。

父亲凭着他在园坵里长年累月的实际管理经验，专门找这些有问题的地方去纠正管理人员的工作。他经常对他们说，越是艰难的地方，越需要管理人员亲自加强监管，以确保肥料能施到位，确保员工们会及时收割果串。棕榈树是在种植的第五年后产量开始达到高峰期，直至20年树龄的棕榈树都是收获的旺季。但之后越长越高，棕榈树的产量就开始逐渐下降，到了第25年后就要翻种了。一般来说，同一个园坵的棕榈树苗，都是同一批次种植在同一位置，产量是可以根据种植年份预测的。

在园坵里的生活，通常都是早上6点钟起床，用过早餐后，天刚亮，我就随着父亲赶路去附近的园坵巡视。午饭之后会午休半个小时，然后赶去下一个园坵。父亲总会从天亮一直工作到傍晚接近7点钟才回到宿舍休息。

在园坵里，假如条件允许的话，我们就会在当地的小餐馆简单地解决三餐；假如在比较偏僻的地方，就请员工的太太给我们炒几样简便的家常菜。在我小时候，园坵大多数的经理都是华人，后来多数是巫印裔。为了迎合友族的生活和饮食习惯，我们在园坵里的主要餐食也就都变成了马来餐和印度餐。

虽然每次去园坵都是马不停蹄地工作，但是父亲的心情总是显得比平常在公司里更活跃开朗。父亲从小就在园坵的环境中长大，回到园坵让他找到小时候在家的亲切感觉。父亲曾经提醒我说不应该抱怨在园坵里的生活条件。他说在他自己还是个小孩的时候，一直睡在由两条凳子拼在一起的木板上。我想，正是由于从小在园坵的俭朴生活，才培养出父亲坚韧不拔、适应能力强和坚毅等重要品质。父亲拥有超越一般人的意志力和动力，通过获得适当的支持和资源，坚强而乐观地面对生活和工作中的艰难困苦，实现个人的发展和成就，追求更好的生活。

缺乏经济基础的孩子长大后可能会面临许多困难，包括心理、经济、教育和社会方面的挑战。然而，这些问题并没有影响父亲的自我认同和情绪调节能力。面对生活和工作中的压力，面对挫折和困难，父亲显现出超凡的应对能力。

另外，苦难的童年，缺乏稳定的经济基础，让父亲有一颗悲悯之心，经常热心帮助需要经济资助的员工和其家庭。

在园坵里，从父亲日常对待员工的态度中，我看得出他对基层员工抱有很深的同理心。发现任何不妥的地方，他很少责骂他们，而是从管理人员那里找原因。他常说这些基层员工很多都是背井离乡、千里迢迢来到异地养家糊口，所以我们有责任确保他们能在一个安全的环境里赚钱养家。因此，我父亲很早就提倡并实行向员工们提供免费住宿、自给自足的水电设施以及浮动的工资等制度，用更高的工资奖励勤奋的员工。

在我的成长过程中，父亲总是把工作当作自己生活的主要部分。平时不论回到家里还是和亲朋好友聚餐，工作总会成为餐桌上的一个主要话题。朋友们经常问他当年如何有这等胆识，居然以蛇吞象的神奇方式把南洛园坵收购下来。每当这时，父亲的眼里总会突然发出光芒，然后非常自豪地与朋友分享当初自己对这次收购的看法。听完他的见解之后，所有人无不佩服他对种植业的热爱，以及对食品供应链之于人类发展重要性的远见。

在父亲离世时，IOI 集团在马来西亚及印度尼西亚直接持有 96 座油棕园坵，总面积达 17 万公顷以上，相当于 2.5 个新加坡的总面积。乘着全球化的东风，父亲在几十年内确立了 IOI 集团在油棕园、炼油、油脂化学、特殊食用油及油脂领域的全球领先地位。

2002 年 8 月，他接管了食用油和油脂生产公司 Loders Croklaan，将经营策略再度调整，专注于生产附加值更高的种植业下游油脂产品。通过该公司位于荷兰的子公司和美国芝加哥的油脂化工厂，IOI 集团将下游产品出口至 60 多个国家和地区，包括美国、南美洲、欧洲、中东、中国和日本。父亲常感到欣慰，认为自己幸运地生活在这个全球化时代，让 IOI 集团有机会将棕油产品销往世界各地，并成为全球油脂领域的领导者。IOI 集团的经营无疑为人类的发展做出了巨大贡献，这是他引以为傲的成就。

回顾父亲的一生，我认为最有意义的纪念方式，是激发内在的斗志，继承并发扬他的精神。

三

在一般人看来，作为"创二代"的我，拥有财务、社交和教育等多重优势。这些优势为我提供了更多的事业发展机会和生活选择，让我能够建立有益的人际关系、探索商机，以及获得合作伙伴。然而，身为家族的"创二代"，我们更容易成为公众关注和批评的焦点。社会对"创二代"寄予更高的期望，对他们的行为审视得更加严格。他们被期望继承家族企业并取得更大的成就，这给"创二代"带来了巨大的压力，促使他们承担更多的工作量和责任，以证明自己的价值和能力。

父亲很重视教育。早在中学时期，父亲就送我到由基督教会创办的新加坡 St. Patrick 学校。这是我人生中第一次离开家，寄宿在学校。在这所学校，我接受到严格的管理，只有到了周末，才能有 5 个小时的自由时间在校园外活动。在这样的环境中，我度过了四年的中学时光，培养了我独立自主的学习和生活能力，并让我掌握了英语这门语言。

我大学毕业后的第一份工作，是在新加坡的一家荷兰私人银行 ING Baring Private Bank 实习并工作了两年多。其间，我曾在这家银行伦敦公司的金融市场投资部实习了半年。之后，我被安排到这家银行在新加坡的房地产业投资公司和银行本部工作。在新加坡的学习和实习生活中，我了解了国际金融市场的运作模式，拓展了对融资与资本运作管理的认知。所有的这些教育和工作经历，都为我在新加坡开拓事业奠定了扎实的基础。

回到马来西亚后，我的第一份工作是担任父亲的董事长特别助理。当时的主要工作就是陪在父亲身边，与他一起工作。作为特别助理，我有幸近距离跟随父亲，学习他如何经营并管理经过 30 多年努力建立的企业王国。

那时已年逾六旬的父亲仍然是一个亲力亲为、认真细致、冷静果断的商人。他常教导我说，要想了解生意，就要亲自去看。因为只有这样，你才能真正收获到自己的经验。他的意思是，做生意最重要的是亲力亲为，了解业务的实际情况，熟悉业务操作的细节，只有这样才能够成功经营企业。他以身作则，每天从早到晚巡视公司的业务，或者与管理人员开会，商讨企业所面临的各种问题。无论遇到任何问题，他都表现得非常冷静，运用多年积累的经验和智慧来寻找解决问题的途径。可以说，我在公司的前 5 年里，都是通过观察父亲来学习如何管理公司业务的。

感恩父亲，让我有机会接受国际化的教育，培养了我的全球化思维方式，让我更敏锐地洞察国际市场的趋势和机会。国际化的教育背景还为我提供了建立跨国网络和获取跨国资源的机会。通过这些国际网络，我能够获得来自不同国家的市场洞察、商业机会和合作伙伴。

早在 2005 年，有一个位于新加坡乌节路黄金地段的 Orchard Turn 地产招拍挂项目，是个难得的投资机会。当时我尚缺乏丰富的工作经验，但我对新加坡房地产市场一直保持高度关注。当这一招标信息公布后，我就表现出了极大的兴趣。在与父亲的深入讨论后，尚属职场新手的我虽然敢于就地价提出自己的看法，但最终的出价决策仍由父亲做出。父亲根据我的建议稍做调整，出价略低，结果竞标遗憾地居于第二位，未能成功中标。此次虽未中标，但父亲不仅对我的商业洞察力表示高度赞赏，还自此授权我为公司参与的新加坡地块投标活动进行定价。

自跟随父亲学习到现在独当一面，作为 IOI 置业的新领导者，我见证了 IOI 置业在房地产领域的发展历程。这一路走来，充满了艰辛和坎坷，但我们未曾放弃过心中的那份坚持和执着。IOI 置业的规模从最初的南顺发花园和美阳花园（Taman Mayang）逐渐发展壮大，让蒲种地区获得了独特的魅力。IOI 城市购物中心（IOI City Mall）作为地标性建筑，已经成为马来西亚最大的购物中心。此外，IOI 置业在新加坡和中国市场的业务开拓，使得我们逐渐走上了国际化发展的道路。每当我走过这些地标，仿佛看到父亲坚毅的身影，给我人生的智慧，给我前行的力量！

这本书不仅是献给我父亲的礼物，更是给了一份让我和我的孩子们永远不忘初心、坚守本心、保持真诚面对世界美好事物的信心。我将如何在巨人的肩膀上继续前行，书里的内容给予我很多的启示和警醒，也希望读者在阅读中有所收获，找到精神上的共鸣。

李耀昇

2023 年 10 月

上 篇

商业帝国

引言：白手起家创大业

李深静博士（1939 年 6 月 3 日—2019 年 6 月 1 日）出生于马来西亚雪兰莪州的巴生县，祖籍中国福建省泉州市永春县的东关镇。他在马来西亚的一个橡胶种植园长大，还能说一口流利的淡米尔语①，这是那个时代许多橡胶割胶工的语言。李深静被誉为一个天生的企业家。从贫困的童年到创业的辉煌，他的一生跌宕起伏，犹如一本哲学之书，记录着坚韧、智慧和实干，他的故事激励着无数人。

李深静的童年是在拮据的生活中度过的。为了帮助维持家计，11 岁的他暂时辍学，开始骑自行车卖冰棍，这一干就是 4 年。17 岁时，他成为一个橡胶种植园的主管，而在 30 岁之前，他已晋升为种植园经理。通过不懈的努力和吃苦耐劳，他积累了宝贵的种植业管理经验。此外，他还经营过两家加油站，赚取了自己人生的第一桶金。

李深静的生活哲学是，通过专注并简化目标，以及不懈地追求卓越，将事业推向成功的极致。他长期以来主要专注于两个业务板块——棕榈油和房地产，正如他生前办公室里的一副嵌字联：上联"深谋创伟业，能使荒山变棕海"，指的是棕榈油王国 IOI 集团（IOI Corporation Group）；下联"静心修大慧，敢叫平地起高楼"，指的是 IOI 置业集团（IOI Properties Group，以下简称 IOI 置业）。"父亲对这两个业务都有激情，"长子李耀祖说，"与种植业相比，房地产的回报周期要快得多，种植业有更长的成熟期。"

---

① 淡米尔语是印度的一种方言。

1975 年，36 岁的李深静创办了南顺发发展有限公司（Lam Soon Huat Development Sdn Bhd，简称"南顺发"）。到了 1994 年，公司更名为 IOI Properties Berhad①，成为今天众所周知的 IOI 置业的雏形。李深静就此踏入房地产行业，首个项目即当时备受瞩目的南顺发花园。

在竞争激烈的房地产市场中，李深静以其独特的商业洞察力和创新策略，开辟了非传统的创业道路。

他在蒲种（Puchong）等地区开发的房地产项目，开创了马来西亚新城镇建设与发展的先河，为当地社区提供了现代化的住宅和商业设施，创造了大量就业机会，促进了经济增长，成就了一项重大的建设事业，堪称"建城大业"。他的房地产开发历程不仅是个人事业的成功记载，也是马来西亚新城镇建设历史的一部分。

在房地产领域，他实施多元化投资策略，覆盖住宅、商业和酒店等多个领域，旨在分散风险，同时创造多样化的现金流。李深静不仅在马来西亚开拓新城镇建设，更将企业版图拓展至国际市场，如中国和新加坡，显示了他对国际市场的深刻洞察及跨国投资的雄厚实力，为 IOI 置业的国际化发展奠定了坚实的基础。

2014 年 1 月，IOI 置业在马来西亚交易所主板成功上市，标志着它成为马来西亚最大的房地产公司之一。

李深静在 20 世纪 80 年代至 90 年代，通过一系列精心策划的收购行动，特别是收购了上市公司"工业氧气（Industrial Oxygen Incorporated Berhad）"后，在油棕种植业迅速发展壮大。1990 年，李深静又以 5 亿马币②（当时约 1.85 亿美元）收购了南洛园坵，轰动一时。

1995 年，李深静将"工业氧气"更名为 IOI 集团。"IOI"这一名称原为"工业氧气"的英文缩写，然而李深静赋予了它新的含义——101，象征着追求超越完美 101 分的执着与决心。

---

① Berhad 在马来西亚是指"公众有限公司"；Sdn Bhd 是指"私人有限公司"。

② 马来西亚的官方货币是马来西亚林吉特（马来语：Ringgit Malaysia；英语：Malaysian ringgit），货币代码为 MYR，符号为 RM。也被称为令吉、马币等。

2014 年 1 月，IOI 置业上市（左二为李深静）

自此，IOI 集团步入马来西亚按收入排名前三名的棕榈油生产商之列，并在亚洲其他国家以及欧洲和北美洲拥有一系列炼油厂、特种油和油化工制造设施。

在李深静的领导下，棕榈油业成为公司的一大战略重点。他不仅大规模收购油棕园，还积极响应政府号召，推动棕榈油产品走向全球市场，巧妙地将国家战略与企业战略紧密结合。1997 年 3 月，IOI 集团实现了重大突破，收购了马来西亚最大油脂化工企业益东控股 32.96% 的股份，从而在该领域奠定了坚实的战略基础。2003 年，益东控股更名为 IOI 油脂化工（IOI Oleochemical Industries）。

这些战略部署都指向同一个宏伟目标：建设并壮大 IOI 这一卓越的商业帝国。在李深静不懈的实干精神驱动下，IOI 集团和 IOI 置业两大公司逐渐成长，宛如商业帝国的左膀右臂，成为李深静商业版图中不可或缺的两大支柱，共同铺就了他成功的商业征途。

IOI 置业的国际化发展战略涵盖了马来西亚、新加坡及中国的市场，这一进程在本书第一章"父子中国行"、第二章"狮城新纪元"、第三章"荒野建城镇"中得以详尽阐述；第四章"群山变棕海"，则描绘了 IOI 集团在油棕产业的发展。

李深静本人是马来西亚富豪榜上的常客，多年位居"福布斯全球亿万富豪榜""福布斯全球华人富豪榜""马来西亚40富豪榜"等财富榜单前列。根据 2019 年《福布斯》全球亿万富豪排行榜，拥有 221 亿马币身家的李深静跻身马来西亚第五大富豪。

李深静（右二）跻身《福布斯》全球亿万富豪排行榜

由于李深静的突出贡献，马来西亚最高元首及各级政府授予其"丹斯里""拿督"勋衔①，以及"太平绅士"等荣誉。他于 2001 年获颁世界不动产联盟"马来西亚杰出产业发展企业家荣誉奖"，同年荣获世界房地产联盟（FIABCI，International Real Estate Federation）年度风云人物奖，次年获颁马

_____

① 马来西亚封衔分为联邦封衔及州封衔。联邦封衔是由马来西亚最高元首颁授的，而州封衔是由各州颁授。常见的联邦封衔有敦、丹斯里，是马来西亚国家荣誉，由国家元首册封给对国家有很大贡献的杰出人士。

来西亚博特拉大学名誉农学博士学位等奖项和殊荣。

家族传承不仅涉及企业的所有权和控制权的转移，更关乎家族企业经营治理的持续。2014年，李深静启动了二代接班计划，将家族企业的两大核心产业——IOI集团和IOI置业分别交给其两个儿子李耀祖和李耀昇负责，期望这两兄弟能齐心协力，推动集团在种植业和房地产业务上的进一步发展。

李深静（左）在受封仪式上

在接班安排中，长子李耀祖负责主导以棕榈油产业为核心的IOI集团，次子李耀昇则执掌主要从事房地产开发的IOI置业，旨在让两兄弟各自有机会独立发展他们自己的领域。尽管当时李深静仍保留两大集团执行主席的职位，实际上他已逐渐进入了"半退休"状态。这种继承准备模式在马来西亚华商界被誉为"最明确的分工"接班计划。

李深静（中）与李耀祖（右）、李耀昇（左）

　　李深静于 2019 年 6 月 1 日去世，享年 80 岁。在他离世后，两大集团一直表现稳健，这反映出李耀祖和李耀昇兄弟二人在接班过程中的亲密合作与和谐，证明了李深静生前的交接班布局非常成功。更为重要的是，这两兄弟从父亲那里继承的不仅是企业管理的智慧，还包括人生观和处理事务的哲学。

　　在他的老朋友及多年的事业伙伴心目中，李深静是马来西亚所有企业家学习的榜样，他用一生践行了伟大的企业家精神。他的离世，是国家和社会的重大损失，工商界失去了一位卓越领袖。李深静创造的物质财富举世瞩目，他留下的精神财富滋润世人，延绵不绝。作为清华大学华商研究中心的研究员，让我们走入他的商业帝国，探寻其成功的奥秘。

第一章　父子中国行

IOI 置业在其国际化发展战略中，设定了三大核心区域：马来西亚、新加坡和中国。厦门作为李氏家族进军中国市场的首个落脚点，具有极其重要的战略地位。这不仅是一个充满挑战与机遇的旅程，也是一段情深意厚的家族传奇。

一、血浓于水，投资中国

2021 年 7 月 1 日，中国共产党迎来了百年华诞。

马来西亚闽籍青年华商李耀昇受中国国侨办邀请，前往北京参加建党100 周年庆典活动。尽管当时全球疫情严峻，须遵守严格的疫情防控隔离政策，但作为仅有的两三名马来西亚受邀嘉宾之一，他毫不犹豫地前往北京参加这一盛大庆典。

清晨，迎宾车驶入故宫，沿着一道古老而美丽的深宫红墙前进，宛如走入深邃的历史。李耀昇踏出故宫，穿过中山公园，路过明清古树，经过孙中山铜像，来到天安门西观礼台。短短 20 分钟的路程，不仅是一次时光穿越，也是见证中华民族历史的一段珍贵缩影。站在观礼台上的他，热泪盈眶。面对着数万热血沸腾的民众，他感受到了澎湃的激情。这一刻，往事如电影般在他的脑海中闪现，父亲回乡省亲和投资中国建设的场景历历在目。

2008 年，李耀昇陪同父亲多次前往中国厦门考察房地产市场和投资项目。在中国，地方政府出让土地给开发商，需遵循公平、公正的招拍挂程序。2012 年，厦门举行 2012JP01 地块的竞拍，要求竞拍者全额投资并持有大型商业项目，商业建筑面积不得低于 10 万平方米，持有时间不得少于 10 年。这一门槛对国内房企来说颇高，且竞买资格对境外房地产公司也是开放的。李深静父子的参与，引起广泛关注。

这一地块的地理位置极佳，受到多家房地产开发商的青睐。经过多轮沟通、协调和谈判，当地政府决定将开发权授予李深静，但要求 IOI 集团引进棕榈油加工产业，达成双赢的局面。因为 IOI 集团的棕榈油业务实力强大，是很多世界 500 强企业的供应商，比如惠氏（Wyeth）、卡夫（The Kraft Heinz Company）等。

2012 年 8 月 14 日，李耀昇与父亲一同参加了该项目的签约仪式。在签约仪式上，李深静表示，这个项目将成为集特种脂肪酸、油脂加工和棕榈油精炼于一体的综合加工基地，同时也是 IOI 集团在东北亚和中国区域的研发、物流、运营和销售总部。

2014 年，IOI 集团投资了 2.5 亿美元，在厦门设立了 IOI（厦门）油脂科技有限公司。

IOI 厦门棕榈油加工项目位于厦门海沧保税港区，主要是特种油脂及相关基础设施的建设。

李耀昇感慨，当时年过七旬的父亲，创业精神和奋斗精神昂扬四射，富有感染力，令当地政府官员印象深刻。有人曾形容李深静的眼神"像老鹰一样锐利"，强调他的力量不可小觑。2014 年，《厦门日报》记者采访李深静时，也赞誉他的眼神犀利，看上去比实际年龄年轻许多。

IOI（厦门）置业有限公司于 2012 年 12 月 14 日在厦门市注册成立。目光如炬、放眼未来的李深静表示："我希望能够帮助厦门经济继续增长。我十分看好厦门房地产行业的发展前景，也愿意带来一些国际领先的建筑理念，希望能够借助 IOI 棕榈城综合体建设成为集美地标性建筑。"

有人说，李深静重视这个项目的一个佐证便是安排自己的小儿子李耀昇亲自管理这个项目，这充分体现了他的重视程度。

为何选择厦门

厦门！李深静自幼就从祖父母、父母那里耳熟能详了，老一辈心心念念的就是永春及厦门。厦门是近现代福建人下南洋与回家乡的必经港口。1684年，康熙时期就将闽海关设于此。1842 年，中英《南京条约》签订后，厦门被开辟成为五大通商口岸之一。

1980 年，厦门被设为四大经济特区之一，成为中国对外开放的窗口。21世纪初，海外华商对中国的投资持续蓬勃增长。中国作为全球最大的市场之一，也是制造业和科技创新的中心，吸引着众多国际投资者的目光，其中不乏来自马来西亚的华商。由于中国是全球制造业的重要中心，他们还积极投资制造业项目，或与中国的制造商建立供应链合作，以充分利用中国的生产能力和市场潜力。此外，中国在科技和创新领域的投资机会也日益增多，中国的"一带一路"倡议也为马来西亚等国家和地区带来了合作和投资的机遇。

李深静从小就学习中文和中华文化，也用这些中国元素来影响和培养下一代，李耀昇自然而然地对中国产生了浓厚的兴趣和关注。他深情回忆，父亲多次带他回到永春老家，这个经历让他感到非常亲切。在永春，他能听到熟悉的家乡话，品尝地道的家乡美食。回到祖父母的祖屋，乡亲们都满怀深情前来欢迎他们。

多年来，李深静每次回到永春都会捐资造桥铺路、建设学校和科技馆，改善家乡的生活和经济条件。无论亲戚们何时需要帮助，李深静都会毫不犹豫地伸出援手。李耀昇回忆道，陪父亲回永春的时候，也曾有当地政府官员多次鼓励父亲在中国投资。然而，因为担心被误解为赚家乡人的钱，父亲当时从未考虑在中国投资经商，他只想为家乡做贡献。中国官员再三劝说，李深静的投资将有助于推动福建省新的产业链发展，能够为家乡和社会做出更大的贡献。最终，李深静打消了顾虑。

二、中马交流的热情使者

密切关注时事的李深静，深信中马两国将会展开更多惠及两国人民的经贸合作项目。

实际上，早在 20 多年前，李深静在回乡寻根之旅的同时，就自觉肩负着促进中马经济交流与合作的重要使命。他曾多次率领马来西亚商界代表团访问中国的北京、重庆、福建等省市，受到隆重接待，并促成了一系列合作共识，他还邀请中国政商两界来访马来西亚和 IOI 集团。

从那时起，他就与中国建立了密切的联系，每年回到中国，游历各地，亲眼见证了中国经济的迅猛发展。此外，李深静常受到中国驻马来西亚大使的盛情邀请，参加中国国内的重要涉侨活动，并有幸多次受到中国领导人的会见。作为马来西亚土生土长的第三代华裔，他为中国的经济社会和平发展感到自豪。

2009 年 6 月，马来西亚首相纳吉布对中国进行访问。同年 11 月，时任中国国家主席胡锦涛在对马来西亚进行为期两天的国事访问期间，会见了李深静及其他 50 多位知名华商代表，并一同合影留念，李深静被尊荣地安排站在胡锦涛主席的身后。这次会晤对于李深静来说意义非凡，他对此感到非常激动。

李深静认为，胡锦涛主席的访问凸显了中国对加强与周边国家互动交流的重视，体现了中国推动与马来西亚在企业界包括更多领域合作的积极意愿。他坚信这将进一步促进两国间的经贸关系健康发展，推动双边投资，从而把中马贸易关系提升到新的高度。当时，马来西亚《星报》也在头版以"激动人心的阶段"为题报道了此次访问，指出胡锦涛主席的到来标志着马中两国关系步入了一个新的激动人心的阶段，并迈向了深入发展的新时代。

2013 年 10 月 4 日，中国国家主席习近平在访问马来西亚期间，出席了中马经济合作高峰论坛，并发表了一场引起马来西亚商界广泛关注的重要讲话。习近平与纳吉布举行了深入会谈，双方高度评价了中马合作取得的成果，并在新的国际形势下就全面加强中马关系进行了深入的意见交换，取得了广泛的共识。两国领导人决定将中马双边关系提升为全面战略伙伴关系。中国国家主席伉俪与马来西亚约百名华商代表合影留念。这一次，李深静又被安排在国家主席的身后。

2014年4月4日，福建省委书记尤权和省长苏树林在福州会见了由李深静率领的马来西亚华商代表团。代表团中包括多位知名企业家，如丹斯里钟廷森和丹斯里杨忠礼等。尤权对马来西亚闽籍乡亲多年来对福建的关心与支持表达了感谢，并强调在座的各位企业家都是自己领域内的佼佼者。他鼓励大家把握住福建当前的优越发展环境，寻找商机，实现互利共赢。

在活动中，省委书记、省长与代表团成员合影留念，李深静被安排站在尤权和苏树林之间。值得一提的是，在尤权访问马来西亚期间，他曾专程考察过IOI集团，并与李深静及其子李耀祖、李耀昇在IOI的Logo前合影留念。此外，尤权还在李深静父子的陪同下，访问了深静（哈古乐）小学，兴致勃勃地观看了各族学生的表演，体现了他对教育和多元文化的关注。

2014年5月30日，李深静率领马来西亚中华总商会（简称中总）代表团访问北京，他们受到了中国国家领导人的热情接待。全国人大副委员长兼中国海外交流协会会长韩启德，国务院侨务办公室主任裘援平及副主任谭天星在钓鱼台国宾馆宴会厅举办了盛大的宴会，以示欢迎。

次日，李深静和代表团成员应邀参加了在人民大会堂举行的中马建交40周年庆祝大会。此次大会受到了中马两国政府的高度重视，时任中国国务院总理李克强与马来西亚首相纳吉布均出席大会并致辞。李克强在讲话中强调，过去40年中，中马双边关系呈现出旺盛的活力和强劲的推动力，已经步入了一个全面、稳定、务实的发展新阶段。

中国—马来西亚建交40周年庆祝大会现场合影。左起：卢成全、杨天培、陈怀安、戴良业、李爱贤、李深静、林国璋、杨忠礼、钟廷森、林伟才、黄国忠

2015年11月，李克强对马来西亚进行了访问，并签署了涉及多个领域的8项谅解备忘录。11月23日，在吉隆坡香格里拉酒店，李克强与李深静及其他11位马来西亚商界领袖[①]进行了一场闭门会晤，旨在深入探讨中马两国之间的经贸事宜。

在这次会晤中，李深静有机会与中国总理进行了近距离的交流，并与李克强单独合影留念。李深静表示，此次会晤不仅体现了中国对加强与马来西亚合作的重视，而且展现了双方继续巩固现有合作关系和开拓新商业机会的决心。

2016年6月2日，李克强在人民大会堂金色大厅，为第八届世界华侨华人社团联谊大会主持隆重开幕仪式，李深静、李耀昇父子再次与李克强总理

---

① 包括马中商务理事会主席黄家定、中总会长戴良业、马来西亚国库控股总执行长阿兹曼莫达、郭氏兄弟有限公司主席郭孔丞、杨忠礼集团执行主席杨忠礼、常青集团执行主席张晓卿爵士、亚航集团总执行长东尼费南德斯、吉隆坡甲洞集团总执行长李爱贤、多元资源重工业集团董事经理莫哈末·卡米尔（Mohd Khamil）、联昌银行集团总执行长东姑拿督斯里扎夫鲁（Tengku Datuk Seri Zafrul）等。

会面。这是国务院侨务办公室和中国海外交流协会联合主办的两年一度的全球华人盛会，包括李深静在内的马来西亚 30 多名华人领袖①应邀出席了这次盛会。

正如李克强在第八届世界华侨华人社团联谊大会上所表示的：海外侨胞秉承勤劳、智慧、坚韧、包容的优秀品质，艰苦打拼、自强不息，创造了不

李深静（左三）出席第八届世界华侨华人社团联谊大会，与时任国务院侨办主任裴援平（左四）、副主任谭天星（右一）等合影

---

① 包括总会长方天兴，署理总会长钟来福，永远荣誉会长杨忠礼，总财政兼永远荣誉顾问古润金及 4 位永久名誉顾问李深静、林福山、邱财加、陈凯希，永久名誉会长林玉唐，槟州华堂会长许廷炎，中委斯里洪来喜，砂拉越华总两位副会长天猛公刘金荣和陈发枝，以及美里省华总会长许德忍等，还包括世华媒体集团执行主席张晓卿爵士、常青集团董事蔡天佑、中总会长戴良业、董总主席刘利民、教总主席王超群、马中总商会会长黄汉良和副会长刘国诚、马中文化艺术协会副会长林建延、马来西亚南阳叶氏宗亲会总会长叶谋通，槟城中华总商会会长祝友成，马中"丝绸之路"企业家协会会长沈君伟，沙巴马中联谊协会会长胡逸山及秘书长廖志国等。
（天猛公，是马来人诸苏丹国中的一种高级官职，现已演变为东马来西亚和文莱地区的一种荣誉称号。——编者注）

在人民大会堂出席第八届世界华侨华人社团联谊大会开幕仪式上。左起为洪来喜、钟来福、林福山、方天兴、张晓卿、杨忠礼、李深静、林玉唐、陈凯希及北京市侨办副主任严卫群

凡的业绩，传播了友谊的种子。大家身在异乡，情牵桑梓，积极支持和参与中国的建设和发展，为中国和住在国的繁荣富强做出了重要贡献。

李克强还对海外华人领袖提出了希望。一是做中外友好合作的"金丝带"。当今世界经济深度融合，人员交流不断扩大，要增进中国人民和住在国人民的友谊和信任，为中外各领域交流合作铺路搭桥，在国际政治经济格局变化中维护世界和平，促进开放发展。二是做中国创新发展的"参与者"。中国经济要实现转型升级，需要依靠创新驱动发展，从过度依赖自然资源向更多依靠人力人才资源转变。中国仍是最有吸引力的投资目的地，更是智力投资的新热土，欢迎来华投资，创新创业。

商业投资受当地政治和经济环境的影响是显著的，对这些因素的详尽考察是确保投资成功的关键。经历了一场场盛会，这场景，这话语，使得李深静心潮澎湃，热血沸腾。

投资中国，势在必行。

三、一生之城，棕榈之城

李深静以国际化的视野和高品质的追求，深入挖掘并为厦门城市发展贡献了重要力量。他坚守着"从不复制"的理念，在厦门相继推出了引领时代的杰出项目，包括 IOI 园博湾（IOI Park Bay）、IOI 棕榈城（IOI Palm City）以及 IOI 棕榈国际住区（IOI Palm International Parkhouse）。每一个项目都融合了他对城市和生活的独特理解，将建筑与当地文化、生态相融合，创造出高品质的居住典范。

IOI 棕榈城

IOI 棕榈城项目是李深静在中国房地产投资领域的重要里程碑，也是 IOI 置业在中国的旗舰项目。2013 年 7 月 11 日，李深静在开工典礼上发表了重要讲话。他表示："IOI 棕榈城是 IOI 置业在中国厦门投资的第一个大型综合体项目。项目位于集美新城片区的集美大道与杏林湾路交叉口南侧，占地总面积达 420 亩，总投资将超过 100 亿元人民币。IOI 棕榈城将成为一个综合性城市发展项目。"

李深静不仅拥有大胆的想象力，更愿意采取果断的行动。这个约 62 万平方米的大型城市综合体以 IOI 购物中心为核心，将喜来登大酒店、10 栋企业总部，以及约 27.4 万平方米的滨水高端住宅精巧地融合在一起，形成了一个小型"城中城"的城市综合体，呈现多元化业态。这里享有园林、湖、岛、湾、天际五重美景，拥有独特的半岛式地理位置，以其高品质的建筑设计、环保理念和丰富的社区设施而闻名，作为"一生之城"的象征，成为集美区的崭新地标。

IOI 棕榈城半岛鸟瞰图

在开工典礼上，李深静还表示："我们要把它打造成厦门的一个新地标，我们请全球前十名的设计公司来设计购物中心，购物中心将是绿色的、精美的、高端的，综合体还有五星级酒店、高端办公楼以及公寓，这些设计都很高端，把环保概念充分融入其中。我们希望通过项目的建设，把集美、把厦门带领到另一个高的层面。"

这样一个大型综合体的设计不能是即兴发挥，要体现品味，也要凸显品质，还要考虑用户体验，并在多元文化发展下交织出多种元素相融合的独特创意。IOI 置业联手美国知名设计公司 RTKL，将闽南传统特色与现代艺术相融合。建筑采用红砖白墙和燕尾脊等传统元素，融入现代的玻璃幕墙，创造出独具韵味的外观。室内中庭设计借鉴传统闽南建筑的屋脊梁造型，结合灯光设计，完美展现了时尚与传统的结合。退台式景观餐饮街区则将湾区的生态、海岸景观和亲海情境元素融入其中，实现了商业空间与自然景观的完美融合。

业界普遍认为，IOI 棕榈城为周边地区带来了六项重大贡献。第一，购物中心地处海岸旁，成功吸引了众多国际零售商，使其成为一处独特的购物目的地。第二，五星级国际酒店毗邻充满活力和惊喜的海滨步道，提供了非凡的居住体验。第三，区别于传统海滨办公区，高端总部办公园区配备了最新设施与技术，成为国际品牌公司设立分总部的首选地。第四，豪华住宅区与步行零售街区每天都为居民带来新颖的生活体验，并通过增强城市绿化及植物环境建设，提高了居住质量。第五，具有标志性的商业建筑不仅配备了最新商业设施和先进技术，还促进了技术和知识的交流。第六，绿色大道连接多个区域，不仅是多样化活动的举办地，还为城市增添了一道亮丽的风景线。

IOI 购物中心内景

体验型商场，脱颖而出

近年来，中国的商场零售业不仅迅速发展，而且已经成为全球最大的零售市场之一。随着行业的不断演进，新的趋势和重大变革接连不断。特别是电子商务市场的快速兴起，诸如淘宝、京东、天猫和拼多多这类在线平台已经成为国内外消费者首选的购物渠道。线上零售的广泛普及，不仅改变了中国的消费行为，还推动了物流和支付系统的技术创新。

阿里巴巴提出的"新零售"概念，通过线上线下的整合以及人工智能、大数据等现代科技的运用，为消费者提供了更智能、更便捷的购物体验。在中国，社交媒体的影响力不容小觑，许多消费者通过社交平台寻找购物灵感、了解产品信息并进行购买。此外，众多品牌也正在利用社交媒体来吸引年轻消费者。

这些新趋势给中国的商场零售业带来了挑战，同时也对 IOI 购物中心的建设和发展提出了更高的要求。为了适应消费市场的新变化，传统的大型商场需要进行创新转型，不仅要提供商品销售，还需要转变为一个让消费者愿意前来体验和互动的综合性目的地。

李深静父子的商业理念是将传统商场转变为体验型商场，提供超越简单购物的独特体验价值。他们的目标不仅限于销售商品，还包括社交、娱乐和文化等多元化活动。基于这一理念，IOI 购物中心融合了最新潮流、丰富美食、多样娱乐、儿童乐园、影城以及多种体验活动，倡导"一站式＋体验式"的愉悦消费模式，旨在打造具有特色的社交空间，缩短与消费者之间的情感距离。通过以本地文化资源为依托，并将"情感化"运营作为核心，IOI 购物中心致力于创造一个充满人情味的商业环境。

IOI 购物中心

2021 年 10 月 28 日，IOI 购物中心隆重开业，开业三天便迎来了超过 60 万人的客流量，实现了超过 2 500 万元的销售额，吸引了 10 万多名新会员。IOI 购物中心凭借其独特的设计风格、高端的市场定位以及卓越的品质，不仅为集美区带来了更多优质的生活和商业选择，而且有效促进了该地区的高质量城市发展。

谈及李深静的经营理念，厦门公司的员工们感慨万分。他们回忆起 2015 年 5 月，李深静首次在厦门公司的全员大会上发表讲话。他强调的不是业绩或回款，而是提醒大家：在房子销售良好时，更应记住对客户的承诺，要对得起购房者们辛苦赚来的钱。他强调要勤勉工作，脚踏实地生活，并主张成为一位实干型的管理者，而非仅仅是说话型的领导（要做 walking manager，不要做 talking manager）。这番话语至今仍在员工们心中回响，激励着后来者无限缅怀和思考。

IOI 置业中国区总部大楼

四、情有独钟，爱你不易

回顾李深静在中国的投资战略，其视野并未仅限于厦门。

2014 年 12 月 8 日，他宣布了收购中国台北 101 大楼的计划。在父亲的授权和指导下，李耀昇成为这一谈判的关键推动者，代表 IOI 置业与顶新集团展开全面的交易谈判。这一过程涉及确定购买价格、签署协议以及提交给台北投资审查委员会的复杂审查，整个交易过程持续了 6 个月。在此期间，李耀昇与父亲多次前往台北，全力以赴，争取交易的成功达成。

李耀昇回忆，父亲不仅对棕榈园情有独钟，还对摩天大楼表现出浓厚的兴趣。每次出国旅行或出差，只要目睹那些美丽且具标志性的建筑，他总会驻足欣赏。李深静曾对儿子说，如果有机会拥有这样的地标性建筑，将是无上的荣耀。他对台北非常熟悉，不仅经常前往，还与当地几位合伙人共同投资马来西亚和新加坡的房地产项目。每次访问台北，李深静总会被 101 大楼深深吸引。

台北 101 大楼，位于台北市中心商业区，是一座高 508 米的综合性地标建筑，于 2003 年竣工，当时超越了吉隆坡的双子塔 57 米，成为世界最高的大楼之一。李深静对台北 101 大楼的热爱，也许部分由于"101"与"IOI"的字形相似，仿佛这座建筑是专为 IOI 而生。

早在 2009 年，李深静便对台北 101 大楼显示出收购之意。但他当时未能成功竞得其股权，而是顶新集团赢得了竞标，成为该大楼的主要股东。然而，5 年后，顶新集团因牵涉一系列食品安全丑闻，被多家银行连环调查，面临严重的财务压力。随后，顶新集团背负超过 400 亿元新台币的债务，迫于经济压力不得不出售部分资产以求周转。

得知这一情况后，李深静立即联系顶新集团的一位负责人魏应交，表达了自己的关切。魏应交了解到李深静一直对台北 101 大楼怀有特别的情感，于是在交谈中巧妙地提出了将顶新集团持有的股权出售给他的可能性。经过一番激烈的讨价还价，果断的李深静仅用一天时间便决定了接受顶新集团提出的出售价格。

顶新集团原持有台北 101 大楼 37.17% 的股份，初期投资成本约为每股 13 元到 15 元新台币。最终，李深静同意以每股 45 元新台币的价格，相当于总额约 250 亿到 260 亿元新台币，购买顶新集团所持有的股份。这一决定在台北社会引起了广泛的关注和讨论。主要原因在于，台北 101 大楼不仅是城市的标志性建筑，同时也是台北经济的风向标，其每年元旦的倒计时庆典更是全球瞩目的重要事件。因此，台北地方当局高度重视这座大楼的控制权，长期以来试图通过官方财团联合掌握其经营权。

IOI 置业的参与打破了地方当局的这一计划，引起了当局的忧虑。若该交易完成，顶新集团将获得巨额利润，足以帮助其渡过食品安全危机。随着 IOI 置业购买计划的公开，地方当局开始寻求各种理由试图阻挠这一交易的完成。

随后，一些媒体展开了针对 IOI 置业的抹黑活动，对事件进行了过度渲染。除了社会的广泛关注外，还有不少报道宣称 IOI 置业与中国政府存在密切关系，甚至错误地将其贴上了中资企业的标签。这些虚假消息被广泛传播。

最终，台北地方当局以社会舆论不佳为主要理由否决了这一交易，并声称，顶新集团涉及的食品安全问题已严重损害了民众健康和社会形象，而出售台北 101 大楼的股权将使顶新集团获得约 180 亿元新台币的巨额利润。因此，考虑到民众的担忧和不满，决定阻止这一交易的进行。

这次经历使李耀昇深刻体会到了舆论的强大影响力。一个本质上纯粹的商业交易，被误解并塑造成阴谋论。虽然最终未能完成对台北 101 大楼的收购，但李深静标出的高价成为顶新集团解决财务困境、进行债务重组的关键，并帮助顶新集团安然渡过危机。

在这场充满争议的谈判之后，李耀昇表示 IOI 置业将投资重心转向新加坡总投资高达 40 亿新币，约合 1 000 亿元新台币的项目。这个数字是台北 101 大楼投资额的 4 倍以上。

结语

李深静选择在厦门投资，是出于对家乡的眷恋和责任担当。对家乡做贡献，这是他的首要考虑因素。他坚信："不论身在何方，家乡一定不能忘。"

李深静虽然未能完成对台北 101 大楼的收购计划，但他在商场上的魄力及与人交往的豪爽为他在中国台湾赢得了很多好友。李深静已经仙逝，李耀昇勇于担当，带领 IOI 置业团队继续砥砺前行。他希望能够在中马经济合作的大潮中，承担更多的责任，促进中国经济持续发展。

第二章　狮城新纪元

　　为确保子女接受国际化的教育，李深静陆续送他们出国留学。李耀昇在新加坡度过了多年的求学和工作生活。他不仅精通新加坡的人文和历史，亲身经历了这里的发展过程，还积极与父亲分享自己的观点和见解，分析和预测新加坡未来发展的潜力。2007 年，IOI 置业进入新加坡房地产领域，为一场盛会拉开了序幕。

一、强强联手，盛典序曲

让历史指引未来

　　要真正理解一个城市的精神和特质，必须深入了解其历史。新加坡，古名淡马锡，最初为 8 世纪室利佛逝王朝的一部分。到了 18—19 世纪，它成为马来柔佛王国的一块土地，被誉为"狮城"。它坐落在马来半岛的最南端，位于海上贸易航线的天然交汇点。古代中国的帆船、阿拉伯的三角帆船、葡萄牙的战舰及布吉纵帆船等，均过此航行，使其成为古代贸易的重要中转站。18 世纪，英国开始在马来群岛建立殖民地。1818 年，印度总督哈斯丁授权史丹福·莱佛士爵士在马来半岛南端建立一个新的贸易港口。1819 年，莱佛士抵达新加坡，并与柔佛苏丹签订条约，在此建立贸易站，从此迅速发展成为战略性的贸易和军事中心。

　　1824 年，新加坡成为英国殖民地，转变为英国在远东地区的重要转口贸易商埠及东南亚的主要军事基地。1942 年，它被日本占领，直到 1945 年日军投降，英国才恢复对新加坡的殖民统治，并在次年将其划为直属殖民地。1959 年，新加坡实现自治，成为自治邦。1963 年 9 月，新加坡与马来亚联邦、沙巴（Sabah）、沙捞越（Sarawak）共同组成马来西亚联邦。1965 年 8 月 9 日，新加坡脱离马来西亚联邦，成立新加坡共和国；同年 9 月，成为联合国成员国；10 月，加入英联邦。

在 20 世纪 80 年代，新加坡经历了经济的高速增长，成为东南亚最富裕和最繁荣的国家之一。到了 1990 年，新加坡已拥有约 650 家跨国公司和成千上万家金融机构及贸易公司，成为世界上最富裕的国家之一。进入 21 世纪，新加坡被定位为"蓬勃发展的世界级城市"。

历史学家刘易斯·芒福德曾说，城市的三个基本使命是"贮存文化、流传文化和创造文化"，它的主要功能是"化力为形，化权能为文化，化腐朽为神奇，化生物繁衍为社会创新"。如今，新加坡不仅是一个充满活力的国际旅游、交通和贸易中心，还是备受尊重的全球金融中心和发达经济体，吸引着来自世界各地的人才。

回顾新加坡的城市发展史，从最初的小渔村演变为今日全球闻名的花园城市。整个城市的规划历程可以概括为"小岛大规划"（small island, big plan），其核心在于具有"远见"的规划理念。

李耀昇回忆起父亲对李光耀的深深敬仰，经常提到在李光耀的领导下，新加坡被塑造成一个以廉洁高效、遵法守纪和拥有世界顶尖教育水平为标志的国家。早在 1963 年，李光耀就提出了建设"花园城市"的愿景。60 年后，这个曾环境恶劣的小国，已变成了全球公认的绿色发展的典范。这一切都展示了有远见的政府如何引领一个小国走向壮大和繁荣。同样，有远见卓识的领导者也能引领一个企业从本土走向世界。

李深静视新加坡为国际投资者长期投资的理想之选。首先，新加坡政府以其高效、透明和低腐败的管理闻名世界。政治稳定性为商业活动创造了一个可预测的环境，使得企业能够在一个政治风险极低的环境中运营。其次，地处亚洲中心的新加坡，作为重要的航运和航空枢纽，为连接东西方提供了极大的便利。最后，新加坡的法律体系以英国法律为基础，提供明确的商业法规和坚实的知识产权保护，这种法律环境极大地增强了外国投资者的信心，保障了他们的企业和投资安全。

新加坡的土地契约通常长达 99 年。政府每 5 年会制订一项综合规划，公开展示道路、建筑高度、容积率等规划细节，确保社会各方的参与和反馈。新加坡的经济高度开放，对外国直接投资持开放态度。它是许多跨国公司的亚洲总部所在地，经济高度多元化，涵盖金融服务、制造业、生物科技和信息技术等领域。新加坡政府对投资者极为友好，提供公平的投资环境，并以透明的规章制度和程序公正对待新加坡籍和非新加坡籍的投资者。

此外，新加坡的优惠税收政策、强大的金融服务体系及先进的基础设施，都极大地方便了投资与经营。因此，新加坡不仅是区域市场的中心，也是全球企业在亚洲扩展业务的理想基地。这些优势使得新加坡成为国际投资者寻求高效、安全和盈利投资机会的首选地点。

2007 年，李深静决定率领 IOI 置业进入新加坡房地产领域发展。

世外桃源，高尚雅居

圣淘沙（Sentosa Cove）是一个迷人的岛屿，最初被新加坡政府规划为工业区，旨在推动国家的工业化进程。随着旅游业的兴盛，这里逐渐演变成了一个提供多样化投资机会的热门之地。这座美丽的岛屿原本由新加坡贸工部负责管理，现在则由旅游局全权负责，实行独立运营和自负盈亏的模式。

2007 年，IOI 置业首次进入新加坡市场，与新加坡和美置地有限公司（Ho Bee Investment Ltd.，以下简称和美）合作，竞得圣淘沙 3.6 英亩的租赁用地，用于开发涛源湾（Seascape）项目。紧接着在 2008 年，两家公司再次联手，竞得另外 5.3 英亩的租赁用地，开发御丰轩（Cape Royale）项目。这两块土地均通过政府拍卖且设有底价，要求投资者在竞拍成功后，必须持有足够的资金进行后续建设，以确保资金的合理分配和项目的顺利进行。这种做法有效保障了投资者不仅限于土地购买，而且确保有充足的资金用于项目建设和开发。

在李耀昇的引荐下，李深静也对和美的建筑品质给予高度评价，认为该公司不仅对当地的投资环境和政策了如指掌，而且具有建立合作关系的极大潜力。李深静赞同李耀昇的看法，认为圣淘沙拥有巨大的投资价值。这里地理位置优越，靠海的位置及开放的空间，可以为居民提供更加丰富的户外活动机会。总的来说，李深静父子对圣淘沙的未来充满信心，对和美的实力也给予高度评价，两者的合作关系由此愉快开启。

涛源湾和御丰轩的设计理念体现了人类对与自然和谐共处的新梦想、新美学观和新价值观。这些设计不仅考虑了自然与文化的结合，还将设计环境与生命环境、美的形式与生态功能进行了全面融合。这种理念让自然成为设计的一部分，让大自然融入日常生活中，促使人们重新感知、体验和珍视自然。

涛源湾外景

2011 年竣工的涛源湾，其设计融合了海景、水道以及度假村式的生活方式，展现出高雅且与周围环境和谐统一的建筑外观，体现了其独特的建筑风格。

御丰轩则从海洋世界汲取灵感，其 9 栋高度各异的独特雕塑式塔楼让人联想到珊瑚结构，在景观中如同项链般巧妙布置。建筑的设计理念采用了由珊瑚生命启发的有机景观平台。整体采用蓝色、绿色、白色及灰色，使御丰轩的住宅区与自然环境——大海、沙滩、天空及植物的颜色完美融合。

然而，市场的波动常常伴随着不确定性，事情也并非总是一帆风顺。2013 年，御丰轩竣工时正值市场低迷期。为应对形势，和美—IOI 采取了分阶段销售策略，首先按当时市场价位出售了 1/3 的住宅单元，以帮助维持现金流。余下的部分则通过租赁方式运营。在租赁期间，由于租户对居住环境和物业管理极为满意，尽管每两年进行 10% ~ 20% 的租金调整，大多数租户仍然选择续租，整体出租率保持在 95% 以上。

御丰轩外景

到了 2022 年，疫情后的新加坡房市供不应求，房价急速上涨，和美—IOI 决定抓住这个机会进行开盘销售。开盘当天便售出了超过一半的单位。值得注意的是，部分单位是由长期租户购买，反映了他们对房产价值的高度认可。同时，新币对马币汇率的走强为 IOI 带来了可观的回报。在 2010 年投资时，新币对马币的平均汇率为 2.4，而销售时的平均汇率为 3.2，这使得 IOI 从汇率变动中获利 33%。

御丰轩案例展示了 IOI 置业在项目长期战略决策、强大的资金实力以及优质产品质量方面的深远眼光。这种多维度策略的成功实施，使得 IOI 置业在充满不确定性的市场环境中保持稳定，并在市场情况改善时获得了显著的收益。

PROPERTY >

Ho Bee-IOI's Sentosa Cove project sells 50% of units put up for sale on launch day

3-bedroom units were understood to be sold at a median price of S$4 million, while 4-bedders went for a median S$5.5 million.

Jul 6, 2022 · 8:46 PM · 4-min read

和美与 IOI 合作的圣淘沙项目销售逾半，载于 *THE BUSINESS TIMES*，2022 年 6 月 6 日

"人退我进，人弃我取"

首战告捷！李深静父子继续寻找在新加坡的发展机会。在此之际，一个天赐良机降临在有准备、有担当的企业家手中。这就是位于美芝路政府地块上的风华南岸（South Beach）项目。

在新加坡，一提到美芝路，许多人脑海中首先浮现的是填海造地的壮观工程。早在 19 世纪，政府便开始对沿海和河流边缘的湿地及浅水区进行填平，推进海岸线的扩张，由此开辟了包括滨海湾、圣淘沙岛、新港湾和加东新镇在内的新土地。

美芝路位于滨海地带的东部，沿海岸线延伸，其闽南语名称"Sio Poh Hai Ki"意为"海边的小镇"。自从 1822 年莱佛士制订并执行城镇规划以来，美芝路就在新加坡的发展史中占据了重要位置。从英国殖民时期起，美芝路

见证了这座城市的各个发展阶段。19 世纪前期，这里已经形成了一个富裕的欧洲人社区。

随着新加坡的持续发展和城市化，昔日的蔚蓝大海已转变为繁忙的商业区和科技中心，使美芝路成为国际公司和创新企业的热门地点。为推动地区复兴，扩充办公空间成为核心任务之一。国际巨头如德国化工企业巴斯夫（BASF）、美国的全球领先支付公司万事达（Mastercard）、全球最大在线旅游公司 Expedia、客户关系管理软件公司 Salesforce、著名社交网络 Facebook、交互式数据可视化软件公司 Tableau 以及共享办公空间提供者 WeWork 等，纷纷选择在这里设立总部或旗舰店。

初来乍到，来到新加坡考察投资机会时，李深静父子被美芝路上高低错落的建筑群所吸引。这些建筑融合了维多利亚时期、早期现代主义和后现代主义风格，给他们留下了深刻印象。李耀昇看好这一地区，认为风华南岸项目有潜力在地理位置优越的基础上，创造出轰动效应，推动区域改造和发展。

然而，该项目的招标要求极为严格，涵盖了对城市天际线的影响、公共空间的提供、设计和建筑质量，以及开发商的历史记录等多个方面。其中，一项最具挑战性的任务是在项目早期阶段，就将现场的文化遗产建筑纳入重建计划。在招标阶段，项目采用了一种独特的"双信封"招标系统，要求投标者提交包含设计方案的全面提案，进而从中选拔出优胜的投标方案。

2007 年 3 月，新加坡市区重建局宣布开标，引起了广泛关注并吸引了众多投标方参与竞标。尽管许多提案参与了初选，但只有少数几个成功进入最终评审。最终，由新加坡城市发展有限公司（City Development Limited，以下简称 CDL）、迪拜世界集团和以色列的埃拉德集团组成的联合财团赢得了这一竞标。三家财团在项目中的股权均等，各持 1/3。

然而，正逢 2008 年全球金融危机爆发，阿联酋和以色列的两位股东因资金问题陷入困境，项目也随之遭遇挑战。2009 年，一家国际房地产中介向李耀昇介绍了这一项目，提到其中一位股东正寻求通过出售股权来解决资金难题。

李耀昇得知此消息后，对新加坡房地产市场颇为敏感的他立刻对这个项目表现出浓厚兴趣。在听取了李耀昇的介绍后，李深静也毫不犹豫地表示支持。几天后，李耀昇在新加坡与该中介会面，探讨项目细节。中介热切希望推动这一交易，迅速确定了股权转让的价格，并安排几周后双方高层会面，以敲定交易的具体条款。为了表示支持，李深静决定亲自参加与对方高层的谈判。

对方老板是一位典型的犹太商人，精明能干。他与李深静见面后立即感觉到了彼此之间的默契，确信这个项目找到了最理想的接手者。他表现出强烈的意愿将项目转让给李深静，并亲自引领他们会见了 CDL 的董事长郭令明。郭令明在会见李深静父子后，表示欢迎与 IOI 置业合作，并积极联系迪拜股东以推进股权转让的进程。

在这个项目的实施中，IOI 置业占股 49.9%，不超过 50%，为什么呢？这主要是由于新加坡政府规定，获得拍卖地产项目的中标者不能转让超过一半的股权。这样的规定旨在确保一旦投资者承诺承担建设责任，就必须遵守自己的承诺，按计划进行项目开发。政府认为，若是转让超过一半的股权，可能会影响项目的顺利进行。因此，作为中标者的 CDL 必须保持 50% 以上的股权，以保证对项目的持续控制和责任。

李耀昇回忆道，当时许多人对与犹太人进行谈判感到忌惮，普遍认为犹太人过于精明。然而，李深静发现他们的价值观与亚洲人颇为相似，因此谈判过程相对顺利。事实上，是李深静父子在金融风暴中挽救了这个项目及其投资商。如果没有他们的介入，那些投资商可能会因金融风暴而面临破产，而这个项目也可能成为一处被搁置的烂尾工程。

那一年，李耀昇正当而立之年。

"人退我进，人弃我取"这句古老的中国箴言不仅深植于中国文化，也是李深静商业哲学的核心。李深静坚信，无论遇到何种困难或挑战，都应保持积极的心态，相信自己的能力和潜力能够克服一切困难并取得成功。在他人犹豫放弃时，他凭借敏锐的洞察力、果断的决策和坚定的执行力，在激烈的市场竞争中脱颖而出。

合作签约仪式，载于 *The Straits Times*，2016 年 6 月 30 日
前排左起：万豪国际集团首席营运官（大中华区除外）Mr. Raj Menon、 CDL 执行主席
郭令明、IOI 集团李深静

尤其是在其他两家投资者撤退时，李深静毅然决然地介入该项目。此举不仅为 IOI 置业锁定了一个具有巨大潜力的项目，还为其在新加坡房地产市场的进一步发展奠定了坚实的基础。在其他投资者纷纷错失机会之际，李深静擅长捕捉机遇，从被冷落的项目中发掘潜在价值，并与合作伙伴真诚协作，共同将项目塑造成成功案例。因此，这一成就不仅是他个人的成功，也是合作伙伴共同努力的结果。

与实力和潜力兼备的伙伴合作，是对"强强联合"理念的最佳体现。作为全球领先的新加坡上市国际房地产和酒店集团，自 1963 年起，CDL 一直是新加坡房地产界的领航者，业务遍及 20 多个国家，涵盖房地产开发、投资、酒店建设与管理、设施管理以及酒店解决方案等多个领域。CDL 旗下拥有 300 多家子公司和关联公司，其中 5 家在不同的证券交易所上市。

李深静认识到，IOI 置业只是这个项目的一个合作方，项目的卓越品质和理念很大程度上得益于 CDL 的贡献，以及新加坡政府的严格监管。他愿意接受不足 50% 的股权份额，这不仅体现了他的远见，也展示了他的合作精神。选择合作伙伴极为关键，一旦选择了信任，就应当坚信他们的能力，并懂得在合适的时候退后一步，给予对方足够的空间来施展。

尽管李深静仅持有不到一半的股权，但在董事会中占有一席之地，依然能在项目中发挥影响力。然而，他选择让 CDL 主导运营和决策，通常只在重大决策时参与提出建议，始终确保合作伙伴在决策中占主导地位。由此，至今双方保持着和谐的合作关系。

这个在抵御金融危机中充满挑战的项目最终于 2016 年完工，成为新加坡的一个新地标。

二、古城新貌，多元建筑

未来主义遇上古典元素

风华南岸项目的修复和改造工程不仅是一项技术挑战，更是一次保护和再现古建筑与历史遗迹的机会。这一工程巧妙地将历史元素与现代设计相融合，创造出一个极具吸引力的建筑空间，不仅是一个难得的投资机遇，也具有重要的教育和文化价值。

改建前的四座历史建筑鸟瞰图

风华南岸综合体覆盖 165 万平方英尺，原址为建于 1895 年的南海酒店（The South Beach Hotel），它曾是新加坡最早的豪华酒店之一，也是该地区的标志性建筑。20 世纪初，南海酒店成为新加坡的文化和社交枢纽，吸引了包括英国皇室成员、美国总统以及众多好莱坞明星等国际名人和社会精英。然而，在第二次世界大战期间，该酒店被日军占用，转变为军用医院和军官俱乐部。1992 年，南海酒店被正式列为国家古迹，但因建筑老化等原因，于 2002 年关闭。

在风华南岸项目的修复过程中，古建筑的历史价值和独特风格被精心保留，同时与现代建筑元素巧妙融合。这一工程不仅维护了建筑的传统特色，如红砖墙和现代主义设计风格，还引入了现代化设施和豪华的内部装修。这种传统与现代的完美结合不仅保留了历史建筑的独有魅力，还增添了新的功能和价值，使其在当代环境中重新焕发活力，成为一个标志性的综合发展项目，包括办公楼、酒店和公寓楼。

改建后的风华南岸

风华南岸开发项目共有四座历史建筑以及它们的保护和修复工作。

第一座历史建筑是 Block 1，是四座历史建筑中最古老的一座。其翼楼可以追溯到 1904 年前后，在 20 世纪 20 年代中期进行了扩建。如今，Block 1 成了风华南岸零售综合体的一部分。

Block 1 历史图片

Block 1 现状

第二座历史建筑是 Block 9，即 Drill Hall，建于 1933 年，是四座建筑中保存最完好的一座。保护顾问 Studio Lapis 称其为"20 世纪 30 年代早期现代主义建筑罕见的完整标本"。这座建筑内部包括"一个高耸的空间由一系列从地板上冒出来的钢筋混凝土拱门创造"。如今，Block 9 成了风华南岸的酒店宴会厅。

改造前的 Block 9

改造后的 Block 9

Block 9 现状外景

　　第三座历史建筑是 Block 14，于 1939 年竣工。如今，Block 14 已改造成多功能厅和商务中心。

Block 14 历史图片

　　第四座历史建筑是前武装部队士官俱乐部（NCO Club，简称 NCO 俱乐部），建于二战后，位于 Block 14 旁边，更具战后现代主义建筑的特征。它凸显了空间的功能性使用、朴素线条与战前精心设计的新古典主义建筑不同的特点以及新建筑的实验性使用和创新建筑材料。NCO 俱乐部于 1952 年开

Block 14 现状外景

改建后的 NCO 俱乐部，现在是个酒吧

业，这座二战后的现代主义建筑因其鲜明的外墙而引人注目。

1967 年，英国工党政府宣布在 1975 年前从新加坡撤出驻军，6 个月后宣布提前到 1971 年。随即，新加坡不列颠尼亚俱乐部（The Britannia Club）于 1971 年 4 月 30 日关闭。

一年后，新加坡政府与英国海陆空三军合作社（Navy, Army and Air Force Institutes）谈判买下该俱乐部和 6.3 万平方英尺的主要房地产，并斥资

23.6 万美元整修。因考虑到国防是重中之重，决定将其变成新加坡武装部队士官及家属的娱乐中心。1974 年 3 月 17 日，装饰一新的俱乐部正式启用，以拥有奥林匹克标准的游泳池而闻名，还有餐饮和娱乐设施，深受海陆空军官的欢迎。如今，这里是个酒吧，保留的一部分游泳池，作为美人鱼表演的场地。

改建后的 NCO 俱乐部内景

2000 年，这三个军队街区和 NCO 俱乐部移交给市区重建局时，被当地政府列为保护建筑。风华南岸项目巧妙地将这四座历史建筑，与两座现代化的高塔楼整合在一起，建设成总面积约 4 万平方米的现代综合体。项目采用百叶窗顶篷巧妙地连接不同的建筑元素，创造了一个融合了历史与现代风格的综合性地

NCO 俱乐部内的 3.8 米深泳池，美人鱼在表演

标。风华南岸项目不仅是现代新加坡建筑设计的杰作，也是城市景观中的一处引人注目的视觉焦点。

风华南岸全景

风华南岸新建的两座塔楼，包括一个45层的酒店、高级住宅单位和一个34层的办公楼。其中，约217.5米高的南塔豪华公寓（South Beach Residences）提供高端居住体验，拥有令人印象深刻的内部装饰和一流的便利设施，是当时美芝路最高的建筑之一。

风华南岸公寓俯视远眺的窗外景观

绿色元素，可持续发展

李深静在项目开幕式上表示："我非常高兴 IOI 置业能在标志性的风华南岸开发项目中投资。我很荣幸与新加坡著名房地产开发商 CDL 共同开发这个具有里程碑意义的项目。这一混合开发项目将为其社区注入活力，并恢复美芝路往昔的繁荣。"他还强调了可持续发展的重要性，表明"可持续发展不仅仅是一个口号，而是 IOI 置业的一项实际承诺和努力"。

与李深静一贯坚持绿色可持续发展的理念相吻合，风华南岸项目强调生态设计的重要性，并成功地将绿色技术与设计美学相结合。这个项目由总部位于伦敦的福斯特建筑事务所和国际建筑公司 Aedas 共同设计，巧妙融合了环保理念和绿化环境。采用天然通风和太阳能电池板等环保设计和技术，呈现出具有创意的建筑外观。风华南岸的一大亮点是其波浪形的铝钢天篷，这不仅顺应了历史建筑的轮廓，还将其与两座高耸的塔楼巧妙连接。天篷不仅能够有效遮挡强烈日光，还能够引导气流，有助于降低下方区域的温度，这一设计巧妙地利用了新加坡的热带气候，同时也美化了周边环境。

天棚下的人行道，与地铁相连

天篷向上延伸，覆盖了两座塔楼的东西面，能在炎热时节为底层区域提供阴凉并促进空气流通。地面层有一条人行道，设有分层花园和下沉式庭院，并与滨海艺术中心地铁站直接相连。天篷上还装配了光伏板，利用白天收集的太阳能，在夜间照亮建筑的立面。此外，这个创新的天篷设计也兼作雨水收集系统，收集的雨水用于灌溉周围的绿化带。

波浪形的铝钢天篷覆盖了塔楼的东西面，为底层区域提供阴凉并促进空气流通

建筑采用了双层透明玻璃，能有效减少太阳热量的进入，而节能水系统进一步降低了整体的碳排放。屋顶的"空中花园"和垂直绿墙上种满了茂盛的植被，这些绿植帮助减轻了因城市高密度建筑而产生的热岛效应，增添了一抹绿色的宁静。

风华南岸因此成为新加坡第一个绿色滨海湾综合开发项目之一，荣获两项绿色建筑标志奖的铂金奖（住宅与商业类），获得世界房地产联盟颁发的最佳房地产奖，成为可持续发展项目的杰出代表。此外，它还荣获了2019年新加坡唯一的东盟能源奖"节能建筑奖"，并在亚太房地产大奖中获得了最佳综合体项目（新加坡）的奖项，被授予了五星级的最高行业荣誉。

风华南岸的完工对美芝路产生了重大影响。在人口稠密的超级城市新加坡留下建筑印记绝非易事。将殖民地、本土和现代建筑表现形式生动地并置，新加坡以自己的独特风格打造了与上海、迪拜以及纽约不同的天际线。风华南岸不仅仅是一座引人注目的建筑，还将振兴新加坡的房地产市场，为社区提供丰富多彩的生活方式、时尚购物和前卫餐饮体验。

在风华南岸的五星级酒店 JW Marriott Hotel 开幕仪式现场（右二为李深静）

三、独立开拓，富有远见

IOI 中央大厦，重塑滨海湾

近年来，IOI 置业加大了在新加坡的投资力度，既与合作伙伴合作，也进行独立开发。在进入新市场初期，由于对当地市场缺乏深入理解和经验不足，因此采取合作策略是降低风险、快速适应市场的有效途径。这种策略能帮助 IOI 置业快速理解并适应新加坡市场。

通过与合作伙伴的紧密合作，IOI 置业在新加坡市场逐渐建立了信心，培养出洞察力，为未来的独立运营奠定了坚实基础。2012 年，IOI 置业首次独立中标购得位于西海岸谷金文泰（Clementi）附近的 Jalan Lempeng 地块，推出名为御品居（The Trilinq）的私宅项目。随后，李耀昇积极辅佐父亲，参与了新加坡政府多项地块的投标。

到了 2016 年，IOI 置业以 25.7 亿新币（约 77 亿马币）的高价成功竞得了位于新加坡金融商业中心黄金地段的一个地块，用于建设 IOI 中央大厦（IOI Central Boulevard Towers）。该地块位于中央林荫大道（Center Boulevard），面积达 2.69 英亩，标价创下了新加坡政府土地销售历史上的最高纪录，至今仍是新加坡无可争议的地产之王！IOI 中央大厦是 IOI 置业在新加坡的旗舰开发项目，也是其目前在新加坡最大的项目，标志着李耀昇职业生涯中的一个重大突破。

据传，在英国统治时期，中央林荫大道就已经存在，这里的标志性建筑物曾被拆除，其中包括一个钟，每小时敲响一次，延续了英国的传统，后来

PUBLICATION: China Press
SECTION : Business
Dated : 10/11/2016

李深静 竞标狮城滨海湾地段 出价77亿刷新高

（吉隆坡9日讯）新加坡滨海湾（Marina Bay）9年来首次售地，大马富商丹斯里李深静的IOI房产（IOIPG，5249，主要板房产）出价25亿7000万新元（约77亿令吉）竞标1.09公顷地段，打破当地政府土地的最高销售价格纪录。

新加坡滨海湾9年来首次售地，上述竞标价格已打破当地政府土地的销售价格纪录。

101房产向马证交所报备，通过独资公司Wealthy Link私人有限公司，向新加坡市区重建局提交这幅有期地段的竞标书，竞标价格为25亿7000万新元。

"竞标结果将在评估所有标书后公布。一旦有结果，公司将作出相关公告。"

看好办公楼市场

"彭博社"引述高纬环球（Cushman & Wakefield）数据指出，Wealthy Link私人有限公司的竞标价是竞争者中最高的，相等于每平方尺1万8180新元（约5万令吉）。

同时，房地产顾问世邦魏理仕集团（CBRE）称，25亿7000万新元的竞标价格相当于每平方英尺1689新元（约5068令吉），高于2007年竞标Asia Square Tower的每平方英尺1409新元

■李深静拟以25亿7000万新元高价收购新加坡滨海湾地段。（约4228令吉）。

新加坡世邦魏理仕集团研究主管克丽丝汀李（译音）说："目前所有的竞标价格都高于市场预期的13亿（约39亿令吉）至18亿新元（约54亿令吉），这对新加坡办公楼市场来说是非常好的现象，反映了投资者对办公楼市场的信心已恢复稳定。"

2014年，IOI集团（IOICORP，1961，主要板种植）创办人丹斯里李深静因看好台北101大楼稳定的租金收入与潜在资本增值机会，欲通过IOI房产以27.4亿令吉收购其股权。

然而，入股计划最终因等不到台湾官方批准，101房产进而以外资投资准证届满为由，于2015年宣布中止该收购计划。如今，李深静将目标转向算是新加坡地标之一的滨海湾。

■IOI房产以25亿7000万新元竞标新加坡滨海湾1.09公顷地段。

载于 *China Press*，2016 年 10 月 11 日

又在原址重新安装。地处中央林荫大道的 IOI 中央大厦也因此而得名，成为该地区的一个重要地标。

而今，滨海湾已成为新加坡面向世界的窗口，汇聚了超过 650 家知名国际金融机构，并创造了超过 350 亿美元的运营收入，是全球五大金融中心之一。位于滨海湾地区核心地带的中央林荫大道，拥有滨海湾金沙、滨海艺术中心和滨海湾花园等现代化建筑、文化设施和景点。并且，新加坡政府在这里开展了大规模的基础设施和交通改善工程，显著提高了该地区的交通效率和可达性。

竞标过程中，众多新加坡和中国香港的资深开发商纷纷参与，如淡马锡旗下的丰树投资公司，亿万富翁李嘉诚的长江实业与香港置地的合资公司。在 88 个参与者中，李深静父子所提交的出价是最高的，表现出他们赢得此次项目的坚定决心。

IOI 中央大厦于 2023 年 9 月举行了封顶仪式。这座办公楼群总成本约 40 亿新币，包括一个 7 层的楼台、一个 16 层的塔楼和一个 48 层的摩天大楼，总共提供约 130 万平方英尺的净可租赁空间。值得注意的是，IOI

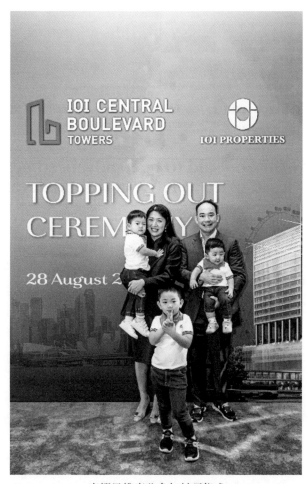

李耀昇携妻儿参加封顶仪式

置业完全拥有该项目。《福布斯》在 2024 年 4 月对新加坡的租赁市场和房地产拥有权进行了分析，并报道 IOI 置业已成为新加坡最大的地主之一。

IOI 中央大厦的两个主要租户是亚马逊和摩根斯坦利。在疫情期间，由于前景不明确，亚马逊一度暂停了租赁谈判。然而，随着疫情的逐步稳定，谈判重新启动，并在建筑尚未完工时，亚马逊便签署了租赁合同，16 层塔楼被亚马逊整栋租赁。

由于新加坡吸引了众多外国投资，并且其货币相对稳定且广受国际认可，所以李耀昇选择在此持续投资，而非将资金转移海外。他希望这种投资能随着新加坡的持续发展而稳定增长。

THE BUSINESS TIMES

20 May 2022

Amazon said to be in advanced negotiations to lease space at IOI Central Boulevard Towers

关于亚马逊商议租赁 IOI 中央大厦的新闻，载于 *THE BUSINESS TIMES*，2022 年 5 月 20 日

"我们对新加坡经济非常看好！"李耀昇说，"新加坡的吸引力在于它从一个本地城市演变为区域性和全球性城市。""新加坡不仅仅定位为纯金融中

心，而且演变成了全球私人银行中心，许多国际化大公司的办公室也迁移到这个规划完善且适合居住的城市。"这些企业都需要办公室，而且通常愿意支付高价以获得符合其形象的高端写字楼。

IOI 中央大厦封顶仪式（右二为李耀昇）

IOI 中央大厦实景图（一）

IOI 中央大厦实景图（二）

重视细节，事必躬亲

李深静是一位非常重视细节的领导者，他不仅关注企业运营的各个方面，还对细节持有高度的敏感性和严格的标准。

李嬿娉是一位曾任职于国家市区重建局的规划师，加入 IOI 之前已有近 20 年的从业经验。据李嬿娉回忆，在处理保护植被和树木的问题时，李深静不仅亲自与政府规划局交流，还每周跟进树木移除和相关手续的进展。这种对细节的执着体现在他对项目的每一个方面的关心。她说，即使在健康状况不佳时，李深静仍然坚持亲自检查工地。在新加坡接受治疗时，他也不忘关注项目进展。

李深静不仅关注大局，也注重团队的细节意识和执行力的培养。他甚至亲自教导员工如何检查工地的每一个细节，特别是注意电缆线，防止铜芯被盗的情况发生。正如李嬿娉所述，李深静的预见非常准确。她曾经亲历一个项目中电线被盗的事件，这种行为虽看似成本不高，但最终给建筑商带来的修复成本却是巨大的。

这种对细节的关注不仅是李深静个人的风格，也是他管理团队和项目的方式，强调预防比补救更为关键。这种管理哲学和行为方式，为整个团队树立了细致入微的工作标准。关注细节的老板重视团队的合作和培训，重视培养团队的细节意识和执行力。

李深静追求完美和持续优化。他不满足于表面的成功，而是不断地寻求改进和提升，通过持续优化细节来提高品质和用户体验。在 IOI 中央大厦的空中公园里，有一条新加坡首个空中专用慢跑跑道。在新冠疫情暴发后，企业对办公空间的需求发生了变化，人们更加关注自然和健康，这条 200 米长的跑道正是为满足租户这一需求而设置的。

他甚至考虑安装滑梯，因为他认为孩子们非常喜欢滑梯和秋千，尽管存在一定的危险，但孩子们认为它们是有趣的。因此，李深静认为滑梯在项目中的设计非常重要。

重视细节的老板通常对品质和执行力要求极高。李深静就是那个对企业运营非常严谨且有条理的领导者。他通过对细节的把控和优化，不断提升企业的竞争力和持续发展能力。

李深静还具备敏锐的洞察力。在谈及项目开发过程中选定合作伙伴的经历时，李耀昇回忆起与怡和洋行合作的一段插曲。怡和洋行是一家资深的国际企业，曾提议与李耀昇共同开发某项目。虽然合作初期看似一片光明，但随着项目实施的深入，李耀昇逐渐意识到英国公司的企业文化与东方传统存在显著的差异，这让他对可能出现的文化冲突感到担忧。在与父亲深入讨论后，他建议采取谨慎的态度。

几个月后，由于未能及时获得政府的批准，合作协议自然而然地终止了。尽管怡和洋行的董事长 Keswick 表达了继续合作的强烈意愿，但李深静仍然选择了拒绝。这不仅反映了他对儿子李耀昇的理解和支持，也体现了他对李耀昇决策的充分信任。

逆行者，大胆的疫情抄底

在过去的 15 年里，IOI 置业与新加坡当地业界紧密合作，保持了在房地产市场的地位。作为公司的新一代领导人，李耀昇逐渐意识到 IOI 置业在新加坡市场独立承担更多项目的潜力。因此，当滨海景（Marina View）项目的机会出现时，他迅速洞察到其中的商业机会。

滨海景位于备受关注的滨海湾区 CBD 边缘，占地 0.78 公顷（约 1.9 英亩），紧邻标志性建筑亚洲广场和滨海一号，是许多跨国公司和金融机构的总部所在地，是一次难得的政府土地购买机会。这块土地的租赁期为 99 年，适用于商业、零售和住宅等多种用途。业内专家分析，在疫情期间，鉴于高昂的土地成本、CBD 办公和酒店市场的不确定性，开发商普遍持谨慎态度。

2021 年，正值新冠疫情高峰期，该项目于 6 月启动招标，截止期是同年 9 月 21 日。李耀昇的全资子公司 Boulevard View Pte Ltd. 成为唯一竞标的发展商，以 15.8 亿新币的价格竞标成功，仅比招标启动的最低价高出 101 新币，相当于每平方英尺 1 379 新币。他计划再投资 10 亿新币用于建设酒店和豪宅。

竞标时，李耀昇曾对妻子杨美盈说：

策划中的滨海景项目，预计于 2024 年年底开始销售

"新加坡是一个国际金融城市，拥有完善的设施和政策，吸引了众多国际巨头总部、国际人才和各国富豪。这块地位于 CBD，是难得的黄金地段。疫情终将过去，我们要看的是疫情后的新加坡，前景将会是一片光明！"

2023 年 11 月初，李耀昇通过其私人公司珊顿 101 公司（Shenton 101）以 5.38 亿元新币购入新加坡中央商业区的珊顿大厦（Shenton House），计划将其改造为一个集豪华酒店、顶级写字楼和高档公寓于一体的综合性大型项目。

新加坡珊顿大厦

李耀昇表示："我们将把这个地理位置优越的地点开发成一流的 A 级办公楼和奢华品牌服务式公寓。这次投资显示了我对新加坡高端写字楼和住宅市场的持续信心。"他说："在滨海湾你不会犯错！这一地区没有太多可用的土地，未来有被压抑的需求和供应短缺。"

李耀昇继承了父亲逆流而上的精神，在众多发展商观望时，他坚信滨海湾因其优越的规划、完善的基础设施和显著的"群聚效应"，具备巨大的发展潜力。尽管疫情影响了经济复苏，但他预见到项目成功只是时间问题。随着全球经济的恢复和生活的继续，IOI 置业能不能在新加坡房地产市场更上一层楼呢？我们充满期待。

结语

在拓展新加坡市场的过程中，IOI 置业在推动合作建设圣淘沙和风华南岸项目时，独立投标且实施一系列后续项目，并对新加坡市场的前景持续保持乐观。随着时代的发展，李耀昇希望 IOI 置业能为新加坡的建设做出更大的贡献。

第三章　荒野建城镇

　　李深静在马来西亚房地产行业的创业史，也是马来西亚新城镇建设的发展史。他在蒲种（Puchong）、布城（Putrajaya）、万宜（Bangi）、雪邦（Sepang）等地的一系列开发项目，不仅为当地社区提供了宜居的住宅和商业设施，还创造了就业机会，带来了经济增长，肩负着伟大的城市建设使命。

一、建设新城镇，走进卫星城

爱拼才会赢

　　"爱拼才会赢"是福建人创业精神的真实写照。尽管许多福建人选择依赖打工来谋生，但他们内心并不满足于此。对于他们来说，创业经商已经融入了他们的血液，有一种深深扎根于内心的冒险精神。

　　李深静，一个祖籍福建永春的创业者，早年就立志要建立自己的事业。这种自主创业的精神，是每一位有远大抱负的商人所必备的品质之一。连接吉隆坡市中心和雪兰莪地区的旧巴生路是巴生谷历史悠久的大道之一。1967年，他与妻子孔美群成功取得了旧巴生路油站代理权，创立了"南发号服务站"（Lam Huat Service Station），开启了他们的创业之路。

　　尽管在创业道路上经历了世纪洪水等重重困难，但李深静坚持不懈，不断努力拼搏，先后经营"南发号"和"顺发号"油站。此后，创业机会接连不断。

回溯 20 世纪 70 年代，马来西亚正呈现出从农业和资源驱动型经济向更为多样化的制造业和工业经济过渡的初步趋势。70 年代中期，马来西亚开始加快工业化进程，制造业蓬勃发展，并在全国范围内建立工业园区。旧巴生路逐渐兴起，工厂纷纷涌现，这里的房地产市场也逐渐崭露头角，其地理位置优势逐渐显露，建筑业也成为赚钱最快的行业之一。李深静凭借敏锐的洞察力，捕捉到了这里的发展机遇。

1974 年，联邦大道开始建设。1975 年，李深静夫妇创办了南顺发，标志着其进军房地产开发领域的第一步。南顺发的首个房地产开发项目便是位于锡米山附近的南顺发花园。这里距离吉隆坡市中心约 30 公里，因锡米开采和橡胶种植而兴盛。1977 年，联邦大道建成，旧巴生路进一步发展，逐渐演变成一个人口众多的城市。1978 年 12 月，李深静夫妇迎来了家庭的第六个孩子李耀昇。

仁义诚信的商业哲学

创业之路充满挑战，对于从零开始的创业者李深静而言，资金常常是很大的困扰。在没有信用卡的年代，油站的现金流成了他维持流动资金的重要来源。当周转不足时，他向熟悉的挂账客户求助，请求提前结账以应对困境，而这些客户通常也会给予理解与支持。有时，李深静夫妇向亲戚借贷及以高息贷款等方式筹集资金，以维持业务的运营。然而，无论如何，他始终恪守还款承诺，准时偿还债务。

李深静还探索了"跟会"（也称为"标会""募捐会"）这一特殊的资金筹集方式。这种制度旨在应对紧急需求或重大事件，通过相互轮流获得资金支持建立起互相信任的关系网络，参与者们按照规则缴纳会费或捐款，相互帮助，共渡难关。这种信任是商业和投资领域中不可或缺的。

仁义诚信是商业成功的智慧，更是做人之本。李深静认为，做生意不能只从生意的角度看问题，还要从做人的角度分析问题，这是非常重要的。因为他觉得，生意是人做的，人不正不诚，生意必定不能长远；即使成功，也只是转瞬即逝的一刹那而已。所以，他特别注意坚守自己的信用。"无论做人还是做事，都要善始善终，方能从容在江湖上行走，广交天下朋友，助己成就一番伟业。"

他的恪守承诺、守信用的行为，赢得了合作伙伴们的信任与支持。"有借有还，再借不难；有借无还，再借免谈。"他始终严格遵守还款期限，坚守了自己的信用。长期以来，他的朋友对他充分信任，愿意给予帮助与支持。这种长期以来可靠的信用，让他不仅在财务上获得了帮助，也在人际关系中赢得了尊重和认可，更为他后面几十年的创业辉煌奠定了扎实的基础。

李深静是一个"说一句算一句"的诚信君子。他在房地产发展事业起步之时，虽然手头并不宽裕，但依然慷慨资助亲戚的孩子出国留学，四年来没有间断过，也没有提出任何要求或回报。人生天地间，何以为人？人者，"仁"也；商人，"商仁"也。为商者，懂取舍，有所为，有所不为，是为大商人。仁人爱人，爱人者得人，得人者方能得天下。因此，他的成功不仅归功于勇气、决心和智慧，也归功于他始终如一地坚守诚信和信用的商业哲学。

新城镇发展与城市化进程的先锋

作为一个拥有多元文化和多民族的国家，马来西亚自独立以来一直在制定和修正一系列经济政策和发展计划，以满足社会经济发展的需求。马来西亚卫星城的建设旨在缓解市中心的人口密集和交通拥堵问题，并将商业、住宅和娱乐设施分散到市中心以外的区域，以促进城市的分散和均衡发展。八打灵（Petaling）卫星城是马来西亚的商业和经济中心之一，也是最具发展活力和经济实力的地区之一。

李深静对八打灵多年的深入了解为他的创业奠定了深厚的基础。20世纪80年代初，八打灵有近10万户居民，但周边仍有大片待开发的土地。李深静发现了一块占地50英亩的土地，认为这里具有巨大的开发潜力。然而，这片土地中央有一条巨大的排水沟，两侧分属不同县市。显然，涉及不同市政局的跨区域协调工作，以及在两地之间申请批文的过程复杂且繁冗，充满不确定性，也充满了挑战。

创新思维在此时起到了重要作用。李深静灵活应对，多方面寻求各区政府和相关部门的支持，并在项目基础设施的设计中，重新设计了排水沟的走向，使得项目落地更具可行性。功夫不负有心人，这个项目最终得到了政府的开发许可，得以顺利实施。

1985年，南顺发终于在这片土地上建成了美阳花园，为当地居民创造了新的居住环境，也促进了当地经济的增长。李深静勇于抓住机遇、灵活应对挑战，并追求可持续发展的决心，发挥了他在新城镇发展和城市化进程中的先锋作用。

李深静（右一）和长子李耀祖在美阳花园工地

十年磨一剑！随着八打灵的房地产价值连年迅速上涨，年盈利过千万元的南顺发已经今非昔比。此时，李深静决定将南顺发挂牌上市。

20世纪80年代初期，华商企业对政策、法律、信息披露、投资者信心等方面颇有顾虑，有的华商担心财务信息与隐私一览无余，公开信息意愿不强，所以普遍不愿意公开上市；还有些企业对大规模融资的雄心不够，驱动力不强。然而，李深静勇往直前，向世人展现出自己的前瞻性和开放性。

南顺发美阳花园售楼现场

经历了 10 年的发展，1985 年 4 月 25 日，南顺发于吉隆坡股票交易所挂牌上市。南顺发的上市并不是终点，而是新的起点。上市后，南顺发更加注重规范化管理，不断提高企业的透明度和治理水平，确保公司持续健康发展。

二、蒲种神话，建城新纪元

敢为人先，建设新城镇

时光如同前进的巨轮，要理解它前行的方向，与其同步，甚至超越它，都非易事。20 世纪七八十年代，雪兰莪州蒲种地区的橡胶和锡矿业依然兴盛，周围则是茂密的橡胶园。那个时期的蒲种还是一片荒无人烟之地，曾是夜鹭的天然栖息地。

关于蒲种的报道，载于《南洋商报》，1991 年 11 月 16 日

然而，李深静将这片在别人看来毫无价值的土地视为黄金宝藏。1989 年，李深静做出一项大胆的决定，从拿督赛格吉手中购买了靠近亚依淡森林保留区的两块共约 900 亩的橡胶园，用来开发房地产。公司内外都对此表示怀疑：20 世纪 80 年代中期的房地产市场尚未完全复苏，谁会在这里购置房产呢？然而，李深静坚信，蒲种将来会成为比八打灵更现代化的城市。

果不其然，在 20 世纪八九十年代，马来西亚和印度尼西亚、泰国、菲律宾四国经济高速发展，被称为"亚洲四小虎"。马来西亚逐渐进入了经济繁荣时期，雪邦国际机场、多媒体超级走廊以及布城等重大建设项目相继展开。而蒲种地区恰好位于首都吉隆坡和这些新建设项目之间的中央地带，成为这些重大发展计划的关键节点之一。

1990 年，李深静启动了新城镇蒲种再也（也称蒲种山庄，Bandar Puchong Jaya）开发项目。次年，马哈迪宣布推动国家发展政策，提出了"2020 宏愿计划"。蒲种被选定为一个重点发展区域。

在这一时代背景下，马来西亚经济开始起飞，旧时的蒲种经历了快速的城市化和人口增长。随着越来越多的各种住宅项目、商业中心、学校和医疗设施相继建成，这里的商业活动也日益繁荣，逐渐成为一个重要的商业和商务中心。通过几十年的快速发展，而今的蒲种已经逐渐发展成为一个繁荣且充满活力的城市。

李深静建设蒲种最大的意义在于，他不仅仅是在开发一个房地产项目，更是在建设一座新城。1999 年 1 月 25 日，白蒲大道通车，缩短了蒲种与八打灵之间的距离。许多年轻人选择在蒲种就业和购房，使得这里的人口逐渐年轻化。加上吉隆坡二环公路的通车，李深静所打造的蒲种新城成为位居要冲的交通枢纽。

蒲种的发展历程，恰恰是马来西亚经济和城市化演变的生动写照。约瑟夫·熊彼特在 1942 年提出了企业家必须具备的三种素质：一是洞察力，能够识别市场潜在的商业机会；二是勇气和决策能力，敢于承担商业风险以获取市场利润；三是经营能力，能够有效地组织和管理资源，实现生产要素的新组合，最终实现盈利。也就是说，要成为成功的商人，必须在"赌博"的背后拥有深刻的洞察力和出色的经营能力。

蒲种充满活力的发展态势，验证了李深静独到的洞察力、勇气和决策能力，以及商业经营能力。他凭借卓越的勇气、独到的眼光和坚定的决心，将这片荒地发展成了一个拥有 80 万人口的现代城市，成就了一项伟大的城市建设事业，开创了马来西亚新城镇开发建设的先河，具有划时代的意义。

新城镇开发之蒲种公主城

李深静在巴生谷的地标性城镇开发项目，不仅限于蒲种山庄，他还瞄准了周边的土地，计划进一步扩展事业版图。

1999 年 2 月，李深静推出在蒲种的第二个大型综合城镇开发项目，这就是占地达 1 000 英亩的蒲种公主城（Bandar Puteri Puchong）。首期项目包括 20 尺 ×75 尺的双层排屋，当时售价约为 23 万马币。此后还有公寓、排屋和独立屋等多种住宅物业类型，并设有购物中心、餐饮场所和办公空间等商业区域。

蒲种公主城

李深静根据对现代城镇居民需求的深入了解，精心规划并陆续开发。他组织进行专业的规划和基础设施建设，确保"五通一平（通水、通电、通路、通讯、通排水和土地平整）"，有序地推进基础建设，将其打造成一个让居民既能享受都市繁荣又能拥有宁静生活的完美城市。这个地标城镇项目成为李深静引以为傲的成功之一。

蒲种公主城里的住宅项目

蒲种公主城里的排屋

李深静建设的住宅项目配套的游泳池

李深静充分认识到蒲种公主城在商业发展方面的优势，因此在城镇内建立了蒲种金融中心（Puchong Financial Corporate Centre，PFCC），包括四座20层的办公楼，以及于2015年开业的蒲种喜来登福朋酒店（Four Points by Sheraton），为蒲种公主城增添了更多光彩。第二座办公楼于2012年被授予马来西亚"多媒体超级走廊（MSC）"称号。

蒲种金融中心

2022年，位于蒲种公主城的 Rio 城市交通枢纽（Rio City Interchange）正式启用，标志着投资达 9 千万马币的蒲种公主城公主高速大道升级和扩建项目圆满完成。

IOI Rio City 办公大楼

作为开拓者，他不仅需要占据先机，还需要足够的耐心和毅力。毕竟，从最初的开垦到规划建设出一个新城镇，至少需要 10 年，甚至可能需要二三十年的时间。蒲种的成功充分展现了李深静对新城镇发展的热情和创造力。

多元发展，转型升级

李深静认为，激烈的市场竞争使得实现持续的生存和发展变得至关重要，转型升级成为不可或缺的一步。他坚信，要像油棕一样年年得到回报和利润，必须进行长期投资，将视野放得更长远。这种投资包括购物商场、酒店或商业写字楼等配套物业，通过不断创造新价值，从而推动周边房地产的升值。

古往今来，凡是渴望成就大事并且真正取得卓越成就的人，都须拥有坚定的自信。企业家的决策是基于直觉、创造力和独立判断，同样的信息和数据在不同人手中会有不同的判断。科学决策通常会形成共识，有标准答案，而企业家的决策则可能是非共识的，没有标准答案。李深静的决策经常让普通人无法理解，甚至引发了不少反对意见，但他坚守自己的信念，相信自己的直觉与判断。

当时没有白蒲大道，也没有 KESAS 大道，因此将人流引入蒲种需要有足够吸引力。为了进一步推动蒲种新镇计划，李深静在 1993 年决定在蒲种的核心地段兴建一个大型购物中心。当时，这个决定受到了很多人的质疑。在一个刚刚起步的地区，不用进行人口和消费能力的市场调研，也可以明显看出这个市场尚未成熟。在这个时候，耗费大量资金兴建一座大型购物广场，似乎是一个非常冒险的决定。然而，李深静坚信，他可以在这里创造一个新地标，吸引人们从其他地区前来蒲种购物、娱乐和生活。

1996 年 5 月，蒲种 IOI 商场（IOI Mall Puchong）正式开业。果如李深静所料，这座四层楼高的地中海式建筑设计风格的商场，成功地吸引了来自旧巴生路等地区的年轻家庭，填补了吉隆坡南部地区大型购物中心的商业空白。此后，2009 年增加了一个新翼楼，设有多个楼层和商店，为居民提供了各种零售商店、餐厅、电影院等娱乐设施服务，成为蒲种地区的主要购物和娱乐场所之一。

蒲种 IOI 商场

　　李深静善于密切观察市场需求，并积极做出响应。当时他特意从美国引进了造价百万马币的旋转木马，顿时成为当地媒体与居民的热门话题。30 年前，旋转木马承载着一代人的童年快乐和无忧无虑的时光。随着音乐旋转的木马，给人们带来愉悦和快乐的体验。在旋转木马上，大人和孩子们常常沉浸在幻想和梦境中，享受一种超越现实的体验，犹如一首歌中唱到的："拥有华丽的外表和绚烂的灯光，我是匹旋转木马身在这天堂，只为了满足孩子的梦想，爬到我背上就带你去翱翔。在这一个供应欢笑的天堂，看着他们的羡慕眼光。旋转的木马没有翅膀，却能够带着你到处飞翔。"

　　李深静注重多元发展，不将鸡蛋放到一个篮子里，不将所有资源集中在一个领域。在那个年代，马来西亚还鲜有商业综合体的案例。他创新地采用多元化投资策略，在蒲种兴建工业园区，为制造工业等提供了现代化的基础设施和便利的商业环境，吸引了更多的企业入驻，推动了产业的发展和经济的增长。

　　他还注重市场细分的原则。IOI 商业园区提供各种办公和商业空间，而 IOI 工业园区则规模更大，适用于制造业和生产业，同时也提供了便捷的物流和运输条件，吸引了更多企业入驻蒲种，进一步推动了当地的产业发展、就业和经济增长。

承载着梦想与愉悦的旋转木马

李深静注重民生。他采用公私合作的方式进行开发建设，不仅加速了项目实施，也为政府分担了一部分财政压力，减轻了政府的财务负担。从社会责任的角度看，他积极参与社区基础设施建设，投资兴建了学校、医疗设施、购物中心和道路等，提高了当地居民的生活质量，促进了社区发展，提升了居民的福祉。

1998年，他将两层楼高的蒲种再也警察局和28个单位的公寓大楼移交给了马来西亚皇家警察局。

改善基础设施建设对当地社区和环境都产生了积极的影响，推动实现了更好的经济效益和社会效益。如今，蒲种已地价飙升，这无疑要归功于李深静当年的深谋远虑和远见卓识。

基于蒲种的成功经验，李深静还继续复制新城镇开发的成功模式，陆续推出了一系列新城镇发展项目。2010年1月，他在蒲种南部推出了占地535英亩的16 SIERRA，包括16个主题各异但相互联系的园区，为居民提供了独特而宁静的生活体验。

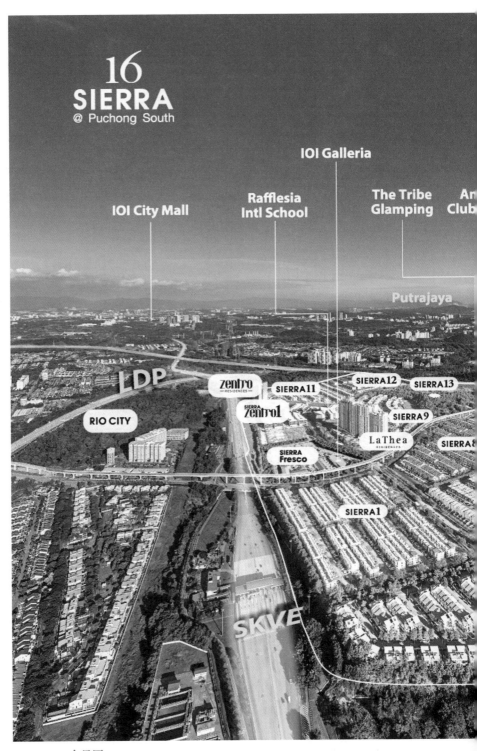

16SIERRA 全景图

2015年1月，李深静又在另一个地区万宜推出了占地370英亩的永久产权城镇项目——万宜公主城（Bandar Puteri Bangi）。同年10月，在雪邦推出了占地202英亩的另一个永久产权城镇项目——华丽山公主城（Warisan Puteri），其灵感源自一首优美的诗歌以及自然景观，旨在为居民提供清新脱俗的生活环境。

SIERRA 6 排屋

16 SIERRA 社区居民的活动场所 Amigo 俱乐部

此外，李深静还在马来西亚的柔佛地区开展了多项基础设施建设。这些项目不仅为促进当地经济增长和创造就业机会做出了贡献，还推动了区域平衡发展，为居民提供了更好的居住和工作环境。李深静在城市化进程中的坚定目标、持之以恒的努力和敏锐的市场洞察力，成就了一个又一个令世人瞩目的建城壮举。

然而，这些成就并未让李深静止步，他很快就把眼光瞄向另一块土地——布城。

三、平地高楼，盛世繁华

位置！位置！位置！

在房地产开发中，地理位置的重要性至关重要。便捷的住宅和商业设施、良好的社区设施、安全性、社交环境和文化活动，都能提升生活质量，增加房地产的吸引力。投资有潜力的地产往往能获得更高的回报率和实现资本增值。因此，对于购房者、投资者和开发商而言，选择有潜力的地理位置是极为重要的决策因素之一。

20 世纪 80 年代末，马来西亚政府决定在布城建立一个新的中央政府行政中心，将分散在吉隆坡不同地点的政府部门集中到一个现代化的行政中心，旨在缓解吉隆坡市中心的人口密集和交通拥堵问题，提高联邦政府部门的工作效率。然而，当时这些计划仅存在于纸上，现实中的布城非常荒凉。

李深静以其独特的眼光看到了难得的历史机遇，决定购买布城附近 788 英亩的园坵，开发成一个新的城市——IOI 度假城。当时，大多数人对这块土地的潜力持怀疑态度。李深静特意聘请了专业咨询公司进行市场调研，寻求专业意见，评估投资潜力。市场调查结果并不乐观，认为这并非一个理想的投资地点。然而，李深静毅然选择了与众不同的道路，决心大力开发这块土地。

李深静之所以与众不同，在于他有能力创造出地理位置的优势。在市场条件尚不成熟时，一般人望而却步，而企业家则会培育市场、创造条件。李深静投入多年的时间和精力，参与布城的规划和建设中，包括土地开发、基础设施建设和建筑物兴建，以满足行政中心的需求。

布城的建设被视为马来西亚发展史上的重要里程碑，为政府机构提供了现代化的办公设施，并为政府的行政工作提供了集中和高效的场所。1999 年，首相办公室的 300 名工作人员陆续搬入布城，其余政府公务员也于 2005 年全部迁入。

回顾几十年前的这片荒凉土地，再看现在的 IOI 度假城，蓬勃发展，且仍具有巨大的发展潜力。李深静的前瞻性、决策勇气和领导力令人敬佩。他的决策不仅改变了土地的面貌，还塑造了一个现代化城市，为政府、企业和居民提供了宜居的生活环境。

打造综合体新概念

城市综合体是将不同类型的房地产项目，如住宅、商业、办公和休闲设施等，融合到一个综合性的开发项目中，以满足人们居住、工作、购物和娱乐等多重需求，通常以大规模、多功能和综合性的方式进行规划和建设。李深静打造的综合体概念令人耳目一新。

根据李深静的综合体概念，IOI 度假城提供多种住宿选择。2003 年，拥有 488 间高档客房和套房的布城万豪酒店正式开业。2016 年 8 月，拥有 353 间客房的五星级酒店布城艾美酒店也正式开业。此外，住宅区提供公寓、独立别墅、联排别墅等多种类型的住宅选择，提供舒适、便利和社区化的居住环境，并配备必要的设施。

从商业需求的角度看，IOI 度假城的商业办公楼和企业园区提供现代化的办公设施和便利的商务环境，适合举办各种商务活动、会议和展览，成为商务旅行者和活动主办者的理想选择，吸引着企业和机构在这里设立办公室。

李深静还特别注重劳逸结合的人性化设计理念。他虽然自己很少打球，却在这里修建了标准的高尔夫球场。2012 年 4 月，18 洞棕榈园高尔夫俱乐部

（Palm Garden Golf Club）正式开业，为高尔夫爱好者提供了一个享受高尔夫运动的场地。

敢想敢为，终能使美梦成真！

而今，建在南洛园坵旧址上的 IOI 度假城，以其美丽的自然环境、多样化的住宿选择、高品质的设施和服务、便利的地理位置以及丰富的休闲娱乐选择而闻名，为居民和访客的工作与生活提供了一个综合性的体验，成为一个宜居、便利和充满活力的综合体。

李氏家族 IOI 商业帝国的总部，也在这里。

IOI 企业总部大楼

04
IOI CITY MALL
MASTERPLAN OF
IOI RESORT CITY
A HERITAGE OF QUALITY
A WOLRD-CLASS DESTINATION
IOI City Mall Phase 3
IOI City Mall Phase 2
Palm Garden Golf Club
Southern Hills Residences
IOI City Offices
Puteri Palma Residences
Conezion Retail & Residences
The Clio Residences
IOI City Mall Phase 1
Le Méridien Hotel
Moxy Hotel

IOI 度假城俯瞰图

05

IOI
RESORTCITY

A brainchild of the late Executive Chairman of IOI Corporation Berhad, Tan Sri Dato' Lee Shin Cheng, IOI Resort City is masterplanned to be the preferred one-stop retail, commercial and residential destination; as well as one of the largest employment centres in the South periphery of Klang Valley.

3
nces

**Putrajaya
Marriott Hotel**

**Palm Garden
Hotel**

**IOI Square
Offices**

**The Jewel
Retail & Residences**

**The Gems
Residences**

马来西亚最大的购物中心

在李深静规划的这个综合体项目中，IOI 城市购物中心无疑是一颗璀璨的明珠，它已经成为马来西亚最大的购物中心，每天吸引着超过 10 万名游客，并于 2022 年 10 月获得了绿色建筑物指标（GBI）认证。

IOI 城市购物中心

值得一提的是，李深静在房地产综合体建设和设计中实现了多方面的创新，包括智能科技应用、可持续发展、社交互动体验、数字化服务和平台、多功能化和混合用途设计、体验式零售和娱乐等。这些 21 世纪科技前沿的综合概念，让人难以将它们与一位年近八旬的老人联系起来。

这位令人尊敬的老者，与时俱进，学习能力超群，这就是李深静！

李耀昇把父亲重视"绿色元素"的传统发扬光大，提倡可持续发展。李耀昇对新能源和可持续发展充满热情，紧跟时代步伐，积极响应了马来西亚政府推动可再生能源发展的政策。IOI 城市购物中心采用了高性能玻璃和墙体材料、太阳能光伏板系统，以及智能能源管理系统等多项节能和环保措施，不仅降低了能源消耗和运营成本，还有助于减少碳排放，为环境保护和可持续发展做出了积极贡献。

居民在 IOI 城市购物中心参与新年倒计时的场景

IOI 城市购物中心还通过引入智能科技应用和数字化服务，提升了管理和顾客体验。整个商场不但拥有多达 1 4522 个停车位，还是马来西亚首家提供智能寻车系统的购物商场，让顾客们享受无后顾之忧的购物体验。

这里还有马来西亚纪录大全（Malaysia Book of Records）认证的奥运标准的全国最大溜冰场、面积达 5.2 万平方尺的室内中庭冒险主题公园 District 21，以及布城唯一具有世界级体育设施的运动中心。此外，人们还可以在气氛绝佳的音乐走廊 The Symphony Walk 区域选择喜欢的餐厅，随着用餐的时光感受周遭迷人景观所带来的温馨。

颇具创意的是，这里打造了一个 1.8 万平方尺的 IOI 城市农场（IOI City Farm）。IOI 城市农场由三大主题组成，有 70 多种植物、小动物和鱼类。农场被设计成一个垂直花园，植物层叠生长，最大限度地利用空间。"绿地"（Green Land）植物区种满了各种植物与花卉；"小森林"（Little Rimba）有来自世界各地的多种动物，不仅有小兔子、小黄鸭、小刺猬，还有浣熊、孔雀，以及孟加拉猫等；"淡水世界"（Fresh Water World）海洋区甚至展示着来自亚马逊的大型鲟鱼和巨骨舌鱼。农场是由动物学家、水族馆和植物学家参与设计的，适合所有年龄段的游客。很多家庭在周末常会带孩子来这里玩，度过一段愉快的亲子时光。

IOI 城市农场

就像父亲当年巡视园坵一样，李耀昇经常会在这座规模庞大且现代化的购物广场里走一走、看一看，脑海里也常常会浮现出父亲的形象和话语。新冠疫情三年，对市场的影响是显著的，对公司的考验是严峻的。IOI 置业麾下 5 家酒店，有的想要裁员，李耀昇就想，如果父亲在，是不会随意裁员的。

李深静曾教导李耀昇："IOI 的业务遍布各地，有 3 万多名员工，设想每个员工背后都有 2 ～ 3 个孩子，这意味着员工的子女总数超过 6 万人。仅 IOI 城市购物中心就拥有近 400 个商家，每个商家有 5 ～ 10 名员工，初步估算也要 2 000 ～ 3 000 人，他们的背后就是几千个家庭。因此，IOI 的经营状况不仅影响我个人的生活，更关乎千千万万人的生计。如果我们的企业运营良好，不仅可以改善员工的生活质量，还能为社会创造更多的教育和就业机会。"

溜冰场

冒险主题公园 District 21

所以，在边踱步边思考的一瞬间，李耀昇就做了一个决定：公司不会在疫情期间裁员或者减薪。同时，商场的第二期建设工程也不能停下来。李耀昇认为，自己要像有远见的父亲一样，看好事业的长期发展。于是，第二期工程自2021年9月开始建设，2022年8月就竣工了，而今，出租率已达95%以上。事实证明，继续发展和建设的策略是明智之举。

李耀昇还在马来西亚积极扩展酒店版图，以抓住疫情后的旅游热潮。2023年12月，李耀昇以2.7亿马币从丹斯里陈志诚旗下丽阳机构（Tropicana Corp.）购买了位于吉隆坡、拥有150间客房的Kuala Lumpur酒店。随后，他再斥资1.65亿马币从丽阳机构买下位于槟城乔治市中心、拥有199间客房和套房以及设施的槟城万怡酒店（Courtyard by Marriott）。自此，IOI置业将其在马来西亚的酒店组合扩展到7家，总共有超过2 000间客房。

结语

点石成金不是一件容易的事情。把一片荒野变成了充满活力的新城镇，不仅开发了蒲种和布城等地区的发展潜力，也凸显了李深静在创造机遇和推动地区繁荣方面的卓越能力。李深静不仅开创了马来西亚新城镇开发建设的先河，也开创了马来西亚大型综合体建设的新纪元，打造了房地产经营新模式。IOI置业在新加坡和中国业务的快速发展，也是在马来西亚实业的坚实基础之上推进的。

第四章　群山变棕海

马来西亚的棕油产业在全球棕油市场中扮演着举足轻重的角色，其产量波动直接左右着全球棕油价格的变动趋势，为马来西亚的经济腾飞贡献良多。数十年来，李深静一直是马来西亚棕油产业的杰出代表，见证了该行业的风云激荡和辉煌崛起，领导着马来西亚乃至全球棕油产业的不断开拓。白手起家的李深静是如何在短短20年内打造了他的油棕帝国？他的创业与创新故事留给世人很多值得深思的启示。

一、天道酬勤，创业伊始

独行侠的狙击

在李深静早期创业的重要里程碑中，收购上市公司"工业氧气"（Industrial Oxygen Incorporated）[①] 是关键的一步。

在20世纪70年代，马来西亚的经济主要依靠农业和初级产品，尤其是橡胶、棕榈油和锡矿。棕油产业开始兴起，逐渐取代橡胶成为该国的主要农业出口产品。当时英属公司牢牢掌握着马来西亚的经济命脉，李深静渴望寻求发展。然而，如何筹措足够的资金成了一道巨大的难题。

企业资本实力不足，常常是制约公司发展的瓶颈。运用资本市场和上市

---

① 工业氧气始创于1969年10月31日，1980年7月24日在吉隆坡股票交易所挂牌上市。

公司的资源，可以获得丰富的融资、再融资的渠道，快速筹集资金。上市公司可以筹集资金，迅速提高实力，做大做强。在一次晚餐聚会上，时任交通部长拿督李三春建议李深静："收购一家上市公司如何？"一语惊醒梦中人！这番话极大地启发了李深静，也深深地影响和改变了李深静的命运，收购上市公司"工业氧气"的大幕也由此拉开了。

1980年7月24日，在吉隆坡股票交易所挂牌上市的"工业氧气"引起了李深静的注意。这是一家以生产和分销工业及医用气体为主的公司，由林玉静（Lim Geok Chan）及其好友们共同创办。然而，"工业氧气"的股权结构分散，以林玉静和数位股东联合组成的管理层，持有股份分别从5%至20%不等。其中没有一人掌握控股权，且市值也不高。

李深静认为，"工业氧气"是非常好的收购标的。经过两个多月的观察部署，李深静决定展开一场秘密的股权收购行动，即通过新加坡和马来西亚两地的证券行，在股票市场上悄悄不断买进，以100股、1 000股、5 000股数量不等，进行小规模、不间断的收购。

当时，林玉静对李深静大量收购"工业氧气"股票之事有所耳闻。于是，半信半疑的他四处打听真伪，其妻舅黄俊杰律师和李深静同是马来西亚华人公会（简称"马华公会"）①巴生支会的党干部，也是李深静的好友，他的律师事务所是南顺发旗下房产买卖合约的指定法律事务所，所以业务往来颇为密切。

那段时间，南顺发的职员经常给黄俊杰的律师事务所打电话，追问和催促南顺发应收账款与委托款项催收的法律进度。殊不知，这便是李深静释放的南顺发财务吃紧的烟幕弹，以致耿直的黄俊杰律师误判，以为李深静不可能有能力收购一个上市公司。

20世纪80年代的股票交易，只有登记注册在投资者名下的股票，才会在股东名册内登记。但交投活跃时，股票往往来不及做实名登记就转手了。

---

① 马来西亚华人公会（Malaysian Chinese Association），1949年成立，是代表马来西亚华人的单一种族政党，曾是马来西亚第二大政党，由马来西亚华人和具有华人血统的公民组成。陈祯禄为首任会长。

因此，股票持有者一般都是将股票先寄存在证券行名下，只要持有一方不去登记注册，就无从追查。另外，股东们之间的沟通不充分，信息不对称。他们各自私下不断抛售套现，以为高卖后可以等着低买，对有可能失去公司控制权的危机毫无戒备之心。

橡胶大王李莱生的手下何穆兴等人，也参与了李深静的收购阵营。秘密收购行动持续了三四个月之后，也就是 1981 年年初，林玉静等大股东合并持股不到 25%，李深静和何穆兴等人则已经拥有 255 万股"工业氧气"，约占总股本的 30%。

李深静这招瞒天过海，可谓让对手大意失荆州。林玉静也曾实施反收购措施，希望通过向利益关联方定向增发新股，稀释李深静的股权比例。然而，为时已晚，回天无力。

好事接踵而至。1981 年 7 月 25 日，马来西亚外国投资委员会批准李深静等新股东的股权注册，新股东为以李深静为代表的南顺发、黄琢齐之子黄章训、孔美群和何穆兴创办的企业华阳实业有限公司，此外还有李赞良、陈群生和陈庆生等。

正如李深静的名字中"深""静"两字的寓意，无论碰到何等困境，只有保持冷静，才能把握局势，做出明智的决策。这种行为方式能够让李深静超越问题本身，不为困境所摧毁，坚定地迈向成功之路。这场暗战最终胜利结束，"工业氧气"的控制权落入李深静手中，标志着他在商场的战役中取得了一次重要胜利，这场收购战被当时媒体称为"独行侠的狙击"。

此后，李深静通过多次战略收购，继续巩固对"工业氧气"的控制权，并将其引向多元化的发展道路。之后，他在保留气体制造业务的同时，逐渐将"工业氧气"的业务重心转向房地产和种植业。

协同作战，开拓东西马

1982 年，李深静接手 Morisem 园坵，与黎宝莲及沙巴州政府合作，四年内完成了开荒和油棕种植。追根溯源，这要从前卫生部长丹斯里李孝友说起。1923 年，李孝友出生于安溪县湖头镇福寿村，3 岁时随父迁往雪兰莪州，1971 年担任国家卫生部长。1974 年，他接任马华公会署理总会长，成为当时的华人领袖之一。1977 年 12 月 30 日，他辞去卫生部长职务退休后，得到沙巴州政府批准的 5 000 英亩大芭地开发权，成立了 Morisem 公司。

李深静（前排右三）视察 Morisem 园坵

李孝友和同为闽籍老乡的陈春德（莆田籍）、黎宝莲（安溪籍）交好。陈春德是活跃于马来西亚华人文坛的小说家，笔名云里风，曾担任马来西亚华文作家协会主席、兴安会馆会长、世界华文文学家协会名誉会长以及马来西亚儒商协会名誉会长。黎宝莲则是一位小学教师。李孝友委托陈春德、黎宝莲夫妇对外招股合作经营 Morisem 公司。黎宝莲虽从事文教行业，但对商业充满兴趣。她引荐几位建筑业、医疗业的朋友入股 Morisem 公司，同时向银行贷款种植可可，但进展不顺。股东们急于脱手却难寻买家。

在李深静同时发展南顺发和"工业氧气"的业务之时，黎宝莲的朋友黄金涌恰好在南顺发美阳花园项目中承包工程。1982 年农历新年，黄金涌引荐黎宝莲与李深静洽谈，自此开启了合作之旅。尽管历经波折，但黎宝莲相信李深静能够成事，不懈努力沟通，最终达成合作。李深静以个人身份持有 Morisem 公司 51% 股份，获得公司控股权，黎宝莲拥有公司股份并参与公司经营。沙巴的种植业务由黎宝莲负责经营。

她提早退休，在李深静的帮助下，从一个棕油业的门外汉，转型成为对种植业务精通的高级主管。后来，她将自己在 Morisem 公司的股份以换股方式卖给"工业氧气"。黎宝莲认为，李深静就是她的大贵人。双方并肩合作超过 30 年，直到黎宝莲退休卸任公司执行董事一职。

油棕种植的人工投入是橡胶的 5 倍，一旦管理不善，鲜果串数量、病果、出油率等都会影响利润。因此，成本的控制对管理种植园来说至关重要。从开荒到种植，是一段艰难的过程，在李深静的垦植下，仅用了四年时间就完成了开发和种植，这种能力令人震惊。

随后，沙巴州政府陆续将一系列项目批给了李深静。Morisem1 毗邻的东北面还有一块 5 000 英亩的芭地，由沙巴山打根拿督高建词和高建立持有。本来谈好了售卖协议，且高建立决定专程来签订合同，没想到李深静鼓励他一起入股共同经营。就这样，以李、黎、高三人合作的沙巴最大油棕种植园开始大展宏图。至今，这里仍是 IOI 集团版图中面积最大的种植园。

1985 年年末，全球锡价崩盘，石油价格暴跌，电子业出口急剧下滑，马来西亚首次陷入严重的经济衰退，各行各业深受冲击。矿产公司纷纷倒闭，房地产市场也受到重创。然而，"工业氧气"凭借过去积极扩张、收购园坵的举措，高绩效与成本管理，以及产品价格持续上涨，显示出逆势增长的态势。在这段困难时期，李深静总是精力充沛，眼前永远都有新的目标等着他去完成。

此后 30 年间，李深静在东马和西马两地启动了一系列园坵收购和开拓行动。在西马，李深静作为龙头。在东马，有黎宝莲和高氏昆仲作为臂膀协同出力。李深静与人合作一向公私分明。在东马，由联营公司股东接洽的土地项目，就由联营公司收购；若是地主或经纪人直接联系李深静，就由李深静直接收购。

1988 年 6 月，"工业氧气"在吉隆坡股票交易所从工商版改到种植版，宣告转型成功。1995 年，"工业氧气"更名为 IOI 集团。

二、油棕帝国的跨越式发展

蛇吞象之南洛园坵

马来西亚在独立之前受英国殖民统治。当时，华裔社群的经济活动主要以锡矿业为主，由广东客家人经营，而闽南华人，尤其是泉州人，从经营杂货店起家，逐渐发展成橡胶、糖、油棕等种植业的重要从业者。19世纪末，黄仲涵成为"糖王"；20世纪初，陈嘉庚成为"橡胶大王"；而20世纪末，李深静则崭露头角，被誉为"棕榈油大王"。

油棕树被誉为农作物中的"天王"，与大豆油和菜籽油并列为世界上三大植物油。榨油的衍生产品多样，相关产业链长。李深静曾说："棕油和我们的生活息息相关，不仅可以用于制造精炼食用油，还广泛用于生产各种日常用品，如牙膏、肥皂、化妆品等。我们每天所消费的食物，例如泡咖啡的Coffee Mate、人造黄油、保健品、药剂、速食面、巧克力、冰棍、蛋糕和面包等，大部分都采用棕油作为主要原材料。"

要理解李深静与棕油业的联系，我们需要追溯到他的童年。李深静曾说："我是贫苦家庭出身，11岁开始卖了4年半冰棒，再去念高中，高二辍学后再没上学。1961—1980年，我都在种植园区打工，橡胶园、棕榈园都做过，一开始做员工，后来做经理，直到我39岁这一年，开始创业。虽然这个年龄早已过了创业的黄金年龄，但我从零开始，一步一步打拼的这些经历，让我对种植业非常熟悉。"

李深静早年曾在李莱生家族的橡胶园工作，看到了比他年长18岁的李莱生通过努力和出色的管理方式富甲一方，这让他深信园坵种植将是他未来成功的机会。李深静曾说："在园坵工作的早期，我就意识到棕榈油是一种非常有价值的农产品，我相信它有巨大的发展潜力，可以带来丰厚的经济回报，所以我决定将精力集中在发展棕榈油业上。"

而在20世纪初，西马的经济活动主要由英国商人、马来人、华人及其他力量共同推动。随着充气轮胎的发明，汽车产业的崛起，橡胶成了热门商品。森那美（Sime Darby）和轮胎制造公司南洛公司（Dunlop，又称邓禄普）等也加入了橡胶种植的行列。在橡胶园拥有比例方面，1933 年的数据显示，欧资占 73%，华资占 19%，印资占 3%，日资占 3%，而土著资本则约为 1%。大部分欧资由大型贸易公司组成，而华资则以本地私人或家族企业为主。

作为 20 世纪初世界上最大的轮胎制造商之一，当时的南洛公司拥有 26 个园坵，在种植公司中排名第八，其生产的橡胶大部分被出口到欧美市场。其中的榕吉园坵（Ladang Geddes），曾是当时全球最大的橡胶园。

20 世纪 70 年代，马来西亚政府推动新经济政策，支持土著社群以收购外国投资企业为目标，特别是种植业和原材料生产企业。到了 1981 年年底，马化控股（Multi-Purpose Holdings Bhd）收购了南洛园坵。然而，随着合作社失信倒闭，马化控股经历了一番波折。最终，南洛园坵再次易主，被甘文丁集团（Kamunting Corporation Bhd）林木荣和林天杰父子以 5.92 亿马币买下。

自 1987 年以来，马来西亚转向多元化工业经济发展，主要依赖制成品的出口。尽管橡胶和油棕是马来西亚重要的经济作物，但价格波动大，风险高，增长空间有限，在大众眼中前景并不乐观。

1989 年，甘文丁集团旗下的南洛园坵计划出售其中 13 个园坵及相关产业，包括油棕、橡胶和可可加工厂等。这 13 个园坵包括 Bahau 园坵、Bukit Serampang 园坵、Gomali 园坵、Kahang 园坵、Kuala Jelei 园坵、Paya Lang 园坵、Regent 园坵、Sagil 园坵、Segamat 园坵、Tambang 园坵、Merchong 园坵、Jasin Lalang 园坵、Hillside 园坵等。

逐鹿者众，除了李深静，诸多有实力的买家对南洛园坵也表现出浓厚的兴趣，其中就包括联合种植与云顶种植。

李深静深谙在商场竞争中，有时候需要深思熟虑、从长计议，要有前瞻性的思维，但有时候必须当机立断，果断决策。在商业世界中，敢于冒险投资是一项重要的特质。然而，与赌博不同，企业家的决策是基于深思熟虑和理性判断的。

巡视 Bukit Leelau 园坵（1989 年 10 月 5 日，前排左二为李深静）

重金买下南洛园坵是李深静果断决策的一个最经典案例。传说他在短短一天之内，决定买下这 13 个南洛园坵。

1989 年 11 月，南洛园坵待价而沽之时，李深静周六收到通知，要求他下周一必须表态：收购，还是不收购。

时不我待！李深静利用周末迅速走访了这 13 个园坵。他敏锐地发现，这里经营不善的原因是工人贪图方便。他们只照顾到靠近大路旁的油棕树，而疏忽了对偏远位置油棕树的养护，产量自然受到影响。李深静认为，这是可以通过有效管理迅速改变的，并不是非常严重的、不能改善的缺陷。

他还意识到，这 13 个园坵大多数坐落在丘陵或平原地带，位于马来西亚森美兰和柔佛交界的地区，毗邻重要的交通干道和铁路系统。总面积约 6.9 万英亩的这些园坵可谓南洛园坵的精华，是马化控股皇冠上最珍贵的宝石。随着交通基础设施的改善和扩展，这些地点也具有极高的战略价值，未来的发展潜力不可估量。

根据多年积累的经验，李深静深刻认识到土地在经济发展中的重要作用。土地是重要的生产资料和经济要素，充分利用土地将创造新的经济价值。李深静还意识到，购买南洛园坵不仅是购买土地，还会接管南洛多年来的专业管理团队、种植和研发技术，这将为他开辟未来发展的新局面。在英国人出色的规划和管理制度下，种植业的周期性盈利会成为长期的经济来源。

在返回总部的次日，他立即高调宣布以 5 亿马币的价格收购南洛园坵。李深静在短短的一天内便做出了这样重要的决定，震惊了整个马来西亚商界。

据说，李深静刚刚签约，便有本地天王级的企业家表示要收购南洛园坵。也就是说，如果李深静在决策上稍有犹豫，南洛园坵便可能易主他人了。历史也将被改写。

在当时世界原油产品价格不断下跌的状况下，李深静敢于掷重金投资园坵，实在令人赞叹。不过，事实证明，这是个非常明智的决定，也是千载难逢的投资机遇。

自此，李深静及"工业氧气"迅速崭露头角，成为当时马来西亚五大上市种植公司之一，排名仅次于牙直利、森那美、哈里森和吉隆坡甲洞，超越了云顶种植，也成为继李莱生家族集团之后，拥有第二大种植面积园坵的非政府联合上市公司。

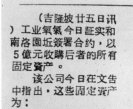

工业氧气收购南洛园坵新闻报道，载于《南洋商报》，1989 年 11 月 26 日

南洛园坵收购的新闻引起轰动。曾经有人问当时南洛园坵的卖家："为何要卖掉主业？"回答称这是个夕阳产业。也有人拿同样的问题来问李深静，为何要购买南洛园坵这样一个即将没落的夕阳产业？李深静的回答简单而有力："今日落下的夕阳，是明日升起的朝阳！（Today sunset, tomorrow sunrise!)"这句经典商业回答后来被人反复引用。

李深静不止一次地证明了，自己能够在看似困难重重的局势下成功，把别人眼中的"夕阳"变成了自己的"朝阳"。美阳花园如此，南洛园坵也是如此。

李深静坚信，尽管在许多人眼中，棕油业似乎是一个"夕阳产业"，然而在他看来，与食用油和油脂产业相关的油棕产业链永远是一个"朝阳产业"。随着发展中国家经济的迅速增长、人民生活水平的提高以及可再生燃料市场的崛起，全球对棕榈油的需求持续增加。他的洞察力和决心最终构筑了一个庞大的油棕王国。

李深静曾说："也许他们当时对我的回答会有所怀疑，我想现在他们应该同意我的见解了。"棕榈油曾是一种原材料，价格每隔几年就会有周期性的波动，但随着棕油业成为一个新兴产业，其价格呈现稳步上升的趋势。

可见，生活中的各种亲身经历形成了一个人的见识，深化成为一个人的领悟力，最终构成一个人的洞察力。李深静的经验不仅来自学校教育，还包括他在不同领域的工作经验和生活经历。他曾经尝试养猪但失败了，然后涉足加油站和建筑业，最终进军种植业。

2008年，李深静接受马来西亚媒体采访时，提到了1989年对于他而言最令人高兴的是收购了南洛园坵。这件事充满戏剧性，在当时看似不太明朗的种植业前景下，他竟然购买了比自己公司大两倍的资产，因此有人形容这是一次经典的"小蛇吞大象"。

在接手南洛园坵后，李深静全面进行油棕改种，厉行优质管理，提升产能。事隔多年，斯人已逝，纵然无法还原当年以茶会商的细节，但李深静敢想敢做、全力以赴的性格，使他最终成为看到明日太阳依旧升起的那个人。

做出如此重大的决策，既需要洞察力，也需要相当的勇气。商业经营中，许多宝贵的机会都是稍纵即逝的，但机会常伴随着风险，机会越好，风险越大。成功与否取决于决策者是否有当机立断的勇气，是否敢于承担风险。

李深静的商业洞察力和敢于创业的胆识是必不可少的成功要素，这得益于对他对市场的观察，也来自政界和商界朋友的帮助和启发。

一个好汉三个帮

孤军不能称道，强强方能成就大业。在商业社会，成功需要具备竞争力，而竞争力不仅受个人才能和素质等方面因素的影响，也与人际关系的品质密切相关。拥有良好的人际关系有助于获得众多人的支持，从而提升在商业中的竞争力。李深静的成功与他的高情商与好人缘紧密相连。

曾任马来西亚永春社团联合会总会长的林云南还记得，白手起家的李深静早年在霹雳州管理油棕园，曾受雇于同是永春老乡的李延年家族。当李深静的高达五金店开张大吉时，他邀请到李延年前来剪彩。李延年不仅是当时马来西亚著名的华人实业家，在新加坡和马来西亚都拥有庞大的产业，而且是当时华人社会德高望重的侨领。一间小小的五金店能撼动李延年来捧场，李深静的人缘和人脉可略见一斑。

丹斯里拿督李延年（右五）为李深静（右四）的新店剪彩

李深静认为，请到有威望的人出席开业典礼不仅可以吸引更多的社会关注，还会给企业增加可信度。他们的支持和认可可以向公众传达一个积极的信号，表明这家店是值得信赖的。另外，请到有威望的人出席典礼象征着这家企业与成功、领导力和社会价值观之间的联系。对于企业来说是一种肯定，有助于树立积极的品牌形象。

林云南回忆，当时李深静说："能邀请到大家都崇敬的侨领，说明我这家店是值得信赖的。同时我很敬慕李延年，他不仅事业做得大，而且为家乡出钱出力做贡献，我以后要向他学习。"这番回答让林云南记忆深刻，感叹借此就能看出此人的格局。

（前排从左到右）李深静、郭鹤年、杨忠礼、钟廷森等合影

众所周知，创业是一条充满挑战和不确定性的道路，而朋友可以给予你鼓励、支持和理解，帮助你度过低谷，保持积极的心态。朋友也可能提供有价值的建议和意见，因为他们非常了解你和你的情况，能给予实用的建议。还有些朋友会有一些资源，如时间、金钱、人脉等，这些资源会在某些关键时刻发挥重要作用。有些朋友甚至会成为合作伙伴，共同创业。在李深静创业的路上，这样的例子不胜枚举。

南洛园坵的收购交易，虽然最终以附加股和债券发行以及银行借贷的方式成功完成，但事实上，其背后还存在着一段差点引发危机的插曲。李深静麾下是一个仅拥有3.8万英亩土地的中型种植公司，要收购总面积比其原有规模大两倍的 13 个园坵，需要支付高达 1.35 亿马币的巨额资金，不得不依靠多家银行的融资支持。然而，在关键时刻，一家银行突然退出融资支持，几乎让收购计划破产。

幸运的是，马来西亚银行集团（AMMB Holdings Berhad，简称 AmBank Group）的老板丹斯里阿兹曼哈欣（Tan Sri Azman Hashim）挺身而出，雪中送炭，及时提供了急需的资金，确保收购顺利完成。李深静对这位贵人的慷慨相助深表感激。从那以后，两人结下了深厚的友情，李深静在任何并购活动中都会优先考虑马来西亚银行作为主要借贷机构。另外，李深静也影响着阿兹曼哈欣，他们共同资助华校，谱写了合作新篇章（详见中篇）。

三、锲而不舍，倾情经营

成功没有捷径，只有勤奋而已

和许多在困难时期成长起来的人一样，李深静的求学时光不多。童年的他卖冰棍，必须与顾客和供应商打交道，需要进行精细的核算。在园坵里，他管理着大大小小的事务，既要对上司负责，又要与同事合作，还要指导下属工人。

高中二年级后，他前往万津摩立橡胶园坵担任实习生，开始了人生中最为关键的学习经历——园坵管理。自 1964 年 6 月起，他在霹雳州的一家油棕园管理园坵。在这里，年轻的李深静学到了油棕的种植和管理知识。

这位高情商的小伙子，在工作与交际中还学会了多种语言，他懂得英语，也能流利地说淡米尔语，还能用多种方言与员工顺畅沟通。他工作勤奋，谦逊而关心下属，因此深受员工尊敬。怀着"戆戆做，天公疼戆仔"的信念，几年后，他获晋升，成为园坵经理。

"成功没有捷径，只有勤奋而已"，这是李深静的座右铭。

长子李耀祖多年来一直跟随父亲一同巡视园坵，目睹了父亲的工作方式和方法。李深静常常对儿女和员工们说："凡事要么不做，要做就要像个样子。"这句话反映了他的坚持和对卓越的追求。

李耀祖回忆说，父亲与其他公司高层领导的快速视察方式不同。一般情况下，父亲会乘直升机抵达附近机场，然后用约 10 天的时间认真而细致地巡视每一个园坵。IOI 集团在马来西亚有 70～80 个园坵，每个园坵占地广阔，巡视需要半天时间。李深静亲自巡视并与管理层和员工密切接触，晚上与他们共进晚餐，交流意见。通过这种方式，他与园坵的工作人员建立了更紧密的联系。李耀祖说，他现在也采用这种方法来巡视园坵。

李耀祖（左四）陪同父亲李深静（左五）巡视园坵（1993 年 8 月 3 日）

每当巡视园坵，李深静都会关心树的生长情况。对于他来说，每一棵油棕树都有生命，他的照料和关心都会直接影响它们的生长和收成。细节决定一切！他对园坵的管理非常精细且有计划性，包括灌溉、施肥、除草和疾病控制等方面。这些有效的管理方法部分源自早期的英国管理框架。

李深静深知植物的需求，关注每一棵油棕树的健康生长。他对油棕树充满感情，把它们看作自己事业的一部分。在油棕园坵，每公顷的地面上种植着大约 148 棵油棕树。从地表的状况到油棕树的外在形态，李深静一眼就能看出它们的健康状况。英文媒体甚至形容李深静对待油棕树就像对待情人一样，形象生动地描述了他与树木的亲密关系，并赋予他"魔树师（Tree Whisperer）"的称号。从此，这个词就成为李深静的代名词，尽人皆知。

李深静坚信，植物是有生命的，而爱护和关心它们将换来丰硕的回报。他在山顶的家园，可以说就是一个植物园。每棵树都是他亲手种植的。这种对树木的热爱，可以说是深入骨髓了。

以身作则，凡事做足 101 分

李深静对自己的要求非常严格，坚持以身作则，强调自律。他的理念是："我对自己的要求是 101%，不只是 100%。"

李耀祖回忆起与父亲巡视的场景。父亲的生活非常自律。他的日常作息是稳定的，每天都是早晨 6 点准时起床，晨练后开始一天的工作。无论自己的身份、年龄或园坵的规模如何变化，他都坚守着徒步巡视的方式。他选择前往复杂地形的区域，检查园坵地面的整理、树枝的修剪以及散落在地上的果实等各个方面。他的严格要求和示范标准在员工中产生了深远的影响。

李深静的管理哲学体现了他对细节的关注以及追求卓越的精神。他将这些原则贯彻到工作中，坚信成功没有捷径。他意识到油棕果散落可能影响产量和盈利，就经常提醒员工，每一颗散落的油棕果都有它的价值，就像是一枚 20 仙的硬币。员工以他为榜样，养成了检查和收集散果的习惯，以减少损失，增加产量。这么多年过去了，在园坵里只要看到地上有一粒散落的油棕果，员工就会笑着模仿李深静当年的口吻说："这是 20 仙呢！"边说着，边弯腰捡起来。

福建有句谚语："大富由天，小富由俭。"李深静几乎给每个到过棕榈园的人都算过一笔经济账。工人们需要遵循所有植物的自然生长规律，哪些棕榈果已经成熟可以采摘，哪些还需要等待才能采摘。每 10 天采摘一次，对棕榈果进行筛选与分拣，将果仁和果皮分类，进行加工和榨油。值得一提的是，种仁榨出的油脂价值更高，而恰恰是那些散落在地上的棕油果具有更高的经

李深静亲手植树（1996 年 4 月 1 日）

济价值。因为采摘过程完全依靠人工，所以园坵的工作并不容易。每一颗棕桐果都来之不易，需要积少成多。

李耀祖（右一）陪同父亲李深静（右三）徒步巡视园坵

　　李深静不仅深谙财富之道，他的生活哲学和商业理念都围绕着一个核心观点：积沙成塔，集腋成裘。他对财富的珍视如同对待每一颗棕桐果一样，每一粒果实都是他心中的一粒种子，孕育着未来可能的生长和变化。他以审慎和明智的态度对待每一分钱，因为他深知任何一粒果实都不能浪费，都必须用在更有价值的地方。

Sagil 园坵是 IOI 集团的一个模范油棕种植园，也是李深静最喜欢带贵宾参观的地方。如今，该园坵持续多元化种植，除了棕榈，还种植了椰子、榴莲、菠萝、杨桃、红毛丹和牛油果等多种果树。这个丰富的多元化种植计划为该园坵的未来发展提供了无限潜力。如今，园坵内还保留着他亲自建设的鹿场，每当来宾前来观赏，睹物思情，便会勾起他们对李深静的无限怀念。

2018 年 3 月 14 日，李深静最后一次巡视他心爱的 Sagil 园坵。尽管当时他正在接受治疗，但他仍然没有放下对工作的责任，他深信，正是勤奋和自律才能确保 IOI 集团迎来每一个新的黎明。

善待员工，任人唯贤

李深静善待员工、培养员工，虽待人严格，却能任人唯贤。

无论是坐在办公室还是在园坵，李深静都是一个非常严格的老板。他对员工要求严格，除了注重刻苦和勤奋，他更看重那些忠于职守的员工。1989 年，当甘文丁公司准备出售南洛公司旗下所有的油棕园地和产业时，李深静亲自前往一处油棕园，但被一位管理人员挡在大门外。这位管理人员告诉他："对不起，这是南洛公司的地方，根据公司规定，外人不得进入。"尽管遭到了拒绝，李深静被这位忠于职守的管理人员所打动。当收购完成后，李深静选择重用并提拔了这位管理人员，以示对他的认可。

李耀祖也回忆说，父亲注重底层员工的培养和发展，为员工提供晋升的机会。一个员工起初只受过小学教育，但因勤劳而受到了李深静的关注和培养。几年后，这位员工被提拔为几个园区的总经理。在李深静的管理理念中，他非常注重发现和培养人才，不以学历和背景为限，而以勤劳、奉献和忠诚为衡量标准。

正是因为培养了一位又一位优秀的员工，李深静才有机会去开拓新的业务。他明白，在庞大的事业中，仅仅依靠一个人是不可能取得如此大的成就的。

李深静向管理层提出要求，不要过多地指责底层员工。他善于与工友亲切交流，倾听他们的观点，鼓励他们发表意见。李深静相信，员工应该是参与管理的一员，他们是企业的合作伙伴，而不仅仅是执行命令的对象。

他尽力成就员工、下属与合作伙伴。李深静认为，越是有能力的人，越希望发挥自己的才干，使自己能够在取得的成就中获得某种心理满足。

对话与承诺都是双向的，他在关注并信任员工的基础上建立双向的信任关系。信任就像企业的血液，贯穿每个部门，上下级之间的信任使整个机构运转顺畅。李深静与员工之间的这种互信关系，让他们感到就像亲密无间的战友，每次合作都能够全身心地投入。

李耀祖 1994 年 8 月加入家族集团，协助父亲于 1995 年推出了公司的愿景和核心价值观，这些价值观大多是基于父亲的经营理念总结提炼而来。李耀祖说，父亲为他提供了广阔的工作空间，且于 1996 年任命他为集团董事和董事局成员。李耀祖体会和总结的父亲的经营管理理念有以下三个。

（1）诚信和信用。父亲不轻易答应别人，答应了就不轻易违背。

（2）全情投入。不是每件事情都参与，参与了就全情投入做到 101%。

（3）左手要知道右手在做什么，反之右手要知道左手在做什么，就是鼓励团队合作和沟通的精神。

李深静的管理理念体现了一种现代的管理哲学。他注重培养员工，激发他们的潜力，使他们成为企业的合作伙伴，共同创造成功。

四、强大才是硬道理

运筹帷幄，化解收购风波

李深静的创业历程并非一帆风顺，而是充满曲折与挑战。回首 2001 年，他陷入了长达一年三个月的森那美收购战旋涡。这段经历让他深刻领悟，为了避免成为他人觊觎的目标，企业必须变得更加强大。正如他所言："一朝被蛇咬，十年怕井绳。"

棕油业可分为油棕树种植和棕油加工及下游产业两个领域。IOI 集团在上游领域表现突出，是马来西亚第三大的棕榈油生产商。上游业务效益良好且利润丰厚，但受到土地面积的限制。相比之下，下游产业具有更大的发展潜力，例如婴儿奶粉等领域前景广阔。经过精炼，棕榈果可以被加工成用于烹饪、食品加工、人造奶油、巧克力制品、肥皂、化妆品等各种日化工业领域的精炼棕榈油。

自 1997 年起，IOI 集团开始着手发展下游产业链。1997 年 3 月，IOI 集团收购了马来西亚历史上最大的油脂化工企业益东控股 32.96% 的股权，为在该领域的战略发展奠定了基础。尽管当时李深静对油脂化工领域并不十分了解，但他敢于探索，全身心投入，使得益东控股的业绩在短短三年内实现了惊人的增长。

收购益东控股的媒体报道（1997 年 3 月 24 日）

2001 年，森那美发起了对益东控股的恶意收购，掀起了一场激烈的竞购战。这不仅是一场商战，更是一场心理战。

森那美的恶意收购行动引发了激烈的竞购战，IOI 集团选择了不参与价格战，而是采取逐步增持股权的策略，全面展开反收购行动。这表明了双方在战略选择上的差异，森那美采取了直接竞争的方式，而 IOI 集团则采取了更为谨慎和具有战略性的举措。在接下来的竞争过程中，双方相互角逐，李深静果断反击，提高收购价格，并积极增持股票，表现出在博弈中的决断和灵活性。李深静的谦逊和耐心及其智慧和决策力，为他赢得了股东的信任和支持。

经过长达 15 个月的角力和斗争，益东之战终于画上了句号，IOI 集团成功保住了益东控股。然而，与第二大股东森那美之间的合作并非一帆风顺，李深静提出友好的解决方案，积极寻求双方妥协来化解潜在的冲突。可见，在商场中强调利益和合作，而不是情感和敌意，是取得商业成功的关键。

局势稳定后，李深静有意将益东控股更名为 IOI Oleochemical Industries（IOIOI，简称 IOI 油脂化工）。这时尽管李深静早已掌握了绝对的主导地位，但出于对森那美的商业尊重，他没有立即行动，直到森那美自行退出才实施更名。李深静认为，无论是将来的朋友还是对手，都有可能再次相遇，因此在处理事务时，留有余地至关重要。

"学会爱你的敌人"可能极具挑战，因为大多数人在面对"敌人"时往往会充满敌意，甚至有消灭对手的冲动。即使没有能力除掉对手，人们也常会采取冷漠或敌对的态度。然而，正是因为面临挑战，杰出人物才能脱颖而出，显得与众不同。换句话说，能够以平常心对待敌人的人，他们的成就通常要大于那些总是怀有敌意的人。

在这场收购战中，李深静以谦逊、耐心和高度协作的态度与股东沟通，保持团队士气，最终成功击退了竞争对手。此后，通过分发股权、回购股份等措施，IOI 油脂化工市值连续翻番，公司的主导权牢牢掌握在了李深静的手中。李深静深知，企业必须强大才能避免被并吞。因此，在此后的十多年里，他继续扩张企业，努力将 IOI 集团推向商业巅峰。

IOI 油脂化工厂

2003 年年初，IOI 集团进一步强调国际化发展，收购了联合利华公司的部分业务，在荷兰设立了子公司。如今，IOI 集团在荷兰、美国和加拿大都拥有工厂，上游和下游业务均取得了显著的成功，其业务涵盖亚洲、欧洲和美国。

IOI 集团位于荷兰 Wormerveer 的加工厂

IOI 集团位于美国 Channahon 的加工厂

IOI 集团位于加拿大多伦多的加工厂

　　而今，IOI 集团在马来西亚和印度尼西亚共拥有 98 个园坵、15 个棕榈油加工厂、4 个研发中心和 1 个生物技术中心。2023 年的年报数据显示，IOI 集团油棕树的种植面积达到 176 925 公顷，其中 64% 位于东马，24% 位于西马，其余 12% 位于印度尼西亚。IOI 集团在马来西亚还有约 449 公顷的橡胶树。年报还显示，2023 年 IOI 集团的 FFB（Fresh Fruit Bunches）总产量为 269 万吨，每公顷的 FFB 产量达到 18.66 吨，开采率为 20.92%，表现出色。此外，IOI 集团在多个国家设有油脂生产工厂和销售办事处，其产品畅销于全球 65 个国家和地区，为超过 1.3 亿人提供棕榈油产品。

李深静的远见卓识使得 IOI 集团得以迅速地扩展油棕业务，而油棕产业也逐渐成为其事业版图中最重要部分。

结语

李深静对油棕园的热爱和关心，以及对细节的精益求精，使得园坵管理达到了卓越的水平，使得每公顷土地每年的油产量超过行业平均水平。在他的领导下，IOI 集团逐渐成为棕油生产成本最低的公司。同时，他努力从事棕油下游产品的研发，不断拓展产业链，创造更高附加值，推动公司的盈利稳步增长。李深静将棕油业视为他事业的根基，为之付出了深厚的情感和巨大的心血。

中 篇

兼济天下

引言：风雨情深赤子心

　　"一个永春人，半个吉隆坡"，唱着"过番歌"从家乡南来的华人在南洋努力地拼搏，秉承着闽南人"爱拼才会赢"的精神，落地生根打拼出一番新天地。永春人的故事，也是众多马来西亚华人的缩影。他们的努力和拼搏，不仅在经济上取得了瞩目的成就，也得到了马来西亚历任最高元首的赞誉。这些领导人在公开场合多次赞扬华人对马来西亚经济发展的贡献，而在这群杰出的华人团体中，永春人始终占据着举足轻重的地位。李深静曾公开表示，马来西亚华人推动着马来西亚的繁荣与发展，而马来西亚华人的团结就意味着马来西亚经济的繁荣昌盛。

　　华人社团、华文教育和华文报刊，被誉为南洋华人社会的三大支柱。马来西亚的华人，作为该国的第二大民族，约有740万人，占马来西亚总人口的23%。这个群体有着深厚的历史渊源，可以追溯到晚清和民国时期从中国福建、广东、海南及广西等地迁徙至马来西亚的移民及其后代。华人社团的建立和发展，构筑了马来西亚华人社会的生态体系。这些社团不仅为华人提供了安身立命的场所，也是华人社会的重要组成部分。截至2014年，马来西亚约有9 000个华人社团，这些社团源于地缘和血缘的凝聚与认同感，宛如一座座坚固的桥梁，将华人社会紧密地联系在一起。这些社团并非政治活动的直接参与者，但在重大议题上，它们总是坚定地维护华人的权益。

　　早期华人初到侨居地时，便自发组织同乡会馆和宗亲会馆，以便彼此照应、共同发展。随着时代的变迁，华人在经济和教育上都有了显著的成长，社团的类型也变得丰富多样，包括工商会、校友会、公益组织和宗教团体等。这些华人社团的建立和发展，不仅增强了华人社会的凝聚力，也为推广中华文化和支持华文教育做出了重要贡献。在这个过程中，华人团结起来与政府对话，为华人争取更多的权益和福利。

他们以会馆为活动场所，把新老侨民紧密地联系在一起，共同为家乡谋福利。这些会馆不仅为新客提供安身立命的场所，也是他们与家乡连接的重要纽带。这些华人移民后代，依然保留着中华文化的印记和传统。从宗祠、会馆到华文教育，无一不彰显着华人的艰辛和奋斗。在这个过程中，他们不仅坚守着中华文化的精髓，也将其融入了新的社会环境中。马来西亚华人社会的历史和发展充分证明了华人社团在马来西亚社会中的重要作用和地位。他们用坚实的力量维护和弘扬中华文化，也为马来西亚社会的发展做出了积极的贡献。他们的故事，正是南洋华人社会历史和现实的缩影。

李深静是第三代华人，深受中华传统文化和乡土情怀的感染和熏陶。他的家庭非常注重中华传统文化的传承，家中常年摆放祖先牌位和菩萨塑像用于日常祭拜。在这个家庭中，传统文化气息浓厚，深深影响着他的成长。"从小父母就对我们说，我们在这里（马来西亚）是客人，赚了钱应该拿回家乡发展。当时虽然家里很穷，但是我记得，每次到过年时，父母亲就会想办法筹一些钱、找一些布料和衣服寄回家乡，年年如此。"父母在艰难生存中仍心系家乡的记忆深深刻在幼年李深静的脑海里。李深静的父亲虽然落地南洋却心系永春，经常筹措物资，从巴生港口寄回福建接济远在祖籍国的亲友，多年间从未断过。

时逢日军侵华，海外华侨自发组织的抗日救亡运动，所到之处轰轰烈烈。在马来西亚，从富有的侨领巨商到生活清贫的工农侨众、小商小贩，从两鬓斑白的老人到刚刚懂事的孩童，无不参与捐款捐物，甚至几乎倾尽家资。

李深静的父亲便也是其中一位，他卖掉仅有的几亩橡胶园支持祖国抗日。抗日战争全面爆发之后，南洋侨胞齐心协力，成立了南洋华侨筹赈祖国难民总会，统一领导南洋各地 800 万名华侨支援祖籍国。这个组织以陈嘉庚为主席，他以卓越的领导能力和深远的影响力，激发了华侨们的爱国热情。这段历史是如此地鲜活和感人，以至于我们可以通过它来了解华侨们如何在抗战时期团结一心，为祖籍国捐赠款物。身处抗战的大环境，华侨们心连心、团结互助，在异国他乡艰难求生存。他们秉持着浓厚的中华情结，用实际行动为祖籍国献出一分力量。

这种精神深深地感染了李深静，让他在逐步走向事业顶峰之时，始终没有忘记那份深情，更难以割舍华文教育的使命。在华人社会大熔炉的淬炼下，他始终保持着一颗火热的心。他创立基金会、兴学办教、扶助贫弱，始终坚持"大爱"的理念。这是他身份的认同，也是他对家乡和祖籍国的深深眷恋。

静水流深，风范永存！李深静过人的商界谋略和为人的质朴深受人们敬仰，他曾是马来西亚华人社团的领袖和表率，是社团的积极支持者。他从商伊始，不忘支持华人社会的发展，勇担吉隆坡永春会馆会长、马来西亚永联会名誉会长等职，为马来西亚华人社团的发展献计献策，鼎力支持社团的发展。

李深静也是拥有慈善胸怀的企业家。早在 1985 年，李深静就创建了李深静基金会，扶贫济弱，关注马来西亚学子的疾苦。他满怀赤子之情，心怀天下，回馈家乡，不求名利。他曾数度回乡，斥资为故土建桥修路、发展经济、捐资助学，造福桑梓。

随着事业的发展，李深静对华文教育的兴趣也愈加浓厚。因自己失学而激发他推动教育，有教无类，赋予每一个孩子接受教育的机会，成为他最大的快乐。他鼎力支持坤成中学和深静（哈古乐）小学，亲自参与这两所学校的建设和发展。不仅如此，除了在马来西亚大力支持和资助华文学校，他还强调"与国际接轨"的教育考察、交流与落实，并无私资助厦门大学和清华大学这两所中国高等学府的建设和发展。

　　教育是十年树木、百年树人。李深静兴学办教，道路险阻却不屈不挠勇往前行。"华文教育之路"是在长期实践中经历了无数艰辛、克服了无数困难探索开辟的，这是一条熔铸了几代人理想追求的奋斗之路。他满怀报国激情和对华文教育事业的热爱，坚韧不拔，终使事业成长、壮大。他坚信华文教育的长久发展，新生代马来华人必然从中受惠。这一理念贯穿了他的一生。他质朴而不求名利，感人至深，为后世留下丰厚的精神与文化遗产。

第五章　鱼水共存　倾力担当

一、华人社会展担当

在马来西亚华人群体中，尤其是永春籍人士中，提及"李深静"这个名字，可谓无人不知、无人不晓。他是马来西亚华裔精英，祖籍追溯至中国福建省泉州市永春县，不仅是一位声名显赫的企业家，更是一位对马来西亚华人社会事务热忱投入且影响深远的支持者。

情系永春会馆

李深静早年受雇于同为永春籍的李延年，管理霹雳州园坵。李延年是马来西亚著名的华人实业家，也是马来西亚最有代表性的华人社团领袖。李深静深受他的影响。李延年为人重情谊，通达明理，乐善好施。他先后担任 10 多个社团的领导职务，包括综合性的雪兰莪中华大会堂会长、业缘性的吉隆坡暨雪兰莪中华总商会（简称"隆雪中总"）会长和马来西亚中华工商联合会（简称"马来西亚商联会"）会长、地缘性的吉隆坡永春会馆会长、马来西亚永春联合会（简称"马来西亚永联会"）会长、马来西亚福建社团联合会（简称"马来西亚福联会"）名誉会长以及慈善机构同善医院（Tung Shin Hospital）的主席等。他曾经说过："人生来也空空，去也空空，平生所得，都是取诸社会，自己需要那么一点儿过生活就够了，其余应该还给社会。"因此，他本着取诸社会、用诸社会的原则，对社会福利、慈善公益及教育文化等事业，无不乐予支持。他先后捐助马来西亚大学、拉曼学院、国家防癌中心（马来西亚）、同善医院、精武体育会等，动辄数十万或上百万元马币；对故交新知，远近亲疏，凡有求者，均能解囊相助，被尊为"慈善老人"。

李深静非常敬佩李延年，并以此鞭策自己，希望自己会做得和他一样出色。李深静的确做到了，成为马来西亚华人的典范。从 20 世纪 70 年代中期起，李深静就活跃于乡亲社团会馆，并担任重要领导职务，其中包括吉隆坡永春会馆会长、马来西亚永联会名誉会长、马来西亚福联会名誉会长、马来西亚肇永公李氏家族会族长等。

吉隆坡永春会馆，这座拥有百年历史的华人社团，长期以来扮演着至关重要的角色。它通过有效联络散居各地的永春乡亲，帮助他们在异国他乡寻找到精神家园与文化认同，搭建起跨越地理距离的情感桥梁；同时，会馆也切实为吉隆坡地区的永春乡亲提供多元化的服务与援助，构建了一个强大而温馨的互助网络，有力地促进了永春籍华人在马来西亚的团结与发展。从 1985 年到 2000 年，李深静连续三届担任吉隆坡永春会馆的会长。他鼓励永春后辈积极加入会馆，为家乡做贡献。在李深静的带动下，很多人都加入了会馆，而这些人也成为李深静的伙伴和朋友。

永春会馆的会址几经沧桑，早在 1959 年董事会就已建议重建会馆大厦，后因政府条例中诸多限制而中止，有关重建之愿，便一直拖延。直到 20 世纪 90 年代初，在李深静的号召及多次推动下，重建规划终于在 1995 年 4 月 26 日获得市政府批准，正式启动重建大厦计划。

1995 年 6 月，会馆旧建筑物被拆除，同年 8 月 7 日举行动土礼，由建委会主席李深静及会长郑景新联合主持。在动土仪式上，建委会主席李深静表示会馆地处吉隆坡黄金地带，宣布会馆大厦从三层楼扩建至七层楼。因为会馆位于安邦路繁华路段，如果能够建成一座富丽堂皇的七层楼大厦，将会更有利于会馆的发展。考虑到各种因素以及筹措资金的难度，他提议会馆可以出租部分场所以确保资金的可持续性。李深静作为建委会的主席，深谋远虑，建议董事会充分考虑会馆的长远发展。这种商业运营将会带来持续性收益，一方面可以补足会馆经费不足，大大减轻了董事们的压力；另一方面可以有充足的资金发放奖贷学金。经多方申请后，七层楼规划于 1997 年 8 月 8 日获得市政府批准。1999 年 6 月 27 日，新会馆举行开幕仪式，建设耗资约 400 万马币，同日还举办了庆祝永春会馆成立 75 周年暨青年团 20 周年纪念大会。

1999 年吉隆坡永春会馆新厦落成开幕（前排左十四为李深静）

永春会馆承载的办学育人功能有半个世纪之久。1954 年在林连玉[①]的建议下，会馆董事会通过创办桃源夜校，收容失学及失业青年，培育人才，以应社会之需。桃源夜校于 1955 年元月 10 日开学，学生共有 198 人。1956 年 11 月 30 日，会馆接纳麻坡永春会馆的建议，发起召集全马永春同乡组织举行代表大会委托代办大专奖学金。1985 年，李深静第一次担任主

2004 年李深静获吉隆坡永春会馆服务 24 周年纪念礼

席之后，永春会馆为鼓励同乡子女努力向学，力求进步，开始颁发会馆同乡子女学业奖励金，而此举也赢得了同乡的一致肯定，并且一直持续至今。

---

① 林连玉（1901 年 8 月 19 日—1985 年 12 月 18 日），出生于福建永春，马来西亚华文教育工作者、教育家，致力于维护华文母语教育和积极争取把华文列为马来西亚官方语文之一。

　　为了团结同乡、发展社团，李深静常常慷慨出资赞助会馆举办的各类活动，如团拜会、青年团活动、答谢会等。而宴请会馆董事，一个月一次也是常有的。大事小事，只要涉及会馆、涉及永春，李深静必事事上心。提起这些，同乡们都认可他、盛赞他，感恩他为吉隆坡永春会馆的付出。

支持永联会

　　随着时间的推移，永春乡亲们在马来西亚的事业发展越来越多元化，他们不再只集中在吉隆坡。为了更广泛地联系各地的乡亲，提升华人的社会影响力，吉隆坡永春会馆董事会决定创建马来西亚永春联合会。李深静虽然全身心投入商界，不再继续担任会馆主席，但他是永联会的积极支持者，那份深深的永春情仍然是他割舍不了的。他始终关注着会馆和永联会的发展，只要是永春人的事情，他都会不遗余力地支持。

　　在李深静的支持下，永联会的工作取得了显著进展。他们不仅成功举办了多次活动，还为永春人提供了更多的交流机会和平台。这些活动包括新春大团拜、文化讲座、座谈会等，让更多的永春人有机会聚在一起，分享彼此的经验和感受。在这个过程中，李深静不仅出钱出力支持会馆的各项活动，还时常鼓励其他乡亲积极参与永联会的工作，并为永联会的发展献计献策。他的热情和支持为华人社团的发展注入了新的活力。他始终关注着华人在马来西亚的发展，并为维护华人的权益而努力。他曾多次担任华人社团活动的赞助人或嘉宾，为华人社会的繁荣发展做出了自己的贡献。

　　2007年，恰逢永联会成立50周年大庆，新任永联会总会长郑永传决定邀请国内外永春同乡会共同出席这个盛大的庆祝大会。但是，由于永联会的经费主要用于奖贷学金计划，并没有足够的资金来筹备庆祝活动。在这个关键时刻，郑永传想到了李深静。他深知李深静是永春籍的成功企业家，一直致力于在马来西亚推广中华文化，于是，他大胆地请求李深静全面赞助这个庆祝活动。

　　李深静非常赞同郑永传的计划，毫不犹豫地同意了赞助请求，并亲自出面招待来宾。为了表示对活动的重视，庆祝活动的地点被定在了李深静的万豪大酒店。当晚，这里举办了一场盛大的千人宴。来自家乡的永春白鹤拳和永春古装戏的演员们为大家献上了精彩的表演，这些表演赢得了在场观众们的热烈掌声。永春白鹤拳在马来西亚的推广历史可以追溯到1928年，当时爱国侨领陈嘉庚邀请了闽南国术团前来进行演出和示范指导。这一次，永联会希望能够追随嘉庚的脚步，再次推广永春文化。截至2015年，已经有7个永春同乡会开始教授永春白鹤拳，有近百名学员参与其中。郑永传在回想这段历史时感慨道："如果没有深静乡长的支持和赞助，没有吉隆坡的演出，就不会有白鹤拳第二次到马来西亚的机会。李深静在其中担任了非常重要的穿针引线角色。"

这个庆祝活动取得了巨大成功。它不仅增强了海内外永春人的凝聚力和归属感，也弘扬了中华文化和中华武术的精神。李深静的慷慨赞助使得这个活动成为永联会历史上的一段美好回忆，也成为中马两国文化交流历程中的一段佳话。

马来西亚福建社团联合会一直以来都是马来福建同乡们互相交流、互相帮助的平台。每年的新春大团拜活动，大家齐聚一堂，共度佳节，分享快乐，也分享彼此的思念和乡情。

李深静传承着中华文化，尤其是闽南传统文化。在闽南人的风俗里，正月初九"拜天公"是一年中非常重要的日子，从大年初八晚上12点开始，家家户户都要放鞭炮，厅堂上点燃红烛灯，长辈们领着一家大小跪在桌前，并依长幼顺序上香，行三跪九叩礼，祈福保佑家人平安、福星高照、事业有成和风调雨顺。IOI集团办公室秘书回忆道，每年的这个时候都会异常忙碌，供桌上摆放丰盛的供品，从五果、六斋以及五牲，到甜料（传统上是"点红"的甜粿，也叫作年糕）、浮粿等各式各样的炸物熟食，再到各种海鲜干货，不胜枚举，应有尽有。烟花响彻天空，鞭炮声此起彼伏，小孩子们的欢笑打闹声更增添了喜庆的气氛。从早到晚他的朋友和员工至少有上百人会来到李深静的家中祭拜和用餐，场面热闹非凡。每当有永春同乡到访，李深静总是热情地邀请他们到家里喝茶聊天，分享彼此的生活和经验。他还会亲自下厨，做一道美味的闽南炒米粉给大家吃。在他看来，吃着家乡饭、说着家乡话，是最惬意的事情。深深的乡愁和温情在他心中生根发芽，成了他人生中不可或缺的一部分。

2013 年，林云南担任永联会的总会长，他亲自拜访了李深静。李深静表示："我知道你可以做好永联会的总会长，如果有需要帮忙的，大钱一定要找我啊。"这样简单的一句话，却倾注了满满的信任，让新上任的林云南信心倍增。在此之后，李深静对永联会的工作给予极大的支持。他不仅在经济上提供帮助，还支持永联会策划撰写记录永春人在马来西亚事迹的书——《永春人在马来西亚》。这本书的出版得到了华人社团的广泛赞誉。2016 年 5 月，永联会第一次举办《永春人在马来西亚》的新书推介会。这本书的出版是永联会历史上的一大盛事，也进一步增强了永春人之间的联系和文化认同。

2017 年，永联会迎来了成立 60 周年的重要时刻。为了庆祝这个历史性的时刻，永联会申请在李深静的怡保酒店举办庆祝大会。这场规模宏大的庆祝活动是永联会历史上规模最大的一次庆典，有 1 200 多位永春同乡参加。当晚还颁发了永联会专设的永春精神奖，以肯定那些为马来西亚永春人做出杰出贡献的人士。其中一位获奖者就是李深静，这个奖项是对他长期以来的支持和贡献的肯定。

永联会 60 周年庆典上李深静（左一）获颁永春精神奖

李深静的生活和工作极具规律性，且始终保持着饱满的精神状态。他在结束一天的工作后，也不会闲着。他的亲力亲为和事无巨细的风格，深深地影响着他周围的人。黄友邦是吉隆坡永春会馆副会长、永春会馆青年团团长，他回忆起与李深静一起举办永春活动时，提到李深静半夜还在关心活动的进展和困难，这种对永春深深的热爱，已经牢牢地镌刻在他的身上。

在工作上，李深静是一个典型的家长型领导，他看起来非常威严。从他的提问可以看出，他是一个从宏观到细节都非常关注的人，而且一直保持高敏感度，只要扫上几眼就能马上抓住重点，提出问题，刨根到底不罢休，直到抓住问题的症结所在。但是在生活中，李深静却是一个温暖的长者、平易近人的老人。他总是能在他人最困难的时候给予强有力的支持。

在他的持续关注下，永联会持续发展壮大。他的存在就像一个强大的支柱，为永联会的未来发展提供了坚实的支撑。

不仅仅是吉隆坡永春会馆、永联会，李深静支持过的马来西亚华人社团颇多。马来西亚中华总商会（简称"中总"）也是其中之一，李深静自2007年起担任名誉会长，大力支持和赞助中总。他还是中总社会经济研究信托基金的发起人，自2011年担任信托人，所成立的中总社会经济研究中心如今已发展为中总的智囊机构，对工商经济提出了许多具体建议。李深静在任期间，亲自参与中总的许多活动，不时给予重要的指导和帮助，使中总工作取得突飞猛进的发展，并成为海内外广泛被肯定的组织。

李深静（左）与时任副首相、现任首相安华的合影

李深静（左一）与前任首相马哈蒂尔的合影

　　尽管事务繁忙，李深静仍然以饱满的热情和积极的态度参与社会事务中。他时常与朋友们分享自己的经历和感悟，并鼓励年轻一代要珍惜机会，为华人社会的发展贡献力量。他的影响力不仅限于马来西亚的永春人社群，更深入整个华人社会之中。他的生活和工作不仅传递着对家乡的热爱和对华人社会的关注，更激励着一代又一代的华人不断努力奋斗，为社会的繁荣发展贡献自己的力量。

二、华文教育谱新篇

　　马来西亚的华文教育被公认为除中国本土之外全球范围内保存得最为完好的教育体系。这一教育体系的独特之处在于，它是在历经诸多外部干扰的情况下，完全由民间力量自下而上地精心构建与维护的基础教育架构。它不仅是教育层面的非凡成就，更是马来西亚华人历史长河中一部生动的奋斗史诗，深刻体现了华人在面对挑战时的韧性和对文化根源的执着坚守。

如同华人在马来西亚经济领域所做出的巨大贡献那样，他们在文化传承与办学兴教方面同样承担着重大的责任。面对政策限制与社会压力，马来西亚华人社会展现出强烈的民族自觉与教育自主精神，倾力投资、兴办各类华文学校，确保华文教育从学前教育直至高等教育的连续性与完整性。这些学校不仅教授汉语语言文字，更注重弘扬中华传统美德、传播华夏历史文化，为一代代马来西亚华裔青少年提供了维系母语文化身份、理解祖籍国深厚底蕴的重要渠道。

马来西亚的华文教育不仅是语言的传授，更是华人集体记忆的载体、文化认同的熔炉以及民族精神的堡垒。它见证了华人在异域环境中顽强守护母语文化、积极融入当地社会，同时又保持文化多样性的卓越努力，堪称全球化背景下民族文化传承与教育自主权成功实践的典范。

筚路蓝缕　薪火相传

初期的华文教育寄托着对家乡的思念，对家乡的眷恋。华人依靠着这份民族的语言符号不懈奋斗，扎根发展。20 世纪初，作为新一代的弱势移民群体在战争暴乱的裹挟中艰难求存，坚持学中文实属不易。华人在新土地上扎根生活，心怀对中华文化的深深眷恋。尽管身处文化边缘，但他们借助中华、西方和伊斯兰多宗教民族共生的文化互动性，使华文教育在马来西亚这一特殊的文化环境中得以蓬勃发展。华人自发地捐款，为他们自己和后代提供基本文化保障。他们发展同乡会馆，并依托宗祠形成社区。这些落地生根的华人设立教育机构，以满足与中国家人联络、保持家族传承的需要。尽管他们自身可能并未接受过很高的教育，但他们深知教育的重要性，极其重视对子弟的教育。正是这种重视教育的传统，使得华人得以一代又一代地传承祖先的文化，并延续中华的传统。

马来西亚百年华文教育的历史，几经沧桑。1911 年，辛亥革命给南洋华人社会带来了巨大的冲击，而南洋的华人社会同样感受到中国国内的动荡。南洋华侨中学创办人陈嘉庚先生一生倾资办学，兴学历史长达 67 年之久，他曾说，民智不开，民心不齐，启迪民智，有助于革命。19 世纪 20 年代，虽然英殖民政府要求华文教育学校必须注册并接受管制，华文教育仍然在压力下蓬勃发展。华人社团积极成立学堂，筹建马来西亚的现代华校，华文教育统一使用国语作为教学语言。二战后，华文学校的就读者均不为考学，"必须读华文、学华语"是出于自发的民族情愫。即使如此，在动荡的年代，求学也是艰辛的过程。李深静也在这种艰辛的岁月中求学，学习所带来的短暂欢愉却照亮了他的生活。马来西亚华文作家冰谷在他的散文集《岁月如歌》中，曾这样描述边割胶边徒步求学的时光："每天上学走七公里，下午放学也走七公里，一半路程为丘陵起伏的橡林小径，空山寂寂，人影渺渺……长期间在橡林里奔波劳碌宛如一项激励课程，我们四个读书郎对来回徒步十多里的路程毫不在意，每天风雨不改上路，从不怠倦，更难得我们没有迟到和早退的不良记录。……就这样日复一日，我的手早上拿胶刀，下午握铅笔。小小年纪的我，却有一双颇为粗糙的手。天未破晓，煤油灯的荧光为我引路，走进黝黑黑的橡林；到了夜晚，煤油灯又照亮我的书本，陪我读书和习字。这样看似苦涩的日子，却是我童年求学的快乐时光。"

1951 年，马来西亚的华文教育再次面临打击。英殖民政府《巴恩报告书》指出，为了促进共同的国家意识，建议以官方语文（英语、马来语）为媒介的国民学校取代华文学校、印度学校，实现教育"马来亚化"。为争取平等的教育权利，马来西亚各界华人上下奔走。同年，华文学校（简称"华校"）的教师们团结起来，成立了马来西亚教师会总会（简称"教总"），寻求应对策略。在学校华文教育问题上，教总提出：作为教学媒介，母语是最自然、最直接、最有效的；接受母语教育是华人的基本人权；华文教育必须纳入国家的主流教育之中；拥护马来语为国语，同时政府也应将华语、淡米尔语列为官方语言之一。

《巴恩报告书》

来源：林连玉纪念馆。

　　教总林连玉曾表示，华人的文化是世界伟大文化之一，应为华人所珍惜，文化为民族的灵魂，如果不让华人学习华文，则将伤害华人的民族灵魂。国家要进行改制，林连玉和华人社会进行了原则性的斗争：作为马来西亚的公民，是多元种族的一部分，可以接受马来亚化，但是拒绝同化，华校自主的教育地位和中华文化的传统要保护和保留。

　　在华人社会的不懈努力下，华文教育终于被保留下来，可是生存状况却举步维艰。为了抗议政府推行以马来语为主导的教育政策，1954 年，另一个旨在维护华语作为母语的华文教育权益的全国性组织——马来亚华校董事联合会总会（简称"董总"）也成立了。马来西亚各地的华人社区通过设立华校董事会，创建和管理华文学校，将华文教育具体落实到学校之中。几十年来，各地的华校董事会既是当地华文教育的"操办者"，也是董总的基层组织；华校董事会办学兴教，不但为政府分担了教育责任，也为民族和国家培育了大批人才。

华文教育得以艰难维系，全靠华人社会全力的支持与付出。在马来西亚，华文教育主要由董总和教总引领，两者合称"董教总"，被民间戏称为"马来西亚第二教育部"。数十年来，在华人社会各界的共同努力下，华文教育一直顽强地生存并发展着。董事会的支持以及各种义卖活动的举办，为华文学校的生存提供了坚实的保障。

李深静自小接受华文教育，高中肄业后便没有更好的上学机会，但是这并不影响他坚持学习的决心和信心。即使他练就多语种流畅交流，仍然不忘让家中孩子从小"学华文、讲华语"。马来文有一句谚语，"Bahasa jiwa bangsa"，意思是语言是民族的灵魂。李深静深知语言文化流传的不易，学习机会的难能可贵。一切来之不易，一旦遇到机会必须牢牢抓住，也练就了他敏锐的眼光。

如果你走进李深静的办公室，就能深深感受到他的中华文化底蕴，非常中式的摆设，让人立刻感受到一种庄重而古朴的氛围。他的办公室里陈列着很多珍贵的书画作品。墙壁上挂着的一幅幅中国书法和绘画，每一笔每一画都透露出深厚的文化内涵和艺术魅力。一幅题为"疾风知劲草"的书法，苍劲有力，象征着坚韧不拔的精神。另一幅名为"旭日东升"的画作，则展现了一轮红日从东方升起的壮丽景象，代表着希望与活力。

中华传统不仅仅是文化，更是精神层面的体现。仁爱、诚信、正义、深厚的家国情怀，这些都是李深静一生所追求的价值。在几十年的商业生涯中，他体会到文化对经济发展、对社会进步的重要性，在为华文教育抗争的那几十年，他更是感到中华文化在马来西亚陷入低谷乃至失传的危机。因而，事业有成之后，他将相当多的精力投入华文教育事业，出钱出力，矢志不渝。与海外其他地区的华人相比，马来西亚华人对华文教育的认识有更深层次的理解。他们把华文教育、华人文化和中华民族的"根"与中华民族在马来西亚的生存和竞争力紧密地联系在一起。在李深静看来，华文教育绝对不仅仅是学习一种语言的问题，而是事关中华民族今后发展的命运问题。因此，他坚信中华文化在马来西亚永远流传下去的重要意义，也希望在此过程中扮演一个奉献者。这便是他对中华文化的热爱和坚守。

教育是一生的执念

静悟聿张有道财，深耕厚植无疆业。1985 年，李深静创建李深静基金会，秉承的初心便是希望帮助更多的贫困孩子就学。他每年捐出巨资投入"学生领养计划"，帮助马来西亚各地的贫寒学生完成学业，不让自己的苦涩童年经历重演。

李深静基金会致力于为贫困学生提供奖学金和经济援助，因此设立专门的奖学金、青年成就奖以及学校建设等项目，同时推行贫困学生收养计划，为他们提供更好的受教育机会。李深静基金会不仅资助中小学，也向大学学生发放高等教育的奖学金，学生可自行申请。现在已有 300 多名学生获得了超过 770 万马币的资助，这些奖学金旨在鼓励、支持马来西亚优秀青年接受高等教育，为人才培养做出了贡献。获得资助的学生在攻读各自课程的同时，还可以接受与其未来职业相关的实践培训或实习，并可能获得 IOI 集团的就业机会。李深静经常收到很多贫困学生的求助信，他收到信后便会第一时间给予他们支持。李深静的秘书曾回忆，记得有一位热爱绘画的学生写信求助，希望得到李深静的资助完成画画的梦想。李深静当即指示秘书办理，没有一丝犹豫和质疑。因为他完全相信他们迫切的渴求，他常常说："做人要坦诚，我相信他们是真切需要帮助。钱，不该花的地方，一分钱都不可以浪费；该花的地方，一分钱都不要节省。"一向节俭的李深静对待教育是异常慷慨的。

为鼓舞和激励 IOI 集团员工子女在学业上追求卓越，1999 年，该基金会发起了青年成就奖。这一奖项的获奖者将会获得现金奖励、奖牌以及成就证书。这些奖励将在一年一度的颁奖典礼上颁发，以表彰学生们杰出的学术成果和他们在课程中积极参与的态度。在这个一年一度的活动中，年轻的获奖者及其父母们会齐聚一堂，举行一场旨在表彰、感谢以及追求未来不断进步的仪式。这个奖项用来庆祝学生的成就，并激励他们继续努

力学习。如今成为李家儿媳的
杨美盈小时候就曾因为在马来
西亚教育文凭考试（PMR ＝
初中考试文凭、SPM ＝高中考试
文凭）中获得优异成绩，而从李
深静和李耀祖手中接过这份奖励。
当时的奖励金额是 1 000 马币，对
于家境并不优越的孩子们来说，
这无疑是一笔相当可观的数目。
截至 2023 年 10 月，基金会已经
向约 1 626 名年轻获奖者颁发了数
百万元的现金奖励，以表彰他们
的卓越成就。不仅 IOI 集团的员

被资助学生的画作

工，还有很多需要帮助的人都曾从中获益。此外，基金会还会举办励志讲座，
以培养和激励获奖者在未来的事业中不断努力和超越。

　　随着企业的持续壮大，李深静对社会责任的认识也在不断深化。他不
再简单追求企业的规模扩张和财富的积累，而是将目光转向了更为长远的目
标——创造就业机会，为社会做出更大的贡献。经济学家樊纲强调，作为企
业家，最重要的社会责任就是把企业做好，避免亏损和倒闭。李深静对此深
以为然，并且身体力行。他不仅关注企业的经济效益，更重视其社会价值。
他深刻理解到财富的真正含义并非只在于个人的积累，更重要的是通过自己
的企业为社会创造更大的价值。这个价值无法用金钱来衡量，却对个人、家
庭和社会都有着深远的影响。

　　虽然李深静的事业取得了巨大的成功，但他始终未忘初心，将大量的精
力和资源投入了教育事业中。他说："我最喜欢干的一件事就是建学校。"他
常年资助马来西亚的贫困学生，使那些贫困人家的子弟不至于像他年少时一
样，失去就学的机会。在经历了年少失学、复学、创业之后，已经功成名就

的他深知保护华人文化的不易，以及作为中华民族的一分子，只有团结才能获取更多的社会权利。他的这一热情并非空谈，而是以实际行动为教育事业注入强大的动力。在李深静的心中，赚钱只是一种手段，而真正的目标是为社会创造价值。

李深静在光华独中教师节晚宴上

李深静纪念馆的陈列

有一位印裔司机告诉李耀祖："您的父亲是我的英雄。"其实他与李深静只有一面之缘，他之所以这么说，是因为他曾读过李深静的生平事迹，被李深静所经历的事情感动。如今，李深静基金会仍然秉承着他的精神，行善回馈社会。李深静基金会已有永久工作人员，并且系统化地捐助教育及社区，这些慈善事业一直都在进行，从未间断。

2022 年，李耀祖（左一）和母亲孔美群出席丹斯里李深静基金会捐资 500 万马币支持拉曼大学（优大）医院建设仪式

三、坤成中学　玉汝于成

说起李深静在华文教育领域的全情投入，那便属坤成中学和深静（哈古乐）华文小学了。功成名就之后，李深静不忘回报社会，勇于承担华文教育的重任，恣意挥洒着兴学办教的热诚，以其财力、人力投入华文教育。在吉隆坡的坤成中学，"李深静"这个名字被深深地镌刻在每一个师生的心中。

坤成中学始建于 1908 年，是最早的几所华文中学之一。早期学校专注于女子教育。历经百年风雨，如今坤成中学已成为马来西亚软硬件并起、均衡发展的现代化华文中学，同时也是马来西亚少有的双轨制学校，即马来西亚官方教育制度及以华文为主的独立中学教育制度双管齐下。坤成中学百年的发展见证了马来华人如何克服华文教育的种种挑战，坚定不移地发展华文教育。

马来西亚华文中学曾经历了一段异常艰苦的时刻，根据《1961 年教育法令》，政府取消了华文中学的津贴，并限定只发津贴给接受改制为国民型中学者。这样便导致华文中学分成两类，一是参加改制成为国民型中学；二是坚持不改制的华文中学，或改制后仍希望沿袭华文教育的独立中学（简称"独中"）。自 1960 年拒绝改制后，华人文化的堡垒几经低潮，最终 60 所独中保存下来。这些独中分布在各个州属。吉隆坡共有 4 所独中，而坤成中学正是其中的一所。

坤成中学全景图

坤成中学坚持不改制，自然得不到政府一分一毫的资助，全凭董事、社会善心人士的维持，所有开销都来自学校董事会及华人社会的捐助。马来西亚华人对华文学校的投入和建设是不遗余力的。坤成中学董事会承继这一重任，维系着学校的发展。1987 年，李深静在黄琢齐（坤成中学前董事长）的引荐下加入坤成中学，担任董事，这一做就是 30 多年。1991—1998 年他担任坤成中学副董事长；1999 年 6 月—2009 年 6 月担任署理董事长；2009 年 7 月—2019 年 6 月离世，他担任了整整十年的坤成中学董事长。

校舍重建计划风波不断

彼时的坤成中学有四栋两层楼的校舍，可容纳的学生有限。校舍已经有 50 多年历史，基本设施已经非常残旧，屋瓦已经破裂，随时会掉下来危及学生的安全。学校还经常面临断电、漏雨、白蚁等问题，现代化硬件设施就更是缺乏。为了让学生能够拥有良好的学习环境，兼顾学校未来的发展，董事会提议有必要重建校舍。

坤成中学校舍重建，特别是四合院校舍是否拆除的问题，曾一度引起很大的争议，其中校友会的立场是保留并修复四合院。李深静坚持认为，不能因为校友反对便放弃重建校舍，更多的是要考虑学校的发展和学生的安全。经多方考虑，董事会接纳校友会的要求，保留了四合院的特色，同时扩建校舍以提升学校的现代化水平。

为了确保重建工程顺利进行，董事会听取了校方和老师们的意见，在不影响教学秩序的前提下分阶段实施重建校舍工程，实行"拆一栋建设一栋"的办法。董事会要求工程必须在学生不上课时进行，分期施工从而逐步进行拆除和重建。首先在学校旁建设一座8层楼高的建筑，暂时安顿学生上课。考虑到家长及校车接送学生的安全，专门建设一条临时通道及停车位，确保家长把车停在校内接送学生。在2003年完成500万马币宿舍大楼建设后，李深静被董事会委任为校舍重建委员会主席，钟廷森为募捐委员会主席，两人毅然挑起重建校舍的重担。因重建计划一改再改，这重担一挑就是十余年。

李深静深知被推举为校舍重建委员会主席，这既是一份崇高的荣誉，也是一份重大的责任。这个职务不仅仅是要重建校舍，更是要改善学校的整体环境，为学生们创造更好的学习条件。面对重重困难，李深静亲自监督每一项工程，对每一个细节都严格把关。每一期的重建工程、每一座新的大楼都为学校带来了新的面貌。科技大楼、行政大楼、综合大楼和礼堂等建筑不仅在功能上满足了学校的需求，更是在视觉上为学校增添了新的景观。

但是整个重建计划面临多方面的压力，重建设计的考量因素也是多方面的，建筑空间、整体环境、人员流动等细节都要纳入学校整体建设的规划中。第1期重建工程于2004—2006年完成，是一座拥有32间多媒体教学课室的8层大楼。第2期8层的科技大楼于2008—2009年建成，包括4间科学实验室和3间电脑室以及35间课室。第3期7层行政大楼工程于2012年完成，包括各处室的办公室、老师办公室、两间会议室、多媒体英语教学中心和21间课室。

原计划重建工程在2011年完成，不过随着一连串风波的爆发，建筑材料涨价，成本增加。整个重建面积仅6.3英亩，重建计划要比在空地上的全新工程复杂，每一个细节都需谨慎考虑，以期能在最有限的面积内建造出更大的建筑空间。李深静的考量是，既然面积有限，那么只能向上延展。所有工程皆向上建设，楼高从原来的 2 ～ 3 层改建为 8 层。李深静强调重建计划的目标并不是要在吉隆坡 4 个独中里争龙头地位，主要是为了改善学校办学条件和硬件设施。

2004 年，李深静（左一）在坤成中学校长魏瑞玉（右一）的陪同下考察重建校园设计方案

坤成中学校董一行在即将竣工的新校舍前合影（左六为李深静）

李深静（左二）在坤成中学重建校舍工程建设工地

建委会同时考虑到学校每天上下学时间联邦大道都会堵车，特别是每天下午 2:00—3:00，交通拥堵非常严重，董事会和校方进行了相关的研究，第 3 期建设计划就是对症下药。为了解决交通拥堵和访客泊车难的问题，校方在新建筑物底下建设两层可容纳 435 辆汽车的地下停车场，耗时 3 年完成。

李深静经常亲自到施工现场勘察工程的进展，工程每进行到一处关键节点，总能在施工现场看见他的身影，不是用拐杖戳戳碰碰，就是用手摸摸指指，在巡视时他还会给工人指导，某处应该如何处理。所有工程工艺流程和质量要求，他都谙熟于心，每一次的巡视都能关注到细枝末节。他教会老师如何进行工程查验，如果碰到不合规的地方，一定要求推倒重来。坤成中学的每一个角落都有李深静的影子。施工间隙，他还会一个人站在工地中，小小的身影站在那里望着四周出神，也许是在遐思未来的坤成中学，也许是心中又规划着某处的设计。

2015年7月，第4期、第5期建筑工程开始施工。第4期建筑工程是4层高的综合大楼，第1层是学生中心，第2层、第3层是设备现代化的图书馆，第4层为可容纳800人的多媒体讲堂。第5期建筑工程为能容纳一两千师生的礼堂，即李深静礼堂。礼堂顶部是运动场，包括两个篮球场和一个排球场，这些设计理念是李深静提出来的。这项工程结束以后，意味着长达10多年的重建校舍工作已经完成。坤成中学拥有了相对完善的设施，董事会的责任告一段落，坤成中学迈向新的里程碑。

李深静亲自视察工地

坤成中学教学楼群

突破传统 不断变革

21世纪之初，吉隆坡迈入急速城市化发展阶段，人口逐年增加。与此同时，产业发展的急速转型，致使华人纷纷从橡胶园、可可园、棕油园迁徙到城市。吉隆坡仅有四所独中，一时无法满足激增的华人子女就学需求，而作为女中的坤成中学只能招收女生。为了满足更多华人孩子接受华文教育的需求，同时兼顾多子女家庭在同一学校入学的诉求，2007年董事会决定坤成女中开始招收男生。

这一重磅消息在整个马来西亚传得沸沸扬扬，校友会不赞成这一决定，甚至上诉至法庭，非议和纷争不断，最后招致要庭审才能解决。那一段时间，报纸上的头条都是关于坤成中学校友会上诉董事会的新闻。董事会一面应付法律诉讼案，一面积极地展开招收男生及重建校舍的工作，配合坤成中学未来的发展。李深静不是一个因循守旧的人，他开放开明，敢于打破旧的传统。改制女校，重建校舍，两相并行，这一路更加艰难。身为署理董事长，他与校长、董事合作无间，坚持改制不动摇。2007年10月20日，最高法庭最终撤销对董事会的法律诉讼案。

2008年坤成女校开始接受初一男生就读，改制成一所男女混合中学，获得了华人社会热烈的支持。2008年1月开学前，已经有超过160名男生报读，使得新生人数多达480名，男生的人数占了1/3，由前一年7个新生班增加到10个班。经过了一年多的改制风波，董事会受到了很多负面的影响，使得原本的建设经费要重新讨论，但是李深静强调新建校舍的维修费用并不会因此而增加，并且不会转嫁到学生身上。李深静亲自巡视即将拆除的四合院校舍，并且指导兴修建设工作。

这一年对于坤成中学而言是特别值得纪念的一年，几经辛苦终于迁入新校舍，整个校园也焕然一新。学生人数每年不断增加，学习氛围也随之浓厚起来。2009年7月，李深静开始担任董事长，他一直坚信：教育是百年树人的大事业，更是社会进步的动力，一个国家的发展必须率先培养大量人才。

坤成中学传统文化活动

随着信息时代的到来，传统的教育模式和教学方法已经发生了革命性的变化，董事会一直不惜耗费巨资，配备足够的软硬件设施，提升学生的能力以应对未来的挑战。科技大楼设有电脑中心、各类的科学实验室和多媒体教室，耗资 7 500 万马币。除了硬件设施的建设，董事会很重视师资素质的培养，花费大量的经费来培训教师，让教与学与时俱进。李深静敬佩校长魏瑞玉的办学精神，他说："当董事会决定为教职员调薪，魏校长却主动要求不加薪，这种精神感召了我，一定要把学校办好。除了要把学术办出色，成绩优越，更重要的是，要培养学生尊师重道，敬老尊贤。"

李深静经常自嘲读书不多，所以他办教育的目的是让更多人有机会读书。"坤成百年纪念"曾举办"人生与思考"讲座会，李深静受邀分享心路历程，他特别忠告年轻人，要不断提升教育水平。他希望学生们知道，生命的过程中每个人都有成功的机会，但成功不是偶然的，必须靠努力奋斗、用心策划，机会是留给有准备的人。他常感叹年幼时家贫失学，以骑脚踏车卖冰棍为生，四年尝尽了人生的酸甜苦辣，更感悟有一次在卖冰棍途中跌倒后的辛酸，此后他求学的意念便矢志不渝，即使一直没能如愿进入学校，但并不影响他成为终身学习的践行者。

随着马来西亚办学方式的多元化，独中毕业生如果希望获得进一步深造，可以直接凭借独中统一考试文凭（Unified Examination Certificate,UEC）申请攻读本国私立大学或国外大学。若有 SPM 文凭也可以选择就读马来西亚高级教育文凭课程（STPM），寻求升入马来西亚公立大学的机会。坤成中学并没有故步自封，而是突破原有的办学方式，以开放的姿态迎接新的挑战。2014 年，坤成中学引进了托福考试，成为马来西亚首届采用托福初中标准考试、测试考试的学校，这也是坤成中学迈向国际化的一个旅程。李深静说："学生是学校的财富，良好的英语技巧可以让学生对西方国家的文化有更深的了解，学习英语可以让学生获得更多的机会，为华文教育创造新的活力。"坤成中学随后又成为雅思考试中心，方便学生进行国际英文测试的训练，更便利学生直接在校内参与考试。现就读于清华大学的一位坤成中学毕业生，谈起自己的母校如数家珍，正是学校为他们提供了良好的学习环境，他们才能走出马来西亚到世界各地交流学习。

在董事会的支持下，学生人数激增，学校软硬件设施迅速提升。家长和校董们共渡难关，坤成中学曾连续两次荣获马来西亚教育部颁发的"五星级卓越学校奖"，并以最高分数位列马来西亚独立中学的榜首。

双肩挑重担

担任坤成中学校董多年，李深静深知责任重大。因为独中无法享有政府津贴，所有开销费用只能来自董事会及华人社会捐款。董事会要为学校的发展四处筹款以维持学校的运营。李深静说，华人社会创办华校的过程是艰辛而困难的，百年来学校经费全部倚赖社会人士的支持和赞助，正是这种精诚团结，才铸就了坤成中学的今天，他希望新一代华人子弟感怀历史，不忘过去的艰辛，饮水思源，继续发扬华文教育。李深静的亲力亲为感染了身边的很多朋友，他出钱出力，靠自己的人格魅力和在华人社会的影响力支持坤成中学发展。他常说，为华文教育谋未来，是善行，这些好事要大家一起做才更有意义。

　　在重建校舍时，坤成中学曾举办过多次筹款活动，李深静和钟廷森可以说是并肩作战的最佳搭档，上演了多场"一唱一和"的募捐好戏。发动商业大亨们向华文教育事业捐款可不是一件容易的事。坤成中学重建校区耗资8 000万马币，李深静与钟廷森以酒会友，举办商业酒会，用真情和友情打动到场的每位嘉宾，有的时候一晚上就能获得500万到700万马币的善款。2013年9月，李深静和署理董事长钟廷森宣布各捐500万马币，发起"千万基金献坤中"的校基金。他们希望通过募集的资金提升学校的软硬件设备，协助提高教学质量。此次活动共筹得款项2 600万马币。募捐晚会上，李深静献唱了两首歌曲《掌声响起来》《月亮代表我的心》，款款深情打动了现场所有人士。李深静曾在毕业典礼的致辞中说，重复与模仿是学习的一个过程，他劝勉毕业生们要借鉴他人的经验，才能走在一条最佳的道路上，在上千人开辟的最佳道路上，不要忘记前人的付出，对父母、朋友、老师们花费的心血，要学会感恩并做一个慷慨大方的人。2015年的坤成中学毕业典礼上，学生集体献上5.5万马币回馈母校。毕业生高唱校歌，感谢校董、家长、教师多年以来给予的一切，场面至今让人记忆犹新。

李深静（右）和钟廷森在"千万基金献坤中"晚会上

2016年，坤成中学重建校舍计划进入最后的第四、第五阶段，整体的费用达到5 500万马币。由于工程难度最高，所需要的费用也是最高的。学校董事会虽筹集了2 000多万马币，但仍然还有3 000万马币的缺口。为了筹募3 000万马币的建筑经费，董事会利用108周年校庆活动举办筹备建校基金晚宴，李深静、钟廷森献唱歌曲筹款募资。李深静曾在华龙建筑公司顾问拿督斯里林华龙的宴会上义唱，以两首经典曲目为坤成中学筹得30万马币。而另一首称得上坤成中学有史以来最贵的献唱曲目，当属李深静和大马银行（AMBANK）的创办人兼主席阿兹曼哈欣（Tan Sri Azman Hashim）的对唱了，为坤成中学筹得了50万马币的资助。

李深静（左）与阿兹曼哈欣献唱筹捐

坤成中学所获的募款多数是华人企业家的热心支持，但也有例外，那就是阿兹曼哈欣，而这也成为马来西亚跨种族友谊的佳话。自南洛收购案后，他们二人便结下了深厚的友谊。2013年，阿兹曼哈欣携同银行高管前来拜会李深静，好友相见相谈甚欢。亲切而温暖的攀谈中，李深静提到自己正在为坤成中学筹款，希望阿兹曼哈欣能够支持这所由华人创办的百年私立学校。阿兹曼哈欣听后，毫不犹豫地承诺以个人名义捐赠300万马币支持坤成中学。这项慷慨善举具有深远意义，还在某种程度上带动了更多人的支持。多年来，马来西亚的华文中学一直依赖当地华人的资助，鲜有马来族企业家愿意向独中捐赠如此巨额的款项。李深静对阿兹曼哈欣的慷慨捐赠深感震撼，不久后，他将阿兹曼哈欣推荐为坤成中学百年历史上首位马来裔董事。

2016年，李深静在"坤成中学丙申年新春感恩午宴"上感念说，近年来，该校在社会贤达及热心人士的支持和贡献下进展非常良好，2007—2016年的学生人数从1 611人增加近2倍多至4 183人，而校园内的软硬件设备也获得全面提升。虽然这些学生中仅有58位友族学生，但学校每年都非常重视，希望未来有更多巫裔或印裔同胞能就读坤成中学，加强各族对彼此文化的认识，也能促进国民的团结，摆脱种族偏见。后来，马来西亚独中非华族学生逐渐增多。马来西亚《星洲日报》曾报道，随着华文、华语在国际上的地位日渐提高，作为孕育华文人才摇篮的马来西亚独立中学不再是华裔子弟专有的学府，许多友族学生，甚至是外国学生，也逐渐视独立中学为更好的选择。除了巫裔和印裔学生之外，也有国际学生就读，独中生源逐渐多元化。这些学生进入独中的原因也是多方面的，不仅因为独中办学认真、校风好、老师关心学生及统考文凭被多个国家认可，最主要的原因在于，家长认为华文、华语日益重要，让子女多掌握一种语言等于多一种优势，可以提高孩子未来的就业机会。

前中国驻马来西亚大使黄惠康曾说，独中承载着华人社会的希望，也是马来西亚重要的教育资产。马来西亚华文教育为国家和社会造就了许多英才，华人社会领袖和华商承担起传承教育和中华文化的重任。全国政协副主席万钢到访马来西亚之时，被马来西亚华人华侨高度重视华文教育的精神深深感动，高度赞赏海外华人华侨为传承中华文化所做的艰苦努力和取得的丰硕成果，表示"这种精神正是我们中华文化在整个世界长绵不绝的根本原因，是中华民族兴旺、中华文化兴旺与复兴重要的一环"。

李深静生命的最后几年，即使疾病缠身，仍然时刻挂念着坤成中学的发展。在生命的最后时刻，病榻之上的他还心心念念地为坤成中学筹划未来。虽然李深静离开了，但是坤成中学的师生们仍然铭记他的教诲，坤成中学的网站上仍然可以看到许多师生们深切缅怀李深静的话语。

"敬爱的董事长，您说过的话，我们铭记在心。

您告诉我们，机会只留给充分准备好的人；当时机出现时，我们要紧紧地抓住它，尽情发挥。

您告诉我们要相信自己，要相信自己是独一无二的，是无比优秀的；别人能做到的，我们也能做到，而且做得更好。

您告诉我们优秀不仅仅表现在成绩上，而是表现在综合素质上；它包括一个人的品德修养、行为习惯、进取的精神，这些往往是书本上学不到的。

您说的我们都记得，却始终无法相信，您真的离开了我们。

我们有情有义的董事长啊！

您是坤成掌灯的人，

我们怎能忘记您建设的功勋，

我们怎能忘记您辛勤的身影。

您那洪亮的声音，依然萦绕在我们的耳边，

您那和蔼坚毅的形象，将永远鲜活在我们心里。

请您放心，我们将谨记您的教诲，

继续建设学校，培育更多人才。

千言万语诉不尽我们对您的思念，

敬爱的董事长，我们永远怀念您……"

四、深静小学　矢志不渝

随着城市化的快速发展，产业结构转移，华裔人口纷纷向大中城市迁徙，导致整个马来西亚华文小学（简称"华小"）学生城乡分布不均，城市学生严重爆满，乡村华小却"有校无人"。如果在华小不足的城市新建不就可以解决问题了吗？然而事情远远没有想象中这么简单。因为马来西亚有个不成文的规定，那就是不能新增华小。不仅如此，在多数的情况下，政府也不会完全资助现有华文小学的建设。

俗话说，山不转，水转；路不转，人转。

热爱华文教育的人士便想出了"迁校计划"，即将缺乏生源的微型华小①"搬迁"到华裔聚居的城市，如此就能在不增加华小数量的情况下，满足城市华裔子女的需求，建校基金则需向华人企业和华人社会筹款。

马来西亚的华裔父母多数都希望自己的孩子接受至少6年的华文母语教育。母语是传承文化的重要载体，华人社会需要母语教育来传承华人的传统文化和价值理念。微型华小迁校，除了可延续原有华小的"生命"，也可让更多华裔子弟就读华小。

2000年年初，蒲种作为新跃升至百万人口的城市，人口较过去增加了数倍之多，其中有万名华裔学生需要接受华文教育。但蒲种当时仅有4所华小，致使每年逾几百名学生无法入读蒲种的华小，只能赴周边的华小就读或放弃母语教育。简而言之，蒲种需要更多华小。李深静和深静（哈古乐）华小的故事就是这样展开的。

延续华文生命

创立于1950年的哈古乐园坵华小（SJKC Ladang Harcroft），位于距离霹雳州爱大华市区15千米的哈古乐园坵内。哈古乐园坵源于英国商人乔治·亨利·莱克罗夫特（George Henry Rycroft）与哈特利（Mr Hartley），1919年左右，两人合作在英属马来亚霹雳州购买了橡胶种植园，这个种植园被命名为哈古乐（Harcroft），即Hartley和Rycroft的合成词。哈古乐园坵华小在创办初期有50多名学生，这些学生都是来自当时橡胶园坵内工作的华裔胶工家庭。随着橡胶业没落，园坵内的华裔家庭都搬迁到别处谋生，学校位于偏僻的园坵内，远离人口聚居地，交通不便，难以吸引到学生就读，学校日渐式微，生源无几，面临被教育部关闭的风险。

在时任马华公会总会长黄家定的极力争取下，2005年8月，教育部批准

---

① 按照马来西亚教育部的标准，凡学生少于150名的学校归类为"微型学校"。据统计，当时马来西亚有近600所"微型华小"，多分布在乡村，占华小总数的46.2%。

霹雳州哈古乐华小搬迁至蒲种市中心或金銮镇；2006 年 2 月，教育部批准蒲种山庄一块 5 英亩的学校保留地，作为"越州"迁校的哈古乐华小建校之用。李深静毅然决定由 IOI 集团全资兴建哈古乐华小。2006 年 9 月，耗资千万马币的哈古乐华小建筑工程正式动工，2007 年 9 月竣工，用时 1 年。

蒲种哈古乐华小于 2008 年 1 月 2 日正式开学，迎来首批 334 名一年级学生及 13 位老师；学生人数随后逐年增长，至 2009 年攀升至 1 149 人，2012 年跃升至 2 219 人。截至 2023 年，学校拥有 2 000 多名学生和 90 位教师。经过两期的工程建设，学校已经拥有图书馆、大礼堂、多媒体室等完善设施。学校秉承"诚敬谦和"的校训，继承中华传统文化，传承中华文明，曾是马来西亚教育部指定对外开放参观的一所学校。

学校从无到有，再到形成如今的规模，这一切倾注了永久董事长李深静的心血。学校开创了马来西亚华文教育史上的五大纪录：其一，濒临关闭的华小在最短时间内获得批准搬迁；其二，马来西亚教育部长首次批准让华小跨州搬迁（从霹雳州搬迁到雪兰莪州）；其三，原为建国民小学的马来西亚政府学校保留地获准建华小；其四，建校经费百分之百由华裔企业 IOI 集团提供并承建；其五，学校是唯一由马来西亚时任首相亲自主持开幕礼的华小。

时任首相敦阿杜拉巴达维（右二）主持深静（哈古乐）华小开幕（右三为李深静）

　　哈古乐华小以微型华小首开先例越州搬迁。注入新生命的哈古乐华小，具备发展为大型华小的潜能。这所原本坐落在偏僻地区面临关闭的华小，不但没有关闭，反而获得新的发展，从霹雳州迁移到雪兰莪州蒲种，让传播华文教育的种子继续生长。类似哈古乐小学，其他微型华小以搬迁、增建及扩建等各种方式逐步落地华裔密集区。这一系列举动延续了因生源不足必须关闭的华小的命运，也满足了华人聚集区日益增长的教育需求。现代化的华小，让莘莘学子继续受到华语教育的熏陶，让华文教育事业继续发扬壮大。

李深静（中）与哈古乐华小师生们亲切合影

倾注心血，建校办学

　　哈古乐华小的校址所在地是 IOI 集团所属的雪兰莪州蒲种项目专设的教育保留地，距离吉隆坡 20 分钟车程。教育部批准霹雳州哈古乐华小搬迁至蒲种后，李深静即刻和学校董事长高祥威说，教育的事情不能等，必须亲力亲为，并且要亲自去霹雳州考察学校的情况。最终在确保华小遗留的 7 位学生能够继续求学后，这所学校成功跨州搬迁。搬迁后的重建工程预估是 300 万马币，因为学校新址设在蒲种山丘，如果要建设成为适合学生上课的场地，必须将山尖变平地。李深静亲自参与设计建设，不断调整建设方案，开山炸石，护墙固地，建设经费最后也增至2 000万马币，经过两期建设形成如今的规模。

学校第一期建设11个月完成，李深静以高标准和高要求建设新校址。要在一年内建成，是李深静给自己的压力，也是给学生和家长的承诺。李深静常在6点下班后开车进校园视察，有时会更晚些，如果遇到天黑就用手电筒查看工地的情况。学校董事长高祥威回顾说："李深静生前为华文教育出钱又出力，是一个伟大教育家的典范，当年蒲种哈古乐华小筹建，李深静晚上亲自拿着手电筒去督工，看工人炸石头，这种做法超越了他是一位公益慈善家的身份，他其实没有必要这么做。"

对于教学楼的空间设计，李深静也有自己的设想。首先，建设材料要首选白钢，确保外观和建筑的品质。其次，马来西亚地处赤道，天气炎热，如果在有限的场地使用传统四合院建筑格局不利于空气流通。学生要有足够的氧气保持头脑清醒，确保空气流通是最环保健康的理念。李深静说哈古乐的学生凭什么可以优秀，那是因为上课时学生不打瞌睡，空间的氧气供给很关键，教室的设计必须考虑空间感。

李深静（左三）在学校工地视察

2016 年 7 月 28 日，获教育部批准，哈古乐华小正式易名为"深静（哈古乐）华文学校"。其实李深静本人作风低调，但学校赞助人大会最终决定套用"深静"二字成为该校的新名字。哈古乐华小董事会认为："我们必须饮水思源，因此决定保留'哈古乐'的校名，并去掉园坵，因为现在新校址并非园坵，同时在'哈古乐'前加上深静，学校易名为'深静（哈古乐）华文学校'。"同年，李深静开展了第二期建校工程，增加了 18 间教室和整个雪兰莪州舞台最大的礼堂——李深静礼堂。李深静说，为什么要最大的舞台，舞台要有观众也要有表演者，学生要有登上舞台的机会，大的舞台可以让更多孩子有展示的机会。不仅如此，他还设立很多奖项鼓励学生，学校每年都要颁发最佳中文学习奖。他告诉学生，全世界有 17% 的手机使用者用中文，你们要加强中文学习，去完成高等教育，实现自己的梦想。在李深静看来，2030 年不管世界变成什么样，学习中文是不会落后的。

深静小学二期工程报道

早在 2009 年，学校便筹募现代化教学设备和校园美化基金，提升学校现代化程度。李深静特别强调，国外许多发展中国家已在积极推行数字化，而哈古乐华小成为数字学校也是当前教育趋势。他希望哈古乐华小在成为数字学校后，将来成为雪兰莪州顶尖的学校。

学校推行中华传统文化教育，学习《弟子规》，讲礼仪。每年学校的重要活动，如挥春、毕业典礼、教师节、儿童节等，李深静都会出席。毕业典礼时，他曾寄语学生，当你们离开学校，一定要站在校门口回望校园，扪心自问有没有信心去上中学，继续学习中华文化，把华文教育发扬光大。印着建校教职员工手印的"起源之树"壁画前，学校特别设立了一辆自行车，寄寓着这所学校的源起和初衷，以及李深静的殷切期望。

清华大学华商研究中心成员在深静华小"起源之树"壁画前合影

自哈古乐小学重建后，它便和中国进行着密切的交流，成为马来西亚对外交往的窗口。教育即未来，秉承华文教育必须延续的历史使命，学校董事会与家长教师协会常在李深静的率领下组成考察团，前往中国进行交流访问，促进双方的文化交流，为两国教育开拓新的里程碑。他曾说："中国的强大正逢其时，让中国教导并带领马来西亚的青年走向未来。"2016年，时任福建省省委书记尤权率领福建省代表团一行参访马来西亚时曾赞扬，深小教育理念先进、教学特色鲜明、校园设施完善，为学校教育教学取得的显著成绩感到由衷高兴，对热心支持华文教育的有识之士表示感谢。马来西亚华文教育倡导者通过自己的努力，促进中华文明在海外流淌延续，推动中马文化交流交融、中马关系巩固发展。

李深静（前排左三）出席深静华小工程奠基礼

马来西亚李深静教育发展代表团赴中国福建省交流访问（左九为李深静）

承继遗志，延续使命

2019 年 6 月 1 日，李深静与世长辞。6 月 6 日出殡时，灵车绕校一周。全体董事会、教师、家长、校友及学生逾 300 人，向李深静致最后的敬礼，齐唱校歌，含泪送他最后一程。学校董事长哽咽着告诉众人："丹斯里李深静走了，留下这个学校，我们会继续努力。他之前说过的一切，我们会执行。他亲力亲为，心怀炽热，一如既往地全情投入。他从不敷衍自己，也从不敷衍身边的人，甚至常常超出他人的期望。"

2020 年校刊的主题是"深思静虑"，以记取李深静的教诲。校歌《歌颂您，深静》的开头两句为："山蛮庭院，高耸丛林，缀立我们成长的乐园；深思静虑，吸收能量，我们前程在这里开始。"唯有"深思静虑"才能让孩子们健康成长，迈向美好前程。"深思、静虑"是李深静对学生们的殷切嘱咐，希望学生无论在学习探究、为人处世等方面，都能以这两点为本，不冲动莽撞，不浮躁急切，只有这样才能读好书，成大事。太史公司马迁在《史记·五帝本纪》中说："非好学深思，心知其意，固难为浅见寡闻道也。"南北朝诗人

李深静（中）出席深静华小活动

谢灵运在《山居赋》中说："幸多暇日，自求诸己。研精静虑，贞观厥美。"
遇事要冷静思考，面对困难要冷静探求解决之道，这是李深静以自身的成长
经历及多年经商经验总结出的道理，更是他给予学生的殷切希望。

德泽不言，静水流深。弦歌不改，馨香永续。2020年，李深静长子拿督
李耀祖，继承父亲的遗志担任名誉董事长，带领家族继续关心学校的发展建
设。李深静为永久董事长，李耀祖为名誉董事长，3位常务顾问中有2位是
李深静家族的成员。校长感叹说，学校从无到有，再到形成如今的规模，这
一切均仰仗永久董事长李深静的无私奉献。校方感恩李深静饮水思源，重视
华文教育和传承中华文化，深深缅怀他无私奉献的精神，并表示将承继衣钵，
不断发展。2024年，李深静次子李耀昇捐资1 000万元在泉州设立"马来西
亚丹斯里李深静博士教育基金"，用于支持家乡泉州的教育事业，以及开展
中国泉州和马来西亚华文教育交流活动。

孔美群（右四）及李耀祖（右三）、黄素清（右二）夫妇共同出席李深静纪念铜像揭幕仪式

第六章 饮水思源 造福桑梓

一、故土情深，乡情永固

"小时候，乡愁是一枚小小的邮票，我在这头，母亲在那头；长大后，乡愁是一张窄窄的船票，我在这头，新娘在那头；后来啊，乡愁是一方矮矮的坟墓，我在外头，母亲在里头；而现在，乡愁是一湾浅浅的海峡，我在这头，大陆在那头。"

说起乡愁，你一定会想起余光中的这首诗。余光中和李深静一样祖籍在永春。时间和距离，可以洗涤生命里许多的东西。再多的悲喜，始终会远去，再深的爱恨，也敌不过距离……但世上有一种情却是离得越远越浓，隔得愈久愈烈，那便是游子对故乡的一份眷念之情，是驻守心灵的殿堂。日暮乡关何处是？东关桥上尽乡愁。美丽的东关桥在永春人的眼里，跟"乡愁"二字紧密相连，它承载着很多人的童年记忆，也是很多游子思念家乡时最容易联想到的一个永春的标志性建筑。溪面上的那座风雨之桥——永春东关桥，谁也数不清，那斑驳的桥板承载过多少寻梦游子的匆匆步履，那漆红的桥盖见证过多少返乡游子的款款深情……

同根永春

李深静祖籍永春县东关镇外碧村，从小受到长辈们耳濡目染、言传身教的影响，他对家乡永春有一种情不自禁的向往和感情。自幼祖父母就教他说永春话，在家里吃的都是永春地道的家乡菜，如炒米粉、猪大肠、醋猪脚、芥菜饭等。李深静常跟老乡们说起这些地道的家乡菜，在记忆深处依旧藏着妈妈的味道。李深静说，他小时候对故土永春的印象，是来自祖母常和他说的家乡的一句俗语："好柴流不到东关桥。"由于东关镇位于湖洋溪的溪尾，就算是一根木材掉到溪里，在半路也早就被人家捞走了，哪有好东西能漂流到湖洋溪的溪尾呢？"好柴流不到东关桥"也是一句励志的话，劝勉后人勿要守株待兔，要出去打拼。古往今来，它所蕴含的深刻哲理浸润了一代又一代勤劳淳朴的永春人。

昔时，永春陆路崎岖难行，水路运输便捷，东关是泉州与内地商贸往来的重要港口之一。当时华侨要到南洋去的时候，都要路过桃溪这个水道走水运。桥，像母亲的脊背，横在关口，也温暖着离家人的心口。异国他乡的暮霭烟岚里，回望故乡，她像母亲在招手。今夜相思几许，写一封侨批，寄回三两银，铺路造桥，支援家乡建设，勤勤恳恳的一生，写满了拳拳赤子心。桥侨相连，撩拨着众多海外游子的思乡情怀，勾起海内外侨亲的绵绵乡愁。

始建于南宋绍兴十五年（1145年）的"东关桥"又称为"通仙桥"，建在湖洋溪上，湖洋溪于此汇入桃溪，而桃溪为晋江上游的主要水系。宋时永春与泉州已通舟楫，从南宋至明、清，这里的水上交通非常频繁，成为沟通泉州与永春、德化、大田、永安的枢纽。东关桥是闽南地区常见的长廊屋盖梁式桥，是永春海外赤子魂牵梦萦的家乡地标。东关桥佛龛一副对联写道："幸指迷津通觉岸，愿瞻佛日荫慈云。"清乾隆年间，永春举人王光华的《通仙桥》诗云："桃谷寻源路不迷，垂虹人渡石林西。双鱼塔近残霞散，五岫台空落照低。置驿此间通上国，放舟何日到仙溪。会当立马金鳌上，大笔淋漓认旧题。"李深静深刻感受到曾经祖母所说的"好柴流不到东关桥"的含义，对家乡一直心心念念，关心家乡的建设，关心家乡的教育。母亲刘京女士在世时，就很想带他到家乡看看东关桥，看看那里的青山如黛、绿树成荫，漫步在逶迤的山间小径，品尝家乡的可口菜肴，遗憾的是，老人家临终前盼回故乡的愿望终究未能实现。于是，故乡的东关桥深深刻在李深静的脑海里，回乡成了他最深情的期盼。

永春东关桥（一）

永春东关桥（二）

唯桑梓而忘我，唯家国以情牵。商行天下，善行天下，一路走来，李深静悉心守护着那份血浓于水的家乡情怀。早在 20 世纪 80 年代初，李深静携太太孔美群，与永春的同乡们一起回到家乡。虽然只是匆匆瞥上几眼，但不想这一瞥竟成为他日后午夜梦回时的魂牵所在。外碧村的乡亲们生活仍然清贫疾苦，李深静亲眼看到乡亲们住的房子与猪圈只有一墙之隔，而当地人的日常出行非常不方便，外碧村还没有一条水泥路，都是弯弯曲曲的泥泞小道，回乡的所见所闻让李深静一直惦记在心里放心不下。

90 年代初的中国农村，基础设施还非常欠缺，而那时的马来西亚已经是"亚洲四小虎"，经济步入现代化。1993 年，李深静再一次回到永春，当时还没有一条柏油路，李深静要先抵达泉州市区，然后包车到达永春县。由于路途崎岖难行，80 多公里的路途，他整整花去大半天的时间才抵达。"这次回来是和我叔叔、堂妹一起回来的，到永春是凌晨两点多，吃了碗面线糊就回去了。那一回，老家人希望我们能为家乡做点事，我就说修桥铺路是首要的，只有交通好了，其他的才谈得上。"

如今已是耄耋之年的永春侨联原副主席郑梓敬老人回忆他第一次与李深静见面的场景。1993 年秋天的一天中午，他正在侨联大楼上班，突然敲门进来一位个头不高、皮肤有些黝黑的男士，身穿一个长袖衫，外面套了一个短袖文化衫，脚上穿着一双拖鞋。那时当地的天气已经开始入秋，有些凉意了，郑老猜测这个人应该是从远方来的，经过询问才知道此人是专程从马来西亚回故里寻亲的。由于人生地不熟，为了安全起见，李深静谎称他是马来西亚一位华商李深静派来的下属，希望能帮助找到他的祖厝和亲人。郑老心里想，无论是"大"侨还是"小"侨，都应该像亲人一样对待。于是，郑老立刻答应带着李深静一起去外碧村寻根问祖，一起找家谱，最后亲人的名字核对上了，回到侨联办公地点已经是下午 5 点多，郑老犹豫是否让他住在侨联的宿舍。当时侨联的宿舍还相当简陋，不具备接待能力，为了不麻烦当地人，李深静说老板已经帮他安排在泉州家里住了，所以他还要赶路回去。郑老觉得抵达泉州的路途颠簸不平，要很晚才能到泉州市区，回程不能饿着肚子，所以他赶紧找手下人给李深静做了一碗热腾腾的面线糊。

　　这次的回乡让李深静百感交集，家乡人不易，为了解决永春侨商回家探亲招待不方便等问题，李深静捐助 70 万元人民币在故乡东平镇兴建了"李深静大厦"，作为侨联办公场所。同时，他向家乡的亲戚朋友们送去慰问金，出钱修缮祖厝"清田楼"，当得知村里有孩子考上了大学，李深静非常高兴，为每位孩子送去奖学金，鼓励家乡能有更多的孩子们考上大学。李深静看到家乡的情景，感慨万千。正所谓：靠着山，不见得有靠山，背着水，意味着背水一战。寻亲寻根，害怕相逢陌路，而远在异处，却深知家和亲人的含义。李深静想要悉心守护这份乡情，不曾忘记，更不敢忘记，踏上返程之路，回头望去，已是泪流满面。

　　1999 年，郑老突然接到县里打来的电话，说来了一位海外大华商李深静，他说您帮助过他，特意请您过去见面。但郑老觉得我又不认识这位大人物，实在不好意思，就婉言谢绝了。没想到第二天，李深静专门来电话，感谢郑老帮他找到宗族脉络，而且做了面线糊给他吃，所以一定要请郑老吃永春的特色小吃白鸭汤。这下郑老再也无法推脱了，匆匆赶到之后才恍然大悟，原来几年前他接待的那位个头不高的男士竟然就是李深静本人。他们彼此会心地笑了，寒暄着家乡的发展情况。之后，郑老也和李深静成了好朋友，郑老曾多次带着永春的乡亲赴马来西亚拜访李深静，他总是热情接待。往日的场景，郑老到今天依然历历在目。

　　1999 年春天，李深静再次踏上返乡之路，为了让东关镇的乡亲们能有更便利的交通，促进东关镇经济的发展，他拿出了 208 万元铺设东关镇外碧村长 6 公里、宽 6 米的乡村水泥路——分别以其父亲名字命名的"光邦水泥路"和母亲名字命名的"刘京大道"。当地人说刘京大道就是李深静给他们立下的乡情与孝道的典范。而今天守护东关镇外碧村的著名境主庙——福建陈坂宫，也坐落在这条刘京大道边上。陈坂宫始建于明代，宫庙坐西朝东，占地亩余，四周古木苍翠，更有上百年树龄的樟树、松树相环绕，庙前不远处是碧水荡漾的湖洋溪。当地人说，陈坂宫的风水非常好，是守护全村的重要门户。刘京大道是海内外信众朝拜陈坂宫的必经之路，被广大香客亲切地称作"朝圣之路"。尽管李深静没有在外碧村生活过，回来的次数也不多，且都是来去匆匆，但是横贯在村里的东西桥，延伸至村庄每个角落的水泥路，都饱含着这位永春人对故乡的深厚情谊。

李深静以母亲的名字命名捐建的刘京大道

1995 年李氏一世祖墓修缮，李深静捐资 50 万元；1998 年，他捐资外碧村东外线陈坂宫至汤洋及外碧小学教师宿舍楼、外碧小学围墙修缮 108 万元；2004 年捐资刘京大桥至陈坂宫道路硬化 50 万元；2005 年捐资汤洋至饭店格道路硬化 50 万元；2008 年捐资外碧村各角落水泥路面硬化 80 万元；2017 年捐资陈坂至乃乃格道路拓宽硬化 1 公里 100 万元。这些捐款，外碧村的人都铭记着，在心底感谢着他。

2000 年 11 月，李深静再一次站到东关桥头，看到东关桥经受多年风雨侵蚀，石墩、木梁、桥板、廊架、瓦面都遭受损坏，"我来重修这座桥吧"，李深静说，"从祖母到父亲、母亲都念叨的这座古桥，从此也是我牵挂的所在了"。李深静特地在桥边建"刘京纪念亭"。亭内《碑志》照录："东关桥又名通仙桥，是闽南地区绝无仅有的屋盖梁式桥，属省级重点保护文物。该桥建于南宋绍兴十五年（1145 年），全长 85 米，宽 5 米，采用青岗岩石和木料构筑，共六墩、五孔、两台。船形桥墩均用青岗岩石条凿牙交错，逐层叠压干砌而成。长廊桥屋建于明弘治十三年（1500 年）。该桥久沐风雨，三毁于火，虽屡经修葺，尚存于今，但受风雨侵蚀，该桥的石墩、木梁、桥板、廊架、几面均损毁严重，面临坍塌之危，急需修缮加固。旅居马来西亚侨亲的李深静博士，情系桑梓，慷解义囊，捐资全面修葺此桥，以纪念先慈'刘京女士'。于 2001 年 6 月动工，12 月告竣，保存原桥风貌。为褒扬李先生恋祖爱乡之义举，特立此碑勒石为志。"

刘京纪念亭

茂盛堂前，清田楼下，悠悠碧溪奔流不止，欢唱着流向东关桥，汇入桃溪，汇入晋江，汇入大海。水有源，树有根，东关桥的情节把海内外亲人的心紧紧相连。从前的永春是"好柴流不到东关桥"，今天焕然一新的侨乡永春又流传着一句新的寓语："桃源好儿女，为故园腾飞尽心尽力架金桥。"

细心周到的李深静又捐资 150 万元人民币，在东关桥上游 200 米处兴建一座铁索桥，减轻东关桥的交通压力，并以母亲的名字刘京命名为"刘京大桥"。如今这座桥成了南来北往的汽车专门的交通要道，而并行的木质结构东关桥成了乡亲们散步休闲的人行通道。李深静的创造性建设，对"东关桥"这座古老文物的保护功不可没。2006 年 12 月，福建省人民政府在东关"刘京大桥"（铁索桥）桥头建亭立碑："李深静，祖籍永春。旅居马来西亚，情系桑梓，慷慨捐资兴办公益事业，为颂扬功德，特立此碑。"

此后，李深静几乎是每年都要回家乡走走，还带着子女一起。"他们的根在这里，不管在哪里生活，对家乡的感情是不能变的。""最近几年永春的变化特别大，空气好，街道干净，环境优美。永春人都很勤奋，在海外的永春人也都靠自己的打拼，生活过得越来越好。永春有山有水，气候温和，空气清新，我希望它能够成为休闲度假的好去处。"李深静曾为家乡永春这样寄语道。永春县是农业县、生态县，与周边县市区比较，经济总量小，基础设施相当薄弱，但是李深静对家乡的发展信心满满："我们有土地，有土地就有根。农业已经转型，农业的价值链可以很长。农业县不再是劣势而是优势了。永春一定可以越来越好的。"受到父亲的影响，李深静的几个孩子也对家乡有了深厚的感情，孩子们开始渐渐了解这片土地、这里的文化，还有勤劳可爱的家乡人。李耀祖、李耀昇两兄弟多次回到福建考察和交流。2012年2月，李深静携夫人孔美群、长子李耀祖、幼子李耀昇等家族成员及朋友共19人回乡谒祖，在修葺一新的祖屋里，李深静深情地说道："回来看看真的很安慰、很温馨。无论身在何方，家乡一定不能忘。"

李深静（中）在故乡永春

李深静（前排居中）回到故乡永春

"莫兰蒂"冲不垮乡愁

2016年9月12日，李深静身体力行地支持华文教育，亲自带队陪同他一手捐助建设的深静（哈古乐）华小的董事和老师们走访福建，交流华文教育心得和经验。当抵达厦门的时候，出乎意料地遇到了百年不遇的强台风"莫兰蒂"，台风过境后满地狼藉，厦门路边的很多树被连根拔起。这个时候，李深静已经开始担心家乡永春的情况了，受台风"莫兰蒂"影响，永春普降大雨，引发百年一遇大洪水。2016年9月15日上午，由于湖洋溪和外山溪汇集于东关桥段，瞬间水流量太大，导致东关桥被拦腰冲断，2号桥墩与3号桥墩之间共7个开间的桥屋被冲毁，长度约20米，2号桥墩与3号桥墩损毁严重。上游的铁索桥也被冲断。李深静凡事皆认真，亲力亲为，做商业如此，做善事也是如此。知悉永春遭受"莫兰蒂"强台风袭击灾情严重，李深静一直挂念在心。11月6日，李深静专程抵达永春东关镇，由当地政府领导陪同考察东关桥、刘京大桥、东西大桥及道路的受灾情况，了解各个桥

梁的修复重建方案和项目预算，李深静主动提出捐款 350 万元人民币用于东
关大桥、刘京大桥的重建及道路的拓宽硬化。

当时，施工队已经正式进场施工，但由于东关桥所在水域水面宽达 86
米，平均水深 7.1 米以上，让修缮工作遇到了重重难题。施工人员首先要对
2 号、3 号受损桥墩进行修缮、加固，但 7 米多深的河水，让维修工作难以进
行。永春县先后通过水利部门与水库管理单位进行协调，下游要放水、上游
要截水，最终在多方努力配合下，施工队冒雨将桥墩修好。桥墩修好后，桥
面维修工作得以有序进行。

李深静与家人走在家乡永春东关桥上

与此同时，古桥受伤的消息很快传到了大洋彼岸，古桥被毁，令人心
疼，牵动了无数海外永春侨胞的心。事发后，永春县依托县慈善总会成立
"永春县东关桥修缮与发展基金"，并发布募捐倡议书，海内外侨胞、企业
家、宗教界人士、爱心人士纷纷慷慨解囊，很快筹措到了修缮东关桥的资金。
泉州宣传部和永春宣传部等单位还特别拍了一部励志题材电影《梦回东关
桥》，以东关桥被洪水冲断后，牵动了许多海内外华侨的心弦为背景，故事
以爱情、武打、青春励志为题材，反映了永春东关桥的历史变迁和海上"丝
绸之路"泉州华侨恋祖爱乡、乐善好施、重建家园的感人事迹。将东关桥搬

上荧幕，勾起了海外游子浓浓的思乡之情，牵动了许多海内外永春人的心，大家纷纷捐款用于修缮东关桥。永春籍中国台湾著名诗人余光中也来电询问情况。很快，经文化部门牵头，出台筹建方案，各方立即行动起来。消息传开，人心大振。果然，半年过后，东关桥的修缮以不改变原状、不拆解桥的结构为原则，很好地保存了原来的建筑结构、建筑材料、工艺技术，在能工巧匠的努力下，损毁的一段桥身被精心修复了。一座修旧如旧、古意盎然的廊桥又完整地重现在世人面前，奇迹般地使永春的乡愁存续，真是令人感慨万千。修缮过的东关桥，依然如前人在《东关桥赋》中所写的那样："垂虹横卧，朱漆盈梁，与仙境相通……"

由李深静捐资修建的刘京大桥，因铁索中间的桥墩被洪水冲斜，桥板左右脱节，人车不能通行，重建后炸掉了桥墩，改建为更加牢固的平板钢筋水泥桥。村民们终于又可以像往常一样在刘京大桥上自由通行了。

正所谓"富贵不离祖，离家不离亲"，李深静对家乡永春感情深厚，对家乡亲朋亲友之情最为人称道。他帮扶同姓宗亲可以说是有求必应，族中大事更是积极响应。2004 年，他被推举为马来西亚肇永公李氏家族会家族族长，家族会一直保持着传统的祭祀活动，类似元宵节和农历七月十五中元节及冬至的祭冬时节，这些族中祭礼等活动更是少不了李深静参与。

千年传统儒家文化中的仁孝在闽南人的传统中充分保留了下来，生前为"老吾老以及人之老，幼吾幼以及人之幼"的尊老爱幼，生后为守孝、祭祖、传承祖宗家业和文化品德。2008 年，永春家乡始祖考墓经过一番修缮后旧貌换新颜，举行《桃源太平李氏族谱》四修圆谱庆典大会，李深静更是义不容辞与一家人、族亲组团回乡，并以主祭身份缅怀先人。李氏家族祠堂首次在马来西亚修建，是李氏宗族共同的心愿。2017 年，马来西亚李氏家族祠堂举行奠基动土礼，他鼎力相助，与宗族共同出资修缮家族祠堂。家族会以他为荣，并以他的名字命名礼堂。

去世前的那几年，李深静坚持在清明节前回家乡永春，虽然身体问题已经比较严重，但他仍然坚持，不仅自己回来，还将他的诸多朋友也一起带来。

2018 年，家人担心李深静的身体情况，劝他别回家乡了，可是李深静心里决定的事情是很难改变的。4 月清明节，他不仅自己回永春，还召集了马来西亚知名华商丹斯里黄宗华、丹斯里饶文杰、丹斯里陈溪福等 10 人一同前往永春东关镇外碧村谒祖，他们先后参观了东关镇外碧村东关桥、刘京大桥、东西大桥等受灾后的修复情况，并到永春八中、永春科技馆等地关心了解其捐赠项目，希望能让更多的华商了解家乡，为家乡经济建设、社会公益等做出贡献。

二、丹心助学，泽披永春

永春人杰地灵，乡土文化的魅力无限。李深静十分关心永春家乡的教育事业发展，多次捐资助学。李深静为人谦和、包容，他捐赠与创办了许多学校，希望学子英才能够学有所成为社会效力。他致力搭建起中马两国友谊的桥梁，对家乡泉州发展做出突出贡献。陈嘉庚和李深静虽然身处不同时代，但是对于教育对于文化，是赤忱，是尊敬，是不遗余力。我们无法确切了解，从他踏入永春那刻起至耄耋之龄的晚年，"故乡永春"四个字在他心目中的分量。我们只能翻阅他生前回到故里参加捐赠活动和接受名誉称号时的珍贵照片，并通过与他交往甚密的乡友的深情讲述，来触摸这位仁者善翁对故土的一颗滚烫之心。

早在 20 世纪 80 年代，李深静就曾捐资重建故乡的外碧小学、第八中学。在那个年代，化龙、东平、东关、外山等乡被统称为东区，这个区域虽然人口众多，却没有一所中学。许多适龄学童在完成小学阶段的学习后，只能背负行囊，翻山越水，长途跋涉到县城或湖洋地区求学，这给东区子弟的读书生活带来了诸多不便，也制约了部分学生的升学机会。

看到这样的情况，东平、化龙乡村的华侨、侨眷以及热心家乡教育事业的各界人士开始酝酿创办一所中学，以解决当地教育的燃眉之急。在永春县人民政府的支持下，永春第八中学于 1959 年秋创办成立。这所学校是永春县的著名侨校，其孕育和成长过程中凝结了众多恋祖爱乡的侨亲的心血。

　　永春第八中学位于永春县城东南，济东公路向东行一公里处的龙山南麓。学校的创办不仅大大方便了东区子弟的求学之路，也提升了当地教育水平。永春第八中学在创办之后，也成了当地华侨和侨眷关注的焦点。

　　1984年，李深静和其他马来西亚的侨亲们通过各种渠道，积极筹措资金，最终在董事会的努力下，共筹得21万元人民币，这也成为八中教学大楼建设的启动资金。李深静的名字也因此被镌刻在了八中的建校荣誉史册中。从1999年起，李深静便担任永春八中校董会名誉董事长，长期持续关注八中的成长。八中的发展始终凝结着当地广大恋祖爱乡侨亲侨眷的心血，或捐资筹款，或出谋献策，或考察指导，在资金、物质、精神诸方面给予支持和鼓励。诸如办学启动资金和经费的源源不断投入，借予师生住宿房屋等；捐建高大的教学大楼、端庄的校门、美轮美奂的仰止亭；捐资参与建设现代化的实验综合楼，为八中教育教学需要提供了坚实基础；捐资建设校园的围墙、用水的水井、音乐室的钢琴等，改善师生教学与生活的条件；捐资创设奖教基金、奖学基金，褒扬师生的教学成果。永春八中的史册处处彪炳着类似李深静一样的侨亲侨眷的功绩，永远铭记着他们的英名与奉献。

　　对于八中的办学，李深静情有独钟。永春八中是一所典型的侨校，一代又一代爱国侨亲慷慨解囊捐资兴校，特别是李深静家族捐建八中教学楼、大礼堂、科学楼、师圣园、塑胶操场等，让校园成为孩子们快乐学习的乐园。八中是家乡的基础教育，要出人才离不开中小学的基础教育。2004年12月，李深静与家眷回乡探亲谒祖，当他来到永春八中时，看到没有一个像样的礼堂，当场决定捐资150万元人民币兴建以他母亲的名字命名的"李刘京礼堂"。2008年年底，为激励师生学习孔子"仁、义、礼、智、信"的儒家文化，李深静又捐资50万元人民币，兴建永春八中校园中心景观广场——师圣园。景观广场建在李刘京大楼左侧与原科学楼之间，面积1 500平方米。广场内安置一尊高7.46米、宽2.6米、厚1.7米的孔子石雕像，并配有孔子有关学习的名言，以激励学生努力学习、奋发作为。景观广场还建有树池、石台阶、石栏杆、景墙浮雕、步游道等美化设施，可供师生空闲时游乐。

2018年在永春八中师圣园合影（左九为李深静）

原来兴建于1984年的教学大楼是土建的平房（面积2 500平方米），使用年限30年已到期，而且是C级危房，急需拆除。2015年3月，李深静莅临永春八中，得知学校旧教学楼属于危房，急需翻建，慨然捐款150万元人民币，帮助建设新的标准教学楼（面积约3 000平方米，工程造价约700万元人民币）。李深静和杨忠礼一同参加新教学楼奠基仪式，当时八中旧围墙还没有拆除。在八中教学楼奠基典礼时，李深静即兴发言，自幼在南洋生活，常听母亲提起以前国内的情况，有很多孩子读不起书；自己在外经商多年，深知只有读书才是改变命运的捷径。捐助教育、授人以渔，是对社会最大的贡献。教学大楼奠基时李深静也亲自指导，查看施工现场时，他特意提出教学大楼前一定要留出足够的空间，保障学生们的活动空间。八中的教学楼如期建成，不仅为师生们提供了良好的教学环境，也成了永春县的一道亮丽风景线。新的教学环境也激励更多的孩子投入学习中去。

读万卷书，行万里路，永春八中在鼓励学子们读万本书、扩大知识面的同时，要求以李深静博士为典范，汲取丰富的精神营养。高山仰止，止于至善，校本教材《侨领风范　故园情深》以李深静的创业历程和恋祖爱乡为题进行编撰，引导学生不忘家乡，反哺社会。八中专设"李深静事迹展览室"，介绍李深静的事迹，激励学生们"成功没有捷径，只有勤奋而已""百分百的努力才能获得成功"。

每学年初，八中组织全校师生特别是新生参观李深静博士的事迹展馆，在师圣园举办弘扬儒家核心思想的经典诵读，组织征文比赛，学习他远渡重洋、行万里路艰辛创业的事迹，感悟他在强手如林的商海中勇敢闯出一条血路的拼搏精神。榜样的力量是无穷的，无数新生被他的拼搏做事、诚心做人、以孝心事父母的精神所感动而不断成长。这些孩子中，有的成为优秀的学者，有的成为杰出的艺术家，有的成为有益于社会的公民。

李深静遵循重教兴学这一传统。他一直重视教育，特别是华文教育。每次李深静回到故乡考察，总是热切地四处探访。他对家乡的教育事业投入了极大的关注，并积极推动其发展。他慷慨解囊150万元人民币兴建永春二中"刘京科技楼"，捐资150万元人民币兴建永春职业中专"光邦科技楼"，还有东碧中学"光邦楼（科学楼）"。此外，他还捐资1 200万元人民币用于建设永春县科技馆。2019年，永春县政府授予李深静"永春慈善家"的称号。

2005年12月在永春职业中专学校光邦科技楼落成典礼上（前排左二为李深静）

2008年在永春二中刘京科技楼落成典礼上（左二为李深静）

2015年在永春八中教学楼奠基仪式上

　　李深静的家乡情结深深地烙印在永春县每一个角落。他对教育的重视和对科技馆的捐助，不仅为永春县的孩子们提供了更好的学习环境，更为他们打开了一扇通向未来的窗户。他对永春县的捐助，不仅仅是一笔巨额的资金投入，更是他对科技和知识的深深敬意。他希望通过这样的方式，让家乡的孩子们能够感受到科技的魅力，激发他们对科学的热爱和追求。而他的善举也深深影响了永春县的人们。时任福建省委书记孙春兰感谢李深静身在海外、心系桑梓的深情厚谊，并称赞他是福建人的光荣。

2020年，全球依然笼罩在新冠疫情之中。当肆意蔓延的疫情有所缓和，李深静次子李耀昇、杨美盈伉俪抱着年仅7个月的儿子，承继着父亲生前对家乡的眷恋深情，沿着父亲在故乡奉献的足迹，回乡祭拜祖先，并实地走访了东关桥、永春八中、世永联大厦、县科技馆、中国香都彬达文创园、五里街镇大羽村等地，深入了解家乡的教育、交通、科技等公益事业发展情况。李耀昇说，此次带着才出生7个月的儿子回乡祭祖，让他知道自己的"根"在中国永春，也是实现父亲一直以来对下一辈的教诲。

李耀昇（左六）、杨美盈（左五）伉俪一行与乡亲们在祖厝前留影

"李深静家族一直以来对家乡永春都十分关心与支持。李耀昇回永春，给予我们很大的鼓励。"永春县领导如是感叹道："海外的华侨华人新生代都能够像祖辈一样，不忘故土。"李深静的故事仍在继续，李深静乐善好施的精神也在后辈身上得到了很好的传承，李耀昇熏染于父亲执着公益慈善的精神，

积极活跃在各个社会平台，出钱出力，为家乡贡献力量。2019 年，李耀昇捐赠资金用于八中 60 年校庆；李深静长子李耀祖、次子李耀昇捐资 150 万元人民币助建永春八中橡胶运动场，承继李深静的衣钵，永春八中聘请李耀昇为学校董事会名誉董事长。2021 年，李耀昇捐资 50 万元人民币支持修复五里圳古水渠，其后又捐资 208 万元人民币修建外碧村旅游服务中心。李氏家族报本怀根的善举得到了家乡人民的敬佩与赞扬。

三、投桃报李，博施济众

如果说捐助教育是最大的善举，那么支持一所极具中医特色医院的发展更彰显了李深静的远见卓识。泉州市正骨医院和李深静有着另一番渊源。

永春拳与中医学

潘孝德曾是享誉永春的一位传奇人物，他是永春白鹤拳的一代宗师、闽南国术团的佼佼者，练就了识本草、通脉理、精穴道、善医伤等本领。他不仅武艺高强、功力深厚，更是医术精湛。《明史》谓"泉州、永春人尚技击"。白鹤拳一直流传在泉州一带，广受当地人喜爱，并且成为当地特有的文化而流传至今。永春拳与中医正骨疗法的结合，便要从这位传奇人物说起。

1929 年 8 月，应陈嘉庚邀请，永春拳师 20 人组团，初拟名为"中央国术馆永春国术南游团"，后经陈嘉庚提议，定名为"中央国术馆闽南国术南游团"（简称"闽南国术团"），潘孝德为该团的骨干，赴新加坡、马来西亚表演。这是我国武术界第一次组团出国访问。据《南洋商报》刊登的《福建会馆招待闽南国术团详记》："国术团代表潘孝德君并潘嗣清君等，对于陈主席提议各项，逐一详细答述，逢有听闻未能了解者，则更伸手表演如斗解然，诸委员咸谓见闻悉备，赞叹有加。"陈嘉庚在演说中阐述国术团出游表演之意义，勉励"永春师"弘扬国粹，荡涤积弱，为国雪耻，扬我国光。他题赠闽南国术团两副对联："谁号'东亚病夫'，此耻宜雪；且看中华武术，我武维扬";"勿忘黄帝儿孙任人鱼肉,相率中原豪杰为国干城"。

在新加坡和马来西亚历时一年的巡回表演结束后,"永春师"这一武术团体的名声远扬,引起了当地官员的关注。他们联名致函陈嘉庚,请求他推荐一位合适的人选,以便在新加坡和马来西亚各地设立武术馆,传授武术知识,同时行医济世。陈嘉庚推荐了潘孝德,他在武术和医学方面都有着深厚的造诣。潘孝德秉持着爱国爱侨亲的精神,以"发扬国粹,剪除积弱"为宗旨,全心全意地传授永春白鹤拳,以及传授骨伤诸方。他的精湛医术和高超的武术,使他赢得了极高的声誉。1940年3月,时值抗战期间,陈嘉庚率"南侨总会"组成的"南洋华侨回国慰问考察团"回祖国视察各战区。同年11月23日,陈嘉庚率慰问团由永安途经永春,专程到五里街大同路373号拜访挚友潘孝德。1951年2月,陈嘉庚再次来到永春,紧紧握住潘孝德的双手嘘寒问暖:"有什么困难需要帮助吗?"他还嘱托:"现在,新中国成立了,百业待兴,白鹤拳和中医学都是祖国的文化瑰宝,要继续弘扬,世代传承啊!"潘孝德连连称是,一口允诺。潘孝德还应陈嘉庚之邀,就任集美学村、厦门大学国术教练。

在中华文化的深厚底蕴中,正骨医院承载着独特的中医骨伤科历史。泉州是南派少林武术的发源地,习武强身,习武必晓武伤,是泉州浓厚武术文化具有的地方人文特点。泉州市正骨医院的诞生即与泉州南少林文化息息相关,由近代泉州颇具传奇色彩的武术名家、中医骨伤名家、近代弘扬南少林文化的代表人物廖尚武、张铁龙、庄子深等人于1955年2月创办。泉州市正骨医院秉承南少林医武结合文化精髓,弘扬传统,吸纳和嫁接现代科学技术,经过几十年的努力,建立起中医骨伤微创技术模式,并以独有优异疗效的自制药,成为泉州地区独具一格、口口相传的"正骨"传统医疗品牌。

廖尚武跟随潘孝德学习少林武术和正骨伤科。他凭借在厦门学到的医术和武术,在泉州东街开设了益安堂诊所,开始了他的中医骨伤科行医生涯。1955年3月,廖尚武响应党的号召,在前泉州市市长王今生和卫生局局长洪元隆的支持下,共同组建了泉州中医第五联合诊所。廖尚武作为诊所的主任,倾注了所有的热情和力量，诊所位于中山中路通政巷口，这也是泉州市正骨医院的雏形。

1959 年 4 月 1 日，经泉州市人民委员会批准，第五中医联合诊所正式更名为泉州市正骨医院。这是廖尚武的一大贡献，也是泉州市正骨医院历史的转折点。廖尚武作为泉州市正骨医院的首任院长兼书记，以身作则，致力于提高医院的医疗水平和服务质量。

然而，在 1962 年，泉州市正骨医院面临了严重的危机，几乎处于解体的边缘。在这个关键时刻，廖尚武和其他创建者一起，克服了重重困难，租借民房作为临时诊所，带头捐出家中的诊疗用具和自制药。在这个困难的时期，"一鼎吊膏建医院"的佳话广为流传。在廖尚武和其他医护人员的努力下，泉州市正骨医院逐渐走出了困境，重新走上正轨。如今，这个医院已经发展成为国内知名的中医骨伤科医疗机构，以其独特的疗法和显著的疗效而广受赞誉。它不仅为泉州人民提供了优质的医疗服务，而且将中医正骨技术传承下去，为中华医学的瑰宝添砖加瓦。

当李深静遇上正骨医院

李深静深受腰椎骨刺折磨，曾到过 6 个国家进行医治，当其 70 岁高龄时，已不适合西医手术疗法。2016 年，经时任泉州市市委书记郑新聪引荐，李深静到泉州市正骨医院进行治疗。

正骨医院派出以时任副院长陈长贤医师为主的脊柱科团队，为李深静制定了以中医手法治疗为主的治疗方案。"移轮接骨根植传统不泥古，兼收并蓄超越传统立前沿"，经过两个疗程、三个月治好了伴随李深静多年的疼痛。在第二个疗程后，他便高兴地说："我视察园坵，走了一个小时，要是在以前是完全不行的，现在我没问题！"

李深静在接受治疗的过程中，也深刻感受到了陈长贤医师的仁心仁术。经过治疗，李深静深深感受到传统医学和现代科技的结合可以产生巨大的力量。他更加相信"中医的精髓"，也更加认识到一个优秀的医疗团队对于患者的重要性。他非常感谢陈长贤医师和整个医疗团队,感谢他们用自己的技术和爱心帮助他缓解了多年的痛苦。

李深静为感谢陈长贤的仁心仁术,特赠匾额"正骨妙手,德才双馨"。他在正骨医院赠匾的仪式上这样感慨:"以前我知道名医总是药到病除,经过了陈长贤医师的治疗后,我觉得他真正做到了'手到病除'。他带领的医疗团队十分优秀,南少林整脊治疗手法和医德都让我十分受益,我非常感谢他,感谢咱们泉州市正骨医院。"

李深静父子向泉州市正骨医院敬赠牌匾(前排左一为李深静,左二为李耀昇)

在泉州市正骨医院,李深静不仅找到了缓解自己痛苦的方法,而且感受到了传统医学与现代科技的完美结合,同时见识到了传统医学与现代科技如何相互促进、共同发展。这个医院不仅在技术上有着独到的创新,还对传统中医药进行了深入的研究和开发。他们不仅传承了南少林医武结合文化的精髓,更是在此基础上不断创新,开发出一系列独具特色的自制药剂,以其独特的疗效而广受患者好评。正骨医院中的"廖氏正骨"疗法、自制药"正骨吊膏"等都已被省、市、区列入非物质文化遗产名录。

在亲身感受到正骨医院的治疗功效后，李深静深受触动。他有感于正骨医院地处泉州市中心，占地只有区区 11 亩，医院过于狭小。他深感这是一个伟大的事业，不仅可以让更多的人受益于中医骨伤治疗，还能进一步弘扬中医传统文化。李深静说："这么好的医疗，这么好的中医传统文化，一定要发扬光大，不能只局限在泉州市级地方，要扩展到全国甚至全球。"于是，李深静向泉州市委、市政府建议，应该发扬光大中医事业，像正骨医院这么好的医院应该扩建，市中心没有地，就另选地方建设。他带头捐赠 300 万元人民币用于新院区的筹建工作，并建议医院用地应扩展到 100 亩，以确保新院区有足够的空间和资源来开展医疗工作。在李深静率先捐助下，更多的海内外华人华侨发扬恋祖爱乡、乐善好施的精神，为正骨医院慷慨解囊，倾力支持传统中医的发展。

此后，李耀昇又追加捐资

正骨医院新院李深静大楼落成

李耀昇、杨美盈夫妇携子在李深静雕像前合影

700 万元人民币，共计 1 000 万元人民币，倾力支持正骨医院的建设。李深静虽然已经离世，但他的精神、他的爱心、他的关注，通过子孙后代继续在家乡的医疗卫生事业中发挥着作用。"大医至爱，仁者无敌"，他的故事将继续传播，激励更多的人投身于这个神圣的事业。

2023 年年底，正骨医院北峰新院区顺利建成。新院的医疗环境获得极大改善，得以引进和培养更多医疗人才，医疗水平更上一层楼。李深静的宏愿变为现实，现在更多的人能够体验到中医骨伤治疗的神奇效果。为了纪念李深静的贡献，新院区的一栋楼被冠名为"李深静大楼"。这不仅是对李深静守护中医文化和慨然相助精神的深深敬意，也代表着他和泉州市正骨医院的一份渊源。

李氏家族和泉州市正骨医院的缘分还在不断续写。2024 年 1 月，李耀昇携带妻儿返乡访问，还专程前往正骨医院新院区参观考察，当场决定再度捐赠 500 万元人民币善款支持正骨医院培养医疗人才。

第七章　世界名校　大爱无疆

一、嘉庚精神　一脉相承

马来西亚有句谚语"Air dicincang tidak akan putus"，意为切水不断，用它来形容中马传统友好关系再恰当不过了。古有明代航海家郑和七次远洋航海，五次驻节马六甲。马来西亚也是在东盟国家中率先同新中国建交的国家。2012年至今，中马两国经贸往来频繁，双边贸易额一直保持高位，中国连续多年成为马来西亚最大的贸易伙伴。

2013年9月和10月，中国国家主席习近平分别提出建设"新丝绸之路经济带"和"21世纪海上丝绸之路"的合作倡议。"一带一路"倡议肩负着"多重使命"，通过多边机制和区域合作平台，发展沿线国家的合作伙伴关系，不仅影响中国，还影响"一带一路"沿线国家。而就在这一年，中马两国政府的经贸合作进入了新的阶段，中马经济论坛召开，十几个项目同时签约。习近平主席和马来西亚时任首相纳吉共同见证了两国政府经贸合作五年规划及钦州、关丹产业园区等多项合作协议的签署。中马两国在经济领域开展的强劲合作，涉及中小企业、关税等不同领域。两国在经济论坛上签署了诸多项目，其中教育领域便是厦门大学马来西亚分校的签约——厦门大学在马来西亚设立海外分校的协议。这是马来西亚教育史上激动人心的时刻，李深静作为资深商业领袖被邀请出席共同见证这一盛况。

李深静曾公开表示，高峰论坛的召开拉近了中马两国政府和企业之间的关系。时任马来西亚高等教育部副部长何国忠深切地考虑到华人社会的需求，也希望祖籍国（中国）可以在马来西亚开展高等教育。他上下奔走，探讨与构思。正如东南亚第一所华文大学（新加坡南洋大学）一样，办学难度可想而知。在这个过程中，马来西亚对华特使黄家定也做了很多政商联系的工作，也正是他将李深静介绍给厦门大学。

李深静最骄傲的事就是支持教育的发展，同时也将最多的精力放在教育公益上。他一直觉得，要改变一个人的命运，教育是核心。他不只是建设华文小学、坤成中学，更是支持高等教育的发展。对于厦门大学马来西亚分校建设的难处，李深静看在眼里，放在心上。

厦门大学马来西亚分校（Xiamen University Malaysia，简称"厦大马分校"）位于马来西亚首都吉隆坡西南约 45 公里处，与吉隆坡国际机场相邻，地理位置优越。2012 年 3 月，厦门大学相关负责人专门赴马来西亚进行考察，摸索办学可能性。那次也是厦门大学多位负责人初次见到李深静。

办一所跨国大学，一切都要摸着石头过河。时任厦门大学校长朱崇实表示，他常常夜不能寐，因为境外办学的压力很大，厦门大学承办马来西亚分校没有任何经验可供借鉴。

厦门大学在马来西亚办分校是否有需求？建校经费如何解决？生源从何而来？如何建设？课程如何设计？当厦门大学决定担负起这一重任时，难题就一个个摆在面前。

首先是可行性，办一所大学并非易事，要经过多方面的考量，办学的风险非常大。当你了解过马来西亚的华文小学和独中的办学历史，便能窥见一斑。如果要在马来西亚申办华文大学，需要很多先决条件。为此，朱校长亲自起草并修改办学可行性报告。厚厚的一本报告，让朱校长觉得马来西亚华文教育的延续是历史的重任，也是马来西亚整个华人社会共同的期待，它摆在每一个厦大人的肩上。一切不再是是否可为，而是势在必行。

在黄家定的引荐下，李深静、杨忠礼等华人社会领袖人物和厦大负责人一起商议、探讨在马来西亚办校是否有市场和需求，策划分校如何办学。李深静说："厦大能走出国门，是祖籍国强大的表现。这不仅能传播中华的文化，也能造福马来西亚的华人子弟，甚至包括马来西亚当地的学子，也能让他们看到我们中国的文化自信。"李深静为厦大马分校积极牵线搭桥，协助解决各种问题。整个过程中，马来西亚华人社会表现出极大的热情，希望中国可以到马来西亚办高等教育。厦大马分校王瑞芳校长曾回忆这样一个故事：厦大马分校在招收第一批新生时，有一位爷爷（华人）带着孙子来报到，非常激动，眼含热泪说，终于盼到有一个中国高等学府来马来西亚办学。不仅如此，包括李深静在内的华人社会领袖们亲自开车陪同厦大负责人四处寻找合适的办学场地。李深静曾表示："如果去马六甲，我可以免费提供教学用地。"经过一系列考察，厦门大学综合考虑人口密度、地理位置、交通便利度，最终选择在华人总人口相对密集的吉隆坡南郊雪兰莪州，最后落地在距吉隆坡 45 公里处的区域。现在的厦大马分校依山傍水，复刻厦门大学本部的建筑风格，软硬件设施齐备，拥有同样的芙蓉湖、芙蓉楼，办学的条件更彰显国际化。

厦门大学马来西亚分校校区全景图

为了支持厦大马分校建设，马来西亚的华人华侨们纷纷支持。首富郭鹤年捐资 1 亿马币（当年折合人民币近 2 亿元），用于厦门大学马来西亚校区主楼——图书馆大楼的建设。李深静捐资人民币 3 000 万元，助力厦门大学马来西亚校区主楼群一号楼建设，现在被命名为李深静楼。杨忠礼是李深静的挚友，在他的影响下，杨忠礼也慷慨解囊参与这场助学捐赠中，向厦大马分校出资 600 万马币（当年折合人民币 1 000 多万元），用于学校的基础建设和奖学金计划。

厦门大学朱崇实校长（左）接受李深静捐赠

李深静在接受《厦门日报》采访时曾说："我很早就知道厦大了，福建是我的老家，我一直为老家有这样一所大学而感到光荣，再过 7 年，厦大就要成为'百年老店'，一所学校能存在 100 年，而且还能发展得越来越好，实在不容易。"陈嘉庚当年带着从南洋赚的钱回到厦门办厦门大学，90 多年后，陈嘉庚创办的厦门大学回马来西亚办学，这种缘分有点奇妙。李深静说自己仅有高中学历，"从个人来说，我从小在贫穷家庭长大，当时我做了很多梦，很多已经实现了，譬如，我希望我能到种植园当经理——在 20 世纪 50 年代到 70 年代，这并不容易，一位种植园经理，至少要拥有本科文凭，而我只有高中学历，但最后我做到了；其次，我有六个子女，我希望他们都能接受好的教育，这也实现了，他们都在英国顶尖大学读完本科"。他话锋一转："但

171

是，我有一个梦到现在为止没办法做到，我想永远也做不到，那就是有机会进入大学。""这是我此生最大的遗憾，也是我决定向厦大捐款的一个原因。我希望通过捐建大学，能让更多的人有机会念大学。""让更多华裔子弟有机会念大学"，本着这样的初衷，华人社会领袖们积极支持，从一开始便商量好要鼎力支持中国在马来西亚兴学办教。

李深静视教育如事业，在他看来，如果真正关心支持教育，则需要长期持续的投入。他是这么想的，也是这么做的。厦大马分校在2014年7月奠基，2016年2月元宵节举办隆重的开学典礼，建设用时仅为1年半。厦大马分校的建设建出了中国速度，然而在修建时也遇到了极大的挑战。为此，李深静亲赴校区查看施工的情况和进展，并对施工给予指点和帮助。当他再次见到朱校长时，说的第一句话便是，"放心吧，工程可以如期完成"。李深静的承诺不止于金钱，他投入了宝贵的时间、精力以及社会关系，确保学校建设顺利进行。

李深静（前排左三）出席厦门大学马来西亚分校新生开学典礼

朱校长说："李深静对华文教育有追求、有情怀，我们要像李深静一样深深地爱这所学校，我们都要从李深静身上学到，对这所学校应该如何爱它。陈嘉庚事业有成回到家乡创办了厦门大学，厦门大学创办之初完全依靠华侨捐赠。现在，我们理应回馈这片土地。"厦大人钦佩和陈嘉庚一样以兴学办教为己任的侨领。正是这些将中华传统文化持续发扬光大的有识之士的不懈坚持，促成了厦大马分校的成功。

当提到在马来西亚成功办校的这些经验，朱校长和厦大马分校校长王瑞芳都说这是"天时地利人和，不可复制和借鉴"。厦大马分校能够获得"这份幸运"，不仅仅因为陈嘉庚的渊源，也是因为厦大和马来西亚华人社会自然而紧密的联系，更是因为像李深静这样的华人社会领袖的支持和协助。

事情总是一波三折，正如陈嘉庚创建厦大时所历经的一样。马航事件以不曾预料的波及面影响着厦大马分校的建设。2014年3月8日，马来西亚航空公司一架波音777-200型客机在执行从马来西亚吉隆坡飞往北京（航班号：MH370）的航班任务时与地面失去联系。这一重磅社会事件受到全世界的关注。恰逢中马两国建交40周年暨中马友好交流年，双方规划了一系列庆祝活动，包括青年百人团交流。MH370航班失联，失联航班上的239名乘客中有2/3是中国人，这一事件不可避免地给中马两国往来蒙上一层阴影。MH370航班失联事件发生后，很多国外游客对马来西亚政府乃至马来西亚整个国家的信任程度都有所下降，而这也波及厦大马分校的建设和招生工作。

李深静深知马航失联事件不应该成为阻碍中马关系的绊脚石。从中马双方互派特使、马来西亚接受中国警方调查以及联合搜救等行动表明，中马官方在马航失联事件上保持着密切沟通，双方都有决心和意志来平复马航失联事件所带来的冲击。对待马航失联事件，李深静有着更多一份的理性和冷静。2014年厦大马分校还在筹建，厦门大学和马来西亚方面都顶着很大的风险。李深静在2014年4月6日厦大马分校捐赠仪式上表示："不要惧怕马航事件，阴霾终将过去，前景是非常光明的。"

此时厦大的朱校长也承受着非常大的社会压力，李深静、杨忠礼等侨领都看在眼里，他们纷纷表示："朱校长你放心，不要害怕，分校的建设有我们在，遇到河没有桥，我们抬也会把你抬过去！""Bukit sama didaki, lurah sama dituruni"，遇山一起爬，遇沟一起跨。真是众人抬柴火焰高，厦大马分校的建设，如果没有这些侨领，是不会成功的。这是文脉的传承和华族共同的心愿：让在马来西亚的华人受到最好的华文教育，让中华文化在世界得到广泛的传播。

20世纪20年代末30年代初，陈嘉庚企业江河日下，资难抵债，李光前与黄奕住、曾江水、叶玉堆等爱国侨胞在陈嘉庚"企业可以收盘，学校不能停办"的精神鼓舞下，纷纷捐款襄助，帮助厦大度过了最艰难的时刻。而今，厦门大学马来西亚分校是中国高等教育在海外设立的第一所分校。同为福建籍的家乡情缘，李深静更是为厦大马来西亚分校的创立、筹款、招生、建设费心费力。原厦大副校长邬大光曾大赞过李深静——"静水流深，沧笙踏歌"。一位在马来西亚出生、长大，深受华文教育的商界人士，被李深静这样的侨领不懈坚持的精神深深感染，并为之动容。他当场表示："需要支持找我，我一个人不行，还有华人社会同仁。"

静水流深，善缘常在。厦门大学百年校庆之际，李深静父子向厦大捐款，可谓丹心一脉传，赓续家国情。李深静生前曾捐赠3 000万元人民币，用于建设厦大马分校"李深静楼"。追寻父亲的教育公益脚步，李耀昇捐赠1亿元人民币用于厦门大学本部海韵园二期综合文体中心大楼的建设，并命名为"深静楼"。李耀昇曾得知陈嘉庚女婿李光前当年倾巨资助办厦大的佳话，感慨地说："我也姓李，这是姓李和姓陈的一段缘分！"当年，李光前作为陈嘉庚爱婿，在陈嘉庚创办厦门大学遭遇经济困难之际慷慨捐巨资，鼎力相助，成就了翁婿共办厦大的佳话。随后，李光前效仿岳父捐资兴学，以求改变家乡贫困面貌，慷慨在家乡南安市梅山镇创办了国光中学、国专小学、国专幼儿园，以及后来的泉州市光前医院、南安市工业学校等，为家乡的发展建设做出了不可磨灭的贡献。李耀昇伉俪深为其捐资兴学、大爱无疆精神所感染，曾专门驱车前往南安，参访国光中学，瞻仰李光前铜像，学习光前精神。

厦门大学马来分校李深静楼

厦门大学百年校庆李耀昇捐赠仪式

　　静修慈海承大爱，水深无形念素心，深德智泉不觉处，流云潺潺看古今。百年前，陈嘉庚倾资创办厦门大学；百年后，马来西亚 IOI 置业集团掌舵人李耀昇继承父亲李深静支持教育的遗志，追随父亲心系祖籍国，热心关注教育和公益的脚步。从翁婿情深到父子情深，嘉庚精神传承至今。

海外华人研究奠基人之一王赓武教授曾说，"我的'中国认同'从来没有成为问题。那个叫作'中国'的国家，是我的祖先生于斯、死于斯的地方。作为外籍华人，那是我的家乡"。即使如李深静这样的第三代华人，内心深处仍保留着浓浓的中国情结。正是这些华人对中国故土的眷恋，根深蒂固的乡情将他们与厦门大学联结在一起，这些捐赠者的事迹激励着一代又一代海外华人，延续精神的寄托和希冀。深深的情感蕴藏在华人文化体系中促成正向的流动，如此生生不息。

二、水木清华　厚德载物

李深静虽然没有上过大学，但是他对教育事业认识的高度、重视程度和支持力度一直是让人钦佩的。他不仅亲力亲为扶持本国的华文基础教育，重视高等教育，更是对中国清华大学的建设和发展给予大力的支持。

作为一个顶级企业家，李深静极具远见。他在中国做慈善，是因为在他看来，中国才是未来。一个眼光长远的慈善家关注环境、教育、全球化等社会问题。李深静及其次子李耀昇对教育的支持都是完全的个人慈善行为，"不功利更不营利"，正如他自己所说，"我的钱捐出来就没有想得到回报"。

李深静一直都知道清华大学，真正和清华大学的接触是在 2008 年清华大学国际高级研修班的对外交流活动中。那一次的深度学习和交流，让李深静对清华大学有了深刻的认识。自此之后，李深静便跟清华大学结下了不解之缘。李深静是一个勤学好问的人，他非常珍惜每一次的学习机会。他初到清华大学交流时，曾就各种环境问题请教过清华大学的校长和专家。在清华大学上课期间，他也是做足了功课。令清华大学潘庆中教授印象深刻的是："时值 70 岁高龄的李深静非常喜欢学习，他想知道中国对雾霾的治理，对环境保护方面做出的努力，等等。持续一年的课程，上课期间，他从没有缺席过任何课程，反而非常认真地听课，积极思考。"

李深静在苏世民书院

2011 年清华大学百年校庆之际，时任清华大学常务副校长的陈吉宁教授率队出访马来西亚，并拜会了李深静。从彼时起，陈旭、邱勇、杨斌等多位校领导和老师在清华园和吉隆坡与李深静相见深谈，讲述清华大学的发展近况，也听取他对学校发展的建议。2014 年，清华大学苏世民书院首任院长李稻葵在吉隆坡见到了李深静，李深静仔细询问了苏世民书院的发展规划，他即刻决定给予支持，没有一刻含糊和停留。他为苏世民学者项目慷慨捐款2 000 万元人民币作为综合奖学金，支持在全球严格筛选中脱颖而出的未来青年领袖在清华大学进行领导力深造。

2016 年 6 月，时任清华大学书记陈旭一行出访东南亚，在吉隆坡受到李深静与李耀昇的热情接待。2016 年 10 月 31 日，李深静再次来访清华，和邱勇校长与杨斌副校长会面，并随后参观了其支持建设的清华大学苏世民书院。

黑石集团创始人苏世民捐赠 1 亿美元支持清华大学建设苏世民书院和创办全球学者项目。每年资助来自世界各地的学生在清华大学攻读硕士项目，旨在培养具有国际视野、综合素质和领导能力且了解中国的未来杰出人才。苏世民书院由美国耶鲁大学建筑学院院长、后现代主义建筑风格创始人之一罗伯特·斯特恩教授主持设计，总建筑面积 24 000 平方米，采用合院式布局。书院设有大礼堂、图书馆、下沉式花园、食堂、健身区和教师公寓，还包括一个讨论广场，用于师生与来访的嘉宾做零距离交流。学生们住在各自独立的宿舍，每 8 个宿舍拥有一个公共的休息室。书院设计时将中国庭院式建筑风格与剑桥大学、牛津大学传统建筑风格相结合，分割出内外两个层次的庭院空间。"就像它承载的项目一样"，"书院建筑融东方神韵与西方风格于一体，它将成为清华园中一道优雅、独特的风景线"。在空间设计方面，李深静有自己独到的想法和看法，他非常喜欢书院的设计，每次到访清华园总会参观一下。虽然是一个国际化的项目，但是书院的建筑体现了中华传统文化、理念，空间设计不仅体现了国际化氛围，更是将传统书院模式融入其中。

像苏世民一样，李深静的慈善捐赠也大部分用于教育领域。李深静曾坦言，"我深知教育对我生活的深远影响。正因如此，我热衷于为尽可能多的人提供受教育机会，以改变他们的人生"。李稻葵教授曾回顾当时李深静来到清华大学参访书院的情景，并大赞他鼎力支持苏世民书院的发展。他不仅如约捐赠，而且将这一项目推介给更多企业家和慈善家。李深静践行着他的承诺，即使那时苏世民书院的设计建造还处在图纸阶段。李深静的资助急清华之所急，具有很强的前瞻性和引领作用，这大大鼓舞了清华大学苏世民书院项目的后续发展。

李稻葵教授与李深静（右）深入交谈

苏世民书院重视每一个学生的培养，首先是品格的培养，书院帮助学生在全球化背景下观察中国、探究世界发展的共性问题，旨在培养学生成为一个对社会有贡献的人。李深静曾推介马来西亚的优秀毕业生就读清华大学，他真切地关心这些孩子和他们未来的命运。即使他很忙碌，但是只要是华人社会的事情，只要是教育的事情，他都一马当先。他继承了华人社会的慈善传统，尤其重视对教育的长期支持。时任清华大学党委书记陈旭曾当面致谢李深静，感谢他对苏世民学者项目的无私奉献。对这些教育捐赠，李深静甚至没有宣传，他的想法很朴素——"我捐钱，从没想得到回报。"

潘庆中教授（右四）等陪同李深静（右五）参访苏世民书院

邱勇校长与李深静（左）在工字厅前合影

杨斌副校长与李深静（左）在清华大学合影

陈旭书记拜访李深静（左）

李深静常说："人不可忘本，水有源，木有根。"李深静积极地、有针对性地投身于国内外慈善等公益活动。他"一腔肝胆存人热，情系桑梓报春晖"。他平易近人、富而不骄，他也关心祖籍国中国的发展。2008年5月，四川地震造成严重灾难，他感同身受，率先捐献巨款赈灾，援助四川受难灾民，中国人民政府给予他高度赞扬，2008年8月，他被特别邀请参加北京奥林匹克运动会闭幕礼。多次聆听李先生教诲的杨斌副校长曾深情地感慨："李深静先生，深水静流，德高望重，白手起家的华商楷模，勉力支持清华的好朋友，让我们每个人都打心眼里崇敬。他功存教育，义声长乎。用一生践行着'天行健，君子以自强不息；地势坤，君子以厚德载物'。"他坚信，付出101分的努力必定会有收获。正是这份比别人更多一点的努力付出，成就了他。他坚信，行好事，做好人，正是这份大爱无疆，受到无数人的追思。

清华大学以"自强不息，厚德载物"立校，以"行胜于言"立身，以"为民谋福利，与世界共发展"为己任，百年中莘莘学子也深受影响。1914年，梁启超先生应邀在清华学堂为学子们发表《君子》演说，以"自强不息，厚德载物"八字相赠，激励清华学人奋发图强、涵养德行，以便"异日出膺大任，挽既倒之狂澜"。随后，清华大学即以此八字作为校训，制图制徽，一直流传，演绎成清华传统精神的重要部分。李深静在与清华大学的接触中，同样感受到来自清华大学的这份精神理念。也许，李深静和清华大学的真正缘分便是源自对这份精神理念的共同追求。

三、再续前缘　止于至善

2019年6月1日，李深静与世长辞。同年，李耀昇追随父亲的脚步，再次访问清华大学——这座其父亲曾经给予支持的中国最高学府。那时正值2019年清华大学校庆后，他参访了苏世民书院，希望能够延续李深静的遗志，进一步支持教育事业，特别是这样一个国际化的项目。

步入书院的玄厅，捐资书院的企业和各界热心人士的功勋影壁映入眼帘，其中不乏国际著名企业、商界名流。书院常务副院长潘庆中教授说，当时李耀昇仔细端详着李深静的名字，深情地抚摸着影壁上"李深静"的字样，然后决定再次支持清华大学的项目。每每讲到父亲，李耀昇都会流下泪来，他说，"这次要在这个 2 000 万后面加一个'0'"。李深静每次回中国，儿子李耀昇都以他的特别助理身份随行。李耀昇从小耳濡目染父辈的打拼，了解一切来之不易，深深懂得感恩与珍惜。李深静以身作则、言传身教，李耀昇从父辈身上感受到更大的责任：父辈做得好，那么我也必须要做好。李深静饮水思源、回馈社会，李耀昇谨记嘱托、秉承遗志，步步跟随投身教育。两代人薪火相传，将大爱播撒人间。

彼时，清华大学社会科学学院正在筹措资金建设新办公大楼，李耀昇捐赠 2 亿元人民币用于建设清华大学文科综合楼，并将以父亲名字命名为"深静楼"，这笔巨款可谓雪中送炭。2021 年 1 月 29 日，李耀昇一行再次访问清华大学，并与清华大学正式签署合作备忘录，支持清华大学文科综合楼的建设和清华大学人文社会科学的发展。

清华大学诞生于 1911 年，历史悠久，大师云集。当代中国社会科学的

清华大学校长李路明和李耀昇（左）会谈

奠基人，很多都曾经在清华大学社会科学的各个学科中执教或学习过。清华大学社会科学不乏其人，社会学的大师费孝通、潘光旦，经济学的大师陈岱孙、王亚南，政治学的大师萧公权、钱端升、张奚若，现代语言学先驱大师赵元任，心理学大师唐钺、周先庚等，都曾经在清华园传道授业。由于历史原因，清华文科曾一度背井离乡。1978 年改革开放之后，清华大学决定恢复综合性大学的学科布局，着力发展清华大学的人文社科。清华大学文理并重，已成为一所具有理学、工学、文学、艺术学、历史学、哲学、经济学、管理学、法学、教育学和医学等 11 个学科门类的综合性、研究型大学。

　　虽然清华大学社会科学学院成立不到 10 年，但早在 1921 年清华便已经有了文科建设发展体系，如政治学科、社会学科、经济学科等。1928 年，清华学校正式更名为"国立清华大学"，成立了文、理、法三个学院，文学院下设有社会人类学系，法学院下设有政治学系、经济学系，这些均为清华大学最早的社会科学学科。改革开放以后，清华大学响应倡议，逐步恢复文科院系，1984 年经清华大学校长会议通过，成立了"社会科学系"。随着高等教育体制改革的深化，百年校庆前后，清华大学开始探讨文科能有所突破。2012 年 10 月 27 日，清华大学社会科学学院成立时，陈吉宁校长表示："社会科学学院的建立是清华大学文科发展的重要里程碑，标志着清华大学的社会科学学科步入了一个快速发展阶段。"今天的清华大学社会科学学院也是一个有担当的学院，在纷繁变化的社会发展中，社会科学学院始终坚守其科学的精神和严谨态度，努力去发现事实、探索真相、解决问题，怀抱"为往圣继绝学，为万世开太平"之志，积极投身中国的改革开放与全球化进程。

　　清华大学要按世界一流大学的标准发展建设，社会科学学院的领导班子专赴美国大学管理部门进行调研，学习了解美国一流高校人文社科的管理工作细节。目前，社会科学学院已经具有完备的学科体系，自成立以来不断锐意进取、人文日新，但教学活动场地受到很大制约。社会科学学院所在清华园明斋始建于 1930 年，是清华园八大书斋之一，已有近百年的历史。明斋的消防是学院的一大痛点，因为明斋属于历史文物保护单位，楼内的办公室、会议室由宿舍改建而成，格局无法变动且设施需要常年维护。虽然学院领导班子持续改善明斋的硬件设施，但是仍然力所不及。当此之时，社会科学学院欣然接到李耀昇个人捐赠 2 亿元人民币巨资的资助计划，真可谓"雪中送炭，炉暖吾心"。历史证明，很多伟大的学问都离不开那些站在学人背后的支持者们默默的付出。这一消息让所有的师生异常振奋。明斋源自："大学之道，在明明德，在亲民，在止于至善。"李耀昇以仁善之心捐赠支持清华大学文科综合楼的建设和发展。百善孝为先，李耀昇此举源自"孝之善"，更是对"大学之道"的成全，谓之"大善"也。

清华大学社科学院彭凯平院长（右二）、刘涛雄书记（左二）等和李耀昇（右三）合影

"桃李不言，下自成蹊"，百年清华历经风雨，日益焕发新的风貌。清华大学社会科学学院院长彭凯平教授曾如此赞叹："客从南溟来，遗我泉客珠。珠中有善字，光明耀前途！"正是有许多像李深静、李耀昇父子这样富有爱国之心、爱人之心、爱学之心的爱心人士慷慨无私的捐助，为清华大学各学

科的发展与进步提供了源源不断的动力。清华人将一如既往地潜心治学，恪守"自强不息，厚德载物"的校训，坚持"社会情怀，科学精神"的社科院训，不辜负远方的贵客们、真诚的朋友们的深厚爱护与期待。

李深静以"成功没有捷径，只有勤奋而已"为座右铭，始终坚持严人先严己的理念，以身作则的处世态度及管理哲学，让他实至名归，赢得了杰出企业家的殊荣与美誉。他的成功诀窍便是坚持华人优良的传统美德，勤奋、严谨、求实、创新。他每做一件事都是一丝不苟，力求尽善尽美，而且立说立行，心动化为行动。他的商业哲学、他的管理理念、他的创新思维，无不显示出他的远见卓识和过人的气魄。然而，李深静的成就并不仅仅局限于他的商业领域。

他深知，财富真正的力量不仅仅在于成就个人，更在于如何将这种力量传递给他人。他通过自己的商业帝国，为社会创造了大量的就业机会，为人们提供了稳定的生活来源。他通过自己的慈善机构，为那些需要帮助的人们提供了实质性的帮助。

他深知"达则兼济天下"的道理，在事业有成之后，义无反顾地将大量的精力和资源投入了慈善事业中。"心怀天下者，才能成就天下。"他以一颗赤诚之心，关注着他所关心的人们，关注着那些需要帮助的人们。他更深知文化传承的重要性，华文教育尤甚。华文不仅是中华文化的瑰宝，也是华人后代不可或缺的精神家园。虽然他未曾踏入大学的殿堂，却以非凡的洞见、执着与慷慨，在教育事业上留下了深刻的烙印。

李深静对教育事业的热情和贡献令人肃然起敬。他不仅创立了教育基金会，还积极参与慈善公益活动，推动中马文化交流。他的行动为马来西亚和中国的教育事业播下了无数的希望种子，这些种子在未来的日子里，将成长为茂盛的森林。他曾说："教育是国家的根本，是社会的基石。没有教育的国家是弱小的，没有教育的社会是脆弱的。"这句话深深地烙印在我们的心中，也正是他对教育的深刻理解，使得他在教育事业上取得了巨大的成就。我们不禁感叹：他不仅是一位成功的商人，更是一位慈爱的心灵领袖。他的事业成就让我们看到了财富的力量，而他的善举则让我们看到了爱的力量。

李深静家族与清华大学的善缘将延续下去。李深静耕耘一生，在创造商业奇迹的同时，更恒怀善心，广行善举，借个人之成就，成立教育、公益等事业，所做贡献难以详述，惠及民众不可胜数。正如邱勇校长所说："李耀昇传承了家族支持教育的传统，不仅在物质上，同时也把李深静的优秀品德和精神带给了清华的老师和同学，李先生的仁爱、好学和拼搏精神，将会激励着一代代清华学子。李深静、李耀昇父子这份兴资办学、心系故园的情怀和大爱，令人钦佩，而这也正是慈善基因的传承！"

在与清华大学邱勇校长等会见时的讲话

李耀昇

（2021 年 1 月 29 日）

尊敬的邱勇校长、杨斌副校长、柴玺大使，
尊敬的各位领导、亲爱的朋友们：

大家下午好！

今天，我和我太太非常高兴来到清华大学访问，首先感谢贵校的精心安排，感谢我的好朋友们在疫情的特殊时期陪我一起访问清华大学。

清华大学是中国当之无愧的最高学府，百年来一直推动着中华民族觉醒、奋斗和复兴的历程，为中国培养了大量优秀人才，对社会发展做出了重要的贡献，在国际上也是鼎鼎有名。我非常仰慕贵校的"自强不息，厚德载物"的校训，我觉得这个校训的内涵与我父亲李深静一生所体现出来的好学、拼搏、仁爱的精神完全吻合。接下来，请容我稍作介绍我的父亲及他与清华大学结缘的缘由。

我父亲自幼家境贫寒，11 岁就不得不辍学去打工以帮助父母养家糊口。那时候，他个头刚刚比自行车高一点，天天骑着自行车，驮着沉重的冰柜，到处销售冰棍，为了获得微薄的收入。有一次瓢泼大雨，为了不让一整箱冰棍损失，他用幼小的身躯死死地扛住了即将倒下来的自行车，凭借坚强的毅力在雨中坚持了很久，直到有大人过来帮助他把冰柜一起推回原位。他说，他常常问自己老天爷为什么对自己那么不公平，他一定要改变命运，但是要改变命运唯有知识，唯有学习。虽然后来一有机会，他就回到学校去学习，但是从小没有能够得到更多的学习机会，始终是他一生的一大遗憾。但他丝毫没有因此而降低自己追求知识的愿望，反而是更加注重抓住一切学习机会，刻苦地学习。因为他知道，要实现自己追求的理想，单有勇气和力量还不行，还必须有知识和智慧，要有理性、懂科学。可以说，正是因为学习，加上非凡的胆识和努力的拼搏，我父亲书写了马来西亚一代商业传奇，他一手创办了 IOI 集团和 IOI 置业集团两个上市公司，所涵盖的棕榈油和房地产开发两个领域在马来西亚都是首屈一指的跨国知名企业。父亲的奋斗史就是马来西亚及海外华商拼搏的一个缩影，我觉得也是一部人生和商业的教材。

正是因为父亲深知学习的重要性，他非常重视教育，在推动教育公益事业方面亲力亲为，不遗余力。事业成功之后，他几十年如一日地支持马来西亚的华文学校，生前亲自担任马来西亚深静华文学校和吉隆坡坤成中学董事长，是马来西亚目前唯一一个全资资助华文学校的企业家，为马来西亚培养了一大批人才，也为马来西亚华文教育事业的发展做出了诸多的贡献，在马来西亚有目共睹，有口皆碑。

2014 年贵校李稻葵教授到马来西亚演讲，并为筹建苏世民书院拜访我父亲，也正是出于对学习和教育的高度重视，出于对清华大学的支持和信任，出于对祖籍国的热爱，我父亲当场就决定向清华大学捐赠 2 000 万元人民币，之后我们与贵校保持良好的互动。上两个月，我循着父亲的脚步来到清华大学，拜访李稻葵教授，并参观了苏世民书院，得知贵校正值清华大学建校110 年之际，要加大升级改造，有一些资金缺口。敝人觉得这是一个与清华大学再续前缘，推动马中教育和民间友好交往的一次契机，我将以个人名义向贵校捐赠 2 亿元人民币，一是希望能够支持清华大学的发展建设，践行先父"做人不能忘本，要回报祖籍国家乡"的教导；二是希望能以我父亲李深静的名字命名文科综合楼以永久纪念我父亲；三是希望有更多的社会贤达能进一步来关心祖籍国教育和公益事业，以后能够设立一个基金来专门推动马中高等教育交流合作，同时能够资助马来西亚和我家乡福建省泉州市永春县贫苦优秀学子到清华大学深造，为两国培养人才；四是我最近在整理我父亲的传记，出版后，我希望向贵校捐赠一批传记，与清华大学的莘莘学子分享我父亲一生好学、拼搏、仁爱的精神和成功的人生经验。

清华大学目前已经是中国最高学府，许多研究领域处于世界领先水平，我相信在全体清华人的共同努力下，再过二十年，清华大学一定会是世界第一流的高校，成为全球人才重要的孵化基地。我也会进一步继承和弘扬父亲热心教育公益事业的优良传统，争取为社会多做一些贡献，为世界增加更多的正能量！

下 篇

家业溯源

引言：从永春到巴生

马来西亚是一个既年轻又有着悠久历史的国家。说到年轻，是因为 1963
年马来西亚联邦才成立，仅仅走过 61 年；说到历史悠久，是因为马来西亚的
历史可以追溯到 1402 年由拜里米苏拉所建立的马六甲王国，这是马来西亚历
史上第一个有史可载的王国。明朝郑和七下西洋，先后有五次驻扎在马六甲。

马来西亚的殖民史是曲折而坎坷的。在没有独立之前曾被称为"马来
亚"。历史上，马来亚分别被葡萄牙人、荷兰人所侵占，自 19 世纪起逐渐
成为英国殖民地。自 1511 年开始被葡萄牙人统治了 130 年；1641 年，荷兰
人打败葡萄牙人取而代之，统治了 183 年（其中 1795—1818 年因为荷兰与
法国的战争，而由英国人代管）；1786 年 3 月，英国人莱特在马来半岛西北
部的槟榔屿（Penang Island）建立殖民地；1800 年，莱特的继任者李特在
吉打取得了威斯利省（Province Wellesley）的统治权，并将之纳入槟榔屿管
理，后来槟榔屿和威斯利省成了马来亚其中的一个州属，称为槟城。1819 年
1 月 29 日，莱佛士抵达新加坡，与两名本地的马来统治者苏丹胡先及天猛
公阿都拉曼谈判签约，允许英国东印度公司建立贸易定居点。正式协议于同
年 2 月 6 日签署，标志着新加坡成为英国殖民地。1824 年，英国与荷兰签署
《英荷条约》，划分两国在马六甲海峡的势力范围，英国以苏门答腊的明古
连（Bencoolen）与荷兰交换马六甲，于是马六甲成为英国的殖民地。至此，
英国已经拥有马六甲海峡东岸的三个非常重要的据点，即槟城、新加坡和马

六甲。英国在 1826 年把槟城、马六甲、新加坡合称为海峡殖民地（Straits Settlement，华人称为"三州府"，隶属英属印度马德拉斯省）进行直接统治。

1874 年，英国人通过订立《邦咯条约》（*Pangkor Treaty*），开始间接统治霹雳地区。继此之后，英国人积极介入另外三个马来州属——森美兰州、雪兰莪州和彭亨州。这些州属后来与霹雳组成马来联邦（Federated Malay States，华人称为"四州府"）。1909 年，英国人再通过《曼谷条约》（*Bangkok Treaty*）从暹罗手中获得吉兰丹、吉打、玻璃市、登嘉楼的管辖权，并于 1914 年介入柔佛王国，将这五邦组成马来属邦（Unfederated Malay States），届时英国的殖民势力正式扩展至整个马来半岛。后来，北婆罗洲和砂拉越陆续也被纳入了英殖民地体系。

1942—1945 年，马来半岛在第二次世界大战中遭受了日本的入侵和占领。战后英国恢复殖民统治，但反殖民主义情绪高涨，1957 年 8 月 31 日，马来亚联邦终于宣布独立。1963 年 9 月 16 日，马来半岛 11 个州同新加坡、砂拉越、沙巴合并组成马来西亚（1965 年 8 月 9 日新加坡退出），至此马来西亚联邦（Malaysia）正式宣告成立，分别由柔佛、吉打、吉兰丹、马六甲、森美兰、彭亨、槟城、霹雳、玻璃市、雪兰莪、登嘉楼，以及东马来西亚的沙巴、砂拉越 13 个州共同组成。

现在的马来西亚是一个多民族国家，分别由马来人、华人、印度人和原住民组成。其中，马来西亚华人的移民史可追溯至汉代。唐宋时中国和马来群岛已有频密的商业活动和文化交流，元代时已有中国人在当地定居的明确记载。到了明朝郑和下西洋时曾多次在马六甲停留。之后一些华人因为和当地人通婚，开始在马六甲定居，渐渐受马来文化的影响，繁衍开来。

"亲带亲、邻带邻"是清末民初福建永春人往马来亚迁徙的移民模式，因而永春人在马来西亚有一定的集中性。马来半岛西岸柔佛州的麻坡、峇株巴辖、马六甲及雪兰莪州的巴生等沿海城镇为永春人最早登陆的地区。永春县地处山区，宗族是社会结构和社会活动的基本单位。而且邻近的宗族之间几乎都存在姻亲关系，婚姻关系横向地将邻近的几个宗族联结起来。当东南亚地区需要更多劳工时，就"亲带亲、邻带邻"地由闽南或广东引入邻里乡亲来东南亚做工，在族人或同乡人较多的地方定居下来，著名海外华人史研究学者颜清煌博士称之为"亲族移民"（Kinship Migration）模式。

马来西亚雪兰莪州巴生坐落于马来半岛西侧中部，距离吉隆坡市中心约32公里，是雪兰莪州西部的一个城市，也为巴生河谷的港口城市，面积为573平方公里，北临瓜拉雪兰莪，东临莎亚南和梳邦再也，南临万津，西临马六甲海峡。在马六甲王朝时代，它是原住民聚居的部落。初期，人们多数是从事农业和采锡，随着锡矿业的迅速扩张，加上树胶产业的蓬勃发展，巴生地位变得重要。1901年9月巴生港开港，大批来自中国福建、广东和以印度淡米尔为主的移民劳工远来南洋求生，巴生便成了华工进入雪兰莪州的据点。

巴生是当时树胶业与闽籍树胶商的汇聚之地，陈嘉庚在巴生设立树胶厂，与巴生同行一道于1920年组织"巴双华侨树胶公会"，并成为最初会员之一。"巴双"是早期巴生的别名。巴双华侨树胶公会是继华商公所之后第二个跨籍贯的业缘性组织。巴生华人以福建永春人居多。除了以业缘、地缘做纽带，在永春人聚落中，以亲缘做纽带的宗族组织数量较其他籍贯者为多。二战前，巴生永春社群主要由肇永公李氏、石鼓卿园乡黄氏登进家、东关陈氏、鸿榜陈氏、岵山陈氏、上场颜氏等这些宗族大批族人移民而来。

肇永公李氏，名李斌，明朝永乐二年（1404年）自四川太平到福建永春，迄今已有620年，永春东关镇的内碧村、外碧村是李氏宗族根源所在，也是全族的家庙祠堂所在地。李氏肇永公家族从永春衍化至世界各地，海内外人丁4万有余，尤以马来西亚和新加坡为著。

李深静是外碧村李氏第十七世，出生于马来西亚雪兰莪州巴生。他生活和工作的主要地点，从少年时的雪兰莪州巴生，到青年时的霹雳州玲珑、美罗、雪州旧巴生路 ①、加影锡米山 ②、吉隆坡陆佑 ③ 巷，再到收购工业氧气，创办 IOI 集团东渡沙巴，收购南洛园坵 ④，开发吉隆坡和布城 ⑤ 之间的蒲种 ⑥，在不平凡的人生旅途中，他创造了一个又一个奇迹、一个又一个辉煌。

---

① 旧巴生路（Old Klang Road）始建于 1905 年，是衔接吉隆坡和雪兰莪的主要公路，开拓至今已有 119 年。它起始于赛布特拉路（Jalan Syed Putra）的大众银行大厦，一直延伸到健力士英格酿酒厂，全长 11 公里。

② 加影（Kajang）是马来西亚雪兰莪州东南部的一个城市。早在 1870 年，华人先贤已到加影的锡米山开采锡矿，并带动了锡米山的开埠与发展。锡米山发源自朱雅河（Sungai Chua）。"锡米山"一名取于 1895 年，"锡米"则得名自当地蕴含的大量锡米；"山"指的是如今卫理公会教堂至米山华小的高坡地带。

③ 陆佑（1846—1917 年），原籍中国广东鹤山，是 19 世纪 80 年代中期至 20 世纪 10 年代期间马来亚著名华商。他为吉隆坡现代化的发展做出了巨大的贡献。华人社会流传着一句话："叶亚来打州府，陆佑建吉隆坡。"

④ "南洛园坵"，公司的 13 座园坵资产，坐落在森美兰州、马六甲州、柔佛州和彭亨州。

⑤ 布城（Putrajaya）是马来西亚政府建立的新行政中心，通称太子城。是一个采用智能化城市设计概念建造的现代化城市。布城于 2001 年 2 月 1 日成为马来西亚的第三个联邦直辖区。

⑥ 蒲种（Puchong）是位于马来西亚雪兰莪州八达灵县的一个城镇，在早期当地的主要产业是橡胶业和锡矿，来往的路径只有一条小路。直到近 20 年，周边地区高速发展，同时联邦政府将行政部门由吉隆坡迁移至布城，也让位于两个城市之间的蒲种新村发展成一个新兴城镇。

第八章　回望先辈　拓殖南洋

越波涛，跨大洋，不远千里万里，赴海外拓荒创业；离故乡，辞亲人，不畏千辛万苦，闯异域耕耘发家。永春外碧，见证华侨百年奋斗。抚今追昔，回望永春先辈拓殖南洋的大时代，岁月无情，历史巨变。李深静常说："家乡一定不能忘。"回首故山千里外，别离心绪向谁言？

一、风雨如晦下南洋

"下南洋"是人类移民历史上的传奇记忆。"正月出门到如今，衫裤着烂几下身。一心赚钱归家使，不知惹债又上身。……香港行过七洲洋，风波水浪得人狂。……三百六钱买管笔，画妹人像壁上安。"一首《南洋吟》，道出海外游子的多少心酸事。一段下南洋的移民史，承载着多少不为现代人所知的跌宕起伏。

闽南人稠地狭，田园不足于耕，望海谋生。宋朝诗人谢履的《泉南歌》写道："泉州人稠山谷瘠，虽欲就耕无处辟。州南有海浩无穷，每岁造舟通异域。"老百姓生活难以维持，为了谋生计，躲避战乱，数百万中国人漂洋过海，一次又一次、一批又一批地背井离乡到南洋谋生，掀起了移民东南亚的浪潮。他们筚路蓝缕，在南洋大地走过胼手胝足的岁月。昔日过番客们血与泪的交融，成就了今日熠熠生辉的南洋。

民国年间，永春的一本《过番歌》就记录了当时永春人下南洋的路线，其中从永春县城到南安的行程是这样写的：“离父离母心头酸，离了妻子割人肠。……心肝想起乱纷纷，一时行去到永春。永春行去不爱行，下坑过了到太平。我今行来真艰难，一时行到冷水亭。暂在亭中且宿困，心内想起乱纷纷。许时大雨沃身腰，无久行到东关桥。烦恼番平水路远，越头无见咱乡村。东关过了到水江，心内想起目头红。”

据泉州籍学者庄为玑等人《福建晋江专区华侨史调查的几个问题》综合晋江地区侨乡族谱的记载，泉州人往马来亚（包括新加坡）者，清乾隆年间 31 人，嘉庆年间 33 人，道光年间 80 人。1786 年槟城（槟榔屿）开埠，至 1794 年有华侨约 3 000 人，1860 年增至 28 018 人。此后，随着泉属各县人源源不断涌向马来西亚各地，包括马六甲、槟城、柔佛等。泉州人也开始沿海岸、河流向雪兰莪、森美兰、霹雳（吡叻）等地迁移，开辟了一系列新村、集镇。至 1891 年，马六甲有华侨 18 161 人，槟城有 86 988 人，霹雳有 95 277 人，雪兰莪有 50 844 人，森美兰有 15 391 人。5 个州合计 26.6 万多名华侨中，泉州人至少占 1/3，马六甲、槟城均占半数以上，其中尤以永春人为多，故马来亚有“无永不开埠，无永不成市”的说法。

历史上马来亚地处中华文明与印度文明的海上交汇要道和避风港位置，无论是早期的巨港，还是后来的马六甲，都是一个商业和贸易天堂，马来亚地区的居民很早就同印度、中东地区、欧洲、中国、日本和朝鲜等有着频繁的贸易往来，从室利佛逝王国到马六甲王朝，从柔佛王国到廖内王国，这里不仅有贸易的传统，有宗教宽容的传统，而且有和平的传统。

早在 15 世纪，马六甲王朝时期已经有中国人抵达马来半岛的证据。《永春县志》记载了在 1757 年就有永春人在马六甲经商。马六甲永春会馆创建于清嘉庆五年（1800 年），迄今已超逾两个世纪，是马来西亚最早成立的会馆之一。在马六甲永春会馆内有一方清光绪三年（1877 年）镌立的《修馆碑记》记载：“我等籍隶桃源（注：永春旧称），桴浮烟海。后之寻踪继至者，既待渡而问津；引类前来者，更摩肩而接踵。或远方服贾，来往懋迁；或闹市通财，循环贸易；或则占大有而叶丰亨，在此宜其家室；或则率同人而偕萃聚居，然翕如弟兄。衣冠齐整，迥殊外国规模；第宅辉煌，宛有中华气象。此固吾人之庆，亦吾永之光也。"

马六甲永春会馆标牌

李汉青所撰写的《永春人海外拓殖志》中说："永春多山，在昔闭关时代，先辈多经商本省上下游各县，以谋什一之利，持筹握算，角逐市廛，多能以机智勤谨取胜，用执当地商界牛耳，遂有'无永不开市'之美谈。泊乎海禁既开，又能放开眼界，改换方针，乘风破浪，前往东南亚各国，披荆斩棘，垦荒创业。或更挈眷定居，长育子孙，繁荣当地，建立功勋，留名青史。"

清乾隆年间（18世纪中叶），永春丰山人陈臣留就率领族亲百余人在马来亚的马六甲开荒种植，嗣后永春人相继到了马六甲。马来半岛有着良好的土壤和气候条件，是各种经济作物的理想家园。自19世纪开始后的几十年间，先后有2 000多座胡椒种植园，3 000多座甘蜜种植园，上万间烟草种植园，上万间甘蔗和橡胶种植园开垦于密林深处。

19世纪下半叶，随着欧洲的殖民扩张和工业革命，东南亚的热带产品诸如胡椒、甘蜜成了世界市场的重要商品。在这一需求的驱使下，大批华人移居东南亚，在热带丛林中开拓种植园。华侨种植业以出口为导向，19世纪前半期多种植甘蜜、胡椒、丁香和豆蔻，19世纪后半期转而种植甘蔗和木薯。

1833 年开始，马来亚柔佛王国推行"港主制"（Kangchu system），对华侨一般采取较为友好的态度，其政策核心就是招引大量华人进入柔佛，开垦拓荒，从而实现富国之路。华侨的种植园一般采用"轮垦法"，依靠"赊票制"供应劳工的资金大多由海峡殖民地的商人或店主资助。当时的港主制度规定，"当一个华裔种植者选择河流边上的荒地时，便向天猛公申请一份港契（Surat Sungai），有了这份港契，开港者只需要每年缴纳固定抽成的银两给天猛公，便可以被称为港主（Tuan Sungai）"，港主把开港之辖地称为"港脚"，潮语叫 Kangkar。第二次鸦片战争中，《北京条约》更是明确容许华人可以出洋作为廉价苦力工作，相较于当时世界对华人的歧视和压迫，马来西亚的港主制度吸引着许多鸦片战争中流离失所的广东、福建、海南、广西人民携家带口，"下南洋"谋取一个更好的未来；为了区别峇峇娘惹 [①] 和这些新到的华人，这一时期的华人被称为"新客"。

二、永春人的海外拓植

1975 年，《马六甲永春会馆重修百周年纪念特刊》刊载时任马来西亚永春联合会主席、丹斯里李延年献词："永春民风淳朴……邑人多薰陶礼乐文章，名列儒林，更赋胸襟，志怀宗懋，破浪乘风，志在鹏搏，相继梯航南殖于古城（指马六甲），初为羁旅，后营商贾，或拓疆奋展，岁月沧桑，继而人丁蕃衍，商贾林立，誉满商场，橡园遍布，展创新猷。"永春人是马来西亚橡胶种植业的先驱者，对世界橡胶业做出了极大贡献。

人类使用天然橡胶的历史十分久远，在 1760 年至 1940 年正式进入橡胶世纪。橡胶已经成为现代人生活中不可或缺的材料，并且是战争中的关键物

---

① 峇峇娘惹是指 15 世纪初期定居在马来亚（当今马来西亚）的满剌伽（马六甲）、满者伯夷国（印度尼西亚）和室利佛逝国（新加坡）一带的华人后裔，是古代中国移民和东南亚土著马来人所生的后代，大部分原籍是福建或广东潮汕地区，在马来西亚的马六甲、槟城和新加坡都比较多。男性称为 Baba "峇峇"，女性称为 Nyonya "娘惹"。

资。这种转变是全球范围内技术进步和工商业发展逐渐累积的结果。马来半岛西海岸内侧 300 米以下的丘陵台地是最理想的种植地，在这里英国人不只能掌控当地政治局势，还能清除原生雨林，开辟出只种橡胶树的大片种植园。殖民地里拥有小块农田的华人，不久即效仿大种植园种起了橡胶。橡胶种植业逐步发展为马来西亚除锡矿外的另一支柱产业。在现代世界体系调配各种资源的过程中，马来半岛政治、经济、社会历经变迁，将现代产业与文明带到雨林荒野的历史图景徐徐展开。

马来人和其他土著原来是马来亚当地的主要居民，19 世纪中叶，由于殖民者开发马来亚对劳动力的需求，以中国人和印度人为主的移民源源不断地进入马来半岛，马来亚逐发展成为以马来人、华人和印度人三大民族为主的多元种族地区。华人长期在马来亚锡矿业和多种形式的树胶种植业中占据主导地位，直到 19 世纪 90 年代，主导权才让给了欧洲人。民国《永春县志》说："自华洋交通以来，永人在英荷各属以商起家者甚众，咸（丰）同（治）之间，丰山乡陈氏最有名，其致富在李清渊、林明前，而仙岭沈愈及子景昆、松茂在荷属加剌巴相继为甲必丹 [①]，亦颇为时所称。"

1888 年，英国植物学家和地质学家里德利（Henry Nicholas Ridley）被任命为马六甲海峡殖民地园林主任，主管新加坡和槟榔屿两个植物园和海峡殖民地的林业，他对园内 11 株已结果的橡胶树极感兴趣。1889 年，里德利首先发表了连续割胶制度的报告，他用切除橡胶树皮的方法，即著名的鲱骨形割线（Herring-bone tapping cut）的前身，取代用斧头在橡胶树上砍出许多伤口来采集胶液的原始方法。林文庆结识了里德利，就在其介绍下开始思考橡胶的经济价值。1896 年，陈齐贤在林文庆的鼓励下，在其父亲陈德源位于马六甲武吉林当（Bukit Lintang）的旧木薯农场试种橡胶获得成功，信心大增。陈德源是一位当地有声望的植物学家，陈齐贤的爷爷陈笃生是由官方指

---

① 甲必丹（Kapitan）是葡萄牙及荷兰在马来西亚和印度尼西亚的殖民地所推行的侨领制度，即任命前来经商、谋生或定居的华侨领袖为侨民的首领，以协助殖民政府处理侨民事务。

定的华人社群领袖（新加坡甲必丹）。1898 年，陈齐贤与林文庆牵头，联合了沈鸿柏、曾江水、邱雁宾及英商埃格敦，在武吉亚沙汉园（Bukit Asahan）扩大种植 3 000 英亩，建成了马来亚第一个商业性橡胶种植园。种植橡胶的经验很快就在新加坡和马来亚推广，对两地的种植业早期开发具有较大影响。早期的永春人多从马六甲南下，其中最赫赫有名的，便是陈金声和李清渊这两个家族。1901 年，林文庆、陈齐贤联合了祖籍永春的李俊源（李俊源是李清渊的儿子）、陈若锦（陈若锦是陈金声的孙子）等一批华侨资本家，将橡胶移植到新加坡杨厝港（Yio Chu Kang）芭地，又获得成功。

1904 年，陈齐贤又到马来亚柔佛的麻坡（Muar）购地 200 英亩，开辟了柔佛境内第一处橡胶园。1907 年，陈嘉庚向陈齐贤购买橡胶子 18 万粒，播种在福山黄梨园里；1910 年又以每英亩 50 元向陈齐贤购买 500 亩老橡胶园。陈六使、李光前等人也步其后尘相继经营橡胶种植业。到 1925 年，陈嘉庚已拥有 1.5 万英亩的橡胶园，是当地华侨中最大的树胶种植者之一。永春湖洋人刘筑侯在马来亚带领乡亲建立大规模的橡胶园，曾控制半个麻坡的树胶业；永春东门人郑成快带领乡亲在柔佛州的纳美士开辟橡胶园 7 000 余英亩，被推为柔佛东部丰盛港（Mersing）港主；永春东山人颜克奇，弱冠之时到马来亚巴冬、马甲等地为佣工，稍有积蓄，即购山地垦荒种植木茹、树胶，逐渐发展至千亩以上。在华人的大力推动下，橡胶种植以新加坡、马六甲为中心，不断向柔佛、森美兰、雪兰莪、霹雳、吉打州扩展，使马来半岛西部成为举世闻名的橡胶地带。

此后，雪兰莪树胶业产业链被永春人控制，以永春籍为主的橡胶商在 1946 年创立了雪兰莪、彭亨树胶商会（1953 年改名为"吉隆坡、雪兰莪、彭亨树胶商会"），对马来西亚胶业发展有极大贡献。1960 年，183 个会员中，吉隆坡就占了 56 个，而且绝大多数是永春人。20 世纪 50—80 年代，吉隆坡永春会馆前会长郑棣和李延年先后领导过雪兰莪、彭亨树胶商会，并且还担任了马来西亚树胶总会会长。

三、外碧村的李氏宗族

李深静的父亲李光邦和母亲刘京，同为永春县东关镇外碧村人氏。外碧村就坐落在宋代兴建的著名廊桥——东关桥的上游两公里之处，即碧溪和外山溪的交汇处。湖洋溪在外碧村纳入外山溪，蜿蜒约两公里，至东关镇桥下汇入桃溪，本村人通称为碧溪。外碧村旧属永春十六都和平里，旧名外八坑，意指碧溪两岸共有八条山涧汇入外碧村溪。外碧村依溪岸分为溪东、溪西、溪头三个部分。溪东山脉系永春和南安交界的五台乐山的余脉。

李深静的父亲李光邦（左）和母亲刘京（右）

逾百年来，永春的外碧村村民离乡南渡，漂洋过海，前往马来西亚的吉隆坡、巴生、柔佛、新山等地谋生，他们与家乡有着千丝万缕的关系。在著名海外华人研究学者颜清湟的著作《穿行在东西方文化之间》中，这样描绘永春人曾经出洋的艰辛：从永春县码头下船，到达洪濑后转坐软轿赶往泉州，深夜才抵达泉州，再从泉州搭船往厦门。在厦门等了一个多月之后，大轮船"芝巴德号"启程下南洋。大船在汕头港和香港稍作停泊之后，历经七天七夜的海上漂泊，终于停靠在新加坡的一个小岛棋樟山。再从新加坡坐火车，半夜到淡滨车站下车，然后乘牛车前往马六甲。驾牛车的是一位印度人，牛车上备有一盏灯可以照亮道路。它还备有一个铜铃，牛车跑动时叮当作响。清晨终于抵达马六甲。可想而知，早期永春人下南洋谋生是多么不容易的事情。

永春的外碧、内碧二村的李氏、干氏、陈氏、刘氏等族的宗族历史，一直有出洋的传统。李氏为外碧村第一大姓，根据《桃源太平李氏族谱》记载，陈坂溪碧坑（内碧、外碧）的李氏为大宗，始迁祖李斌，字肇永，四川成都府金堂县大都乡人。其兄少正卒后，李斌于福州顶充总旗之职。明永乐二年（1404 年），勋调左卫总旗，随即调拨永春为总屯官，于泉州府之属邑永春十六、十七都屯田，而后解甲归田，遂肇籍永春。李斌先居本都店上（东平镇店上村），继徙碧溪陈坂濑头林口（祖厝），并娶室陈氏太宜，乃立丕基。

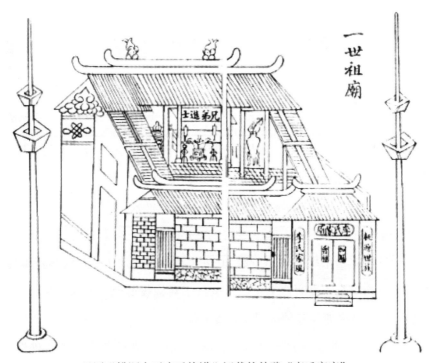

民国《桃源太平李氏族谱》记载的外碧"李氏家庙"

明代先后经历了"田产以附籍""州县以附籍""岁查以实保甲"的渐进式附籍政策演变。福建屯军宗族往往利用附籍政策，置产州县，取得民籍，以宗族名义同时拥有军、民两种户籍，为家族的土地经营创造制度条件。李氏宗族广置田地、立义田、建祠堂，户籍转换、经营土地与家族组织建构多措并举，开启了家族地方化进程。李氏宗族历来重视儒家孝道和科举教育，鼓励宗亲外出读书或经商。肇永公子孙继承祖先的功业，继往开来，光前裕后，"行闻于邑"，有"买粟赈灾、修桥造路、筑陂灌溉、兴办学堂"等义举。宗族衍自七世，有"进士兄弟""两西布政"太仆寺卿李开芳，"四省文宗"太常寺卿李开藻两人，勋名并显于海内，功德并孚于乡人。第十世栖轸在清康熙年间"下南洋"，茂祖"浪游海外"。

李氏宗族从外碧村衍化至各地，至今已传25世，散布于世界各地，尤以马来西亚和新加坡为著。祖籍来自外碧李氏的"马来西亚肇永公李氏家族会"总会设在大马芙蓉，以及6个分会，包括雪隆、昔加末、森美兰、居銮、瓜拉冷岳及沙白安南分会，目前有超过3 000名会员。李深静系外碧村李氏宗族第十七世，曾是马来西亚肇永公李氏家族会族长。

四、李家南下的年代：种植业大崛起

在外碧村耆老的记忆里，民国时期李光邦的祖上被五台乐山的土匪烧掉了祖宅，并被抓到南安遭受了非人的待遇，不得已才逃离了乡村。和其他过番客一样，为了讨生活找出路，李深静的祖父母涌入"下南洋"的移民浪潮，背井离乡来到了马来亚，一起带走的还有儿时的李光邦。这时候正遇上了马来亚橡胶种植的繁荣期。19世纪末20世纪初，第二次工业化浪潮狂飙突进，汽车、航空和电气等新兴产业崛起，刺激了对橡胶的巨大需求。在英国殖民者的引导下，马来亚橡胶种植规模直线上升。

第一个繁荣期是1900—1908年，随着汽车产业的扩大，橡胶种植总面积成倍扩大。1900年，马来亚橡胶种植面积为4 940英亩；1905年为5万英亩；到了1908年，马来亚的每一个州都种植橡胶树，橡胶种植面积增加了5倍多，占地面积约10.9万公顷。政府在土地转让、资本流动、劳动法规建立等方面，采取了明确的政策措施支持橡胶种植的扩张发展。

1909—1912 年是橡胶行业的另一个繁荣期，欧洲公司投入大笔资金购买马来人的土地，以及华人的那些种有糖料、槟榔、木薯等作物的种植园——在园中这些作物常与橡胶树套种。马来亚的华人开始尝试种植橡胶。到了1913 年，马来亚橡胶树的覆盖面积已达 79 万英亩，三年后，它就已经超过了锡矿，成为马来亚最重要的出口创汇产业，其地位一直保持到 1980 年。1920 年橡胶种植面积剧增至 220.7 万英亩，1940 年达 341.2 万英亩。随着种植面积的不断扩大，橡胶产量从 1905 年的不足 200 长吨增至 1920 年的 17.7万长吨，占世界产量一半以上，1938 年增至 36.1 万长吨，到 1957 年马来亚独立时，其橡胶年产量达到 63.6 万长吨，而橡胶出口则占出口总值的 65%。马来亚成为名副其实的"橡胶王国"。

1903 年，哈里森和克拉斯菲德集团（Harrisons & Crosfield，H & C）旗下的橡胶公司在伦敦成立，它是控制东南亚种植园的众多英国公司之一。公司提供行业管理、技术、财务和商业专门知识，但种植园的发展需要在第一批作物成熟之前的几年内投入大量资金，资金通常从伦敦证券交易所等外部筹集。通过委托—代理的公司治理结构，外部资本市场助力了英资公司投资和兼并收购橡胶行业的浪潮。仅在 1908—1910 年，投资马来亚橡胶的英资，即从 23 万英镑猛增到 928 万英镑。

英国殖民者带来殖民社会经济转型，一是建立有效的法律和行政管理体制。在这方面采取的第一个行动，就是摒弃马来亚惯有的土地规章制度，制定了一个西方式的土地使用制度，而这有助于实现马来亚殖民远景规划，即用大量种植园取代原始森林。二是建立新的通信系统基础设施。1896 年，马来联邦的总驻扎官瑞天咸称，不列颠的责任是"通过大规模工程的兴建——公路、铁路、电报、码头，来开启整个国家的大门"。三是提供组织人力资源的服务方式。

欧资园坵的劳工招募与英国在印度的殖民网络有着密切关系，他们透过英国在马来半岛各邦实施的"工额尼制度"（Kangani System），由公司委派印度工头返乡招募劳工。因此，欧资园坵内的劳工多为印度移民，来自中国

的劳动力相对较少。与 19 世纪华人劳工不同，随着马来联邦政策的引进，20
世纪在大园坵工作的劳工，无论是薪资、契约形式、居住条件、卫生医疗等
事务都明确受到政府的规范。"华人在完成了橡胶的商业推广之后，被宗主国
的威权资本排挤到橡胶链的下游，不管是二战前还是二战后，英国殖民政府
对各种族的经济政策是，由以英国资本为主的外国垄断资本控制马来亚的经
济命脉，支配种植业、矿业、外贸、金融及大工业等重要领域；让华侨华人
充当矿工、小业主及中间商，在中下层工商业中自由发展；印度人则主要当
胶工。至于马来人，除少数出任行政公职外，绝大多数在保留地制度下局限
于农业，从事自给自足的农业活动。"①

　　1911—1931 年，英国殖民政府对中国和印度劳工移民马来亚实行鼓励政
策。20 世纪 30 年代，英属马来亚的人口普查数据显示，1931 年，中国和印
度移民及其后裔占人口的一半以上，纵观整个东亚和东南亚，除了英属马来
亚之外，所有地方的土著居民都占总数的 85% 以上。大批量的东南沿海人口
从各个通商口岸"出洋"，也引起后续移民群体"链式移民"（亲属、同乡间
相互牵引出洋的跨国移民形式）现象的出现，为华侨聚落的持续成长扩张、
华侨资本的崛起提供动能。其中华人移民绝不只是作为一种劳动力要素卷入，
华商艰苦卓绝的创新和企业家精神熠熠生辉。在英国殖民扩张时期，马来亚
原住民、华人、印度裔以及其他居民都付出了极高的代价。原住民被剥夺了
土地所有权，成为依附于种植园的劳动力，甚至不得不随着新的种植园而迁
往恶劣的森林荒野。在殖民制度下，大批来自中国和印度的"契约劳工"或
称为"苦力"，被定向派往马来西亚和印度尼西亚的外资种植园劳动。各式
各样的种植园也正是百年前南洋契约华工们的重要工作场所。橡胶大园坵的
运作中，资本家与殖民政府的角色相当重要，这些与官方关系密切的资本家
在国家的扶持下，借由内陆土地的开发进而在短时间内将大片土地变成胶园。
橡胶种植园卫生条件恶劣，肮脏的厕所污染水井，清洁饮用水供应不足，住

---

① 林远辉、张应龙:《新加坡、马来西亚华侨史》，广东高等教育出版社，1991；刘洪:《刍议
橡胶在东南亚的跨文化传播及其影响》，《东南亚纵横》2010 年第 2 期，第 43—47 页。

房拥挤使得天花、痢疾、麻疹等疾病迅速蔓延，劳工必须忍受各种"热带病"的困扰和恶劣的卫生条件。

五、战争与橡胶业跌宕起伏

这是一个极端的年代。从 1914 年第一次世界大战爆发起，到第二次世界大战结束，这是大灾难的时期，也是一个喧嚣的年代，橡胶市场几经繁荣狂潮和衰退萧条期。一战时的短缺刺激了对进口商品的需求，尤其是对汽车，而这大大有利于树胶业的发展。一战后橡胶价格骤然滑落，迫使种植者不得不寻找新的替代作物。1922 年实施的"史蒂文森橡胶产量限制计划"，有助于稳定橡胶价格。1924 年，牙直利集团（Guthrie Group）以低廉的价格购入橡胶园，启动了油棕榈种植计划，进行产业多元化发展，而后牙直利集团的做法被其他公司所效仿。由于需要资金、专业技能，特别是棕榈油的整个炼制加工过程，使这个行业仅仅局限在大型种植园。为了充分利用现有的基础设施，大型油棕榈种植园通常位于橡胶种植园附近，因此绝大多数油棕榈种植园都沿西海岸发展起来。[①] 1923 年橡胶需求复苏并走强，1925 年胶价猛涨，从每担 30 元上升到 50 元，年末更是涨到每担 200 元。陈嘉庚在《南侨回忆录》中写道，"树胶制造厂复在南洋及祖国设分店十余处，再垫出数十万元。余对制造厂不惜垫资扩充者，以廿世纪为树胶之时代"。当时陈嘉庚的公司麾下有生胶厂 12 间，橡胶分栈 16 间，大规模熟胶制品厂 1 间（职员 400 人，工人万余人），橡胶园 15 万英亩，还有饼干厂、肥皂厂、制药厂、制革厂、制鞋厂，公司在五大洲的 40 个地区设有 80 余家分行、代理商 100 多家，雇用职员 2 000 人，工人 3 万余人。他在华侨中第一个打破英国垄断橡胶市场的局面。"陈嘉庚的生意在 20 世纪 20 年代中期最是风生水起，据说仅 1925 年一年，他就赚了 800 万元。"[②] 但 1926 年生胶价格从每担 170 元跌至 90 余

---

① 安达娅（Andaya，B.W.）、安达娅（Andaya，L.）：《马来西亚史》，黄秋迪译，中国大百科全书出版社，2010。

② Turnbull，C. Mary. *A history of modern Singapore，1819—2005.* Singapore: NUS Press，2009.

元。经济大萧条期间，代表马来亚经济命脉的锡矿业和树胶业首当其冲。自1929年起，世界性经济危机席卷南洋群岛各地，物价猛跌，货品堆积如山，工商业市场陷入窘境，胶市大跌，多数胶园厂被迫停产，工人失业剧增。新加坡生胶行情一跌再跌，每担仅值七八元，到了1932年每担降至5元。

此时是一良好时机，可以用低廉的价格购置到大片橡胶园。自1933年起，世界经济开始复苏，但橡胶作为重要军需其供应难以满足，橡胶价格不断回升，由原来的每担5元涨至40元。1934年，国际市场上橡胶价格又直线上涨。

20世纪20年代下半期，由于担心英国联合荷兰、法国哄抬东南亚殖民地的橡胶价格，亨利·福特（Henry Ford）决定在巴西亚马逊森林投资开发橡胶生产园区，以确保制造汽车所需的廉价橡胶原料。福特想象中的橡胶之城不只是一个橡胶园，而是一座从无到有的城市，在浓密雨林的无人之境，昂然矗立起一座文明之城。然而，"福特之城"的理想撞上亚马逊的自然环境、当地社会文化与巴西的政治，特别是当地病虫害严重危害密集种植的橡胶树，这一计划失败了。

到了20世纪30年代，由于美国汽车产业的蓬勃发展，以轮胎制造为代表的汽车制造业的大幅扩张使得美国对橡胶的需求快速增长。二战前美国橡胶的来源中有90%来自东南亚进口。为了获得垄断利润，英国、法国、荷兰、泰国于1934年达成协议组建卡特尔，通过成立国际橡胶管理委员会以控制橡胶产量。到1939年，第二次世界大战再一次推高了对橡胶的需求，同时也隔断了正常的橡胶贸易。橡胶因其富有弹性和不透水等优良性能备受追捧，在战时工业化中成为"战略性"材料。而当时人工合成橡胶，无论是产量还是品质都比不上天然橡胶，所以几大参战国不得不想尽办法寻找天然橡胶的来源。美国依靠巴西的残余产能苦苦支撑，德国和苏联则是尝试从其他产生胶乳的植物来获取橡胶。对橡胶资源的渴望，驱动着日本采取南下进攻东南亚和南亚的军事战略决策。

六、栉风沐雨的岁月

1941 年 12 月 8 日凌晨，马来亚海岸响起激烈的枪炮声，大批日军在黑夜中准备登陆北部吉兰丹州哥达巴鲁，马来亚抗日战役就此拉开序幕。马来亚被日方占领后，当地华侨华人遭受了日军的疯狂报复，经历了人间炼狱。马来亚的华侨华人作为当地抗日力量的主要成员，和友族一起，奋起反抗，浴血奋战。

在经历了 3 年零 8 个月"马来亚最为黑暗的岁月"，1945 年 8 月，日军终于宣布投降。然而，1945 年 9 月，英军重返马来亚，马来亚迎来了英国政府的再殖民。"英国人来了，又走了。日本人来，英国人就统统撤走了，私房钱一下子变得完全不能用。英国人来日本又撤走了，一桶桶的香蕉票比厕纸还不值钱。接着英国人又走了。来了，走了，令他目眩头晕，只有土地是实实在在地踏在脚下，在他的脚下。"这是著名马华作家黄锦树在小说《撤退》中的一段话，仅短短几行字，已经概括了马来西亚近两个世纪以来的遭遇。

在马来西亚环境恶劣的特殊时期，盐是一种奢侈品，多地出现了"盐荒"，一些人因为长期不食盐导致身体疲软、头晕无力。正如马华重要的现实主义文学家金枝芒在小说《饥饿》中描绘的："在这人迹不至的原始森林里……当他们吃了三粒盐头，就像奇迹的出现一样：嘴里不再流出淡淡的口水了，不舒服的感觉即将消失了，胸口也不像以前那样心翻作呕了。而这种'药到病除'的神效，甚至使得他们立觉眼睛也亮了些，耳朵也敏了些，头颈也硬了些，精神也爽了些。盐呀盐，走马灯似的，一直在他的头脑里转着，转着。饿盐，很痛苦，耳鸣眼花，颈软头重，不舒服的淡淡的口水，像婴儿一样日夜流。今天，不过吃了这么少少的三四回盐，肚子一饱，周身轻松舒服，饿盐的病象似乎一扫而光了。他摸着额角又摸着皮肤早上还是烧烧燥燥的，此刻却凉爽柔软了。他原是个读书人，知道盐是生命所不可缺少的营养。他想，只要有盐吃，衰弱的身体会好转，酸软的脚骨会硬朗，用不到走路再扶着倒霉的木棍，可以像同志们一样出发、工作了。"

　　往事并不如烟，尽管已经过去了两个多世纪，但历史依然深深地铭刻着下南洋过番客的艰辛。虽然现在人们已经无法体会那种颠沛流离的生活，但通过对李深静先辈所处时代，仍能感受到早期"下南洋"人们的挣扎与痛苦。先辈们一代又一代经历了生存、奋斗，又经历了血腥与颠沛，苦痛之深的南洋华人，多么期盼能建立一个富足、安全、公平的理想乐土。

第九章　早岁世艰　坚韧成年

一、辍学的童年与贫寒

1939 年 6 月 3 日，李光邦夫妇的第五个儿子在巴生的园坵里降生了，夫妇俩给孩子起名为李良，这就是李深静的原名。本想着家族辛苦打拼了两代能有所成就，但在第三代李深静出生时，仍和许许多多"下南洋"的华人一样，挣扎在社会底层。在南洋，在华人族群的诸多记忆中，这就是那个沧桑岁月的真实写照。

1939 年正值第二次世界大战全面爆发的年份，全世界绝大部分地区和人口被卷入这场人类史上的空前浩劫之中。这正是中国抗日战争最艰难的时期。这一年，陈嘉庚于 2 月 7 日发表《南侨总会第 6 号通告》并刊登广告，号召南侨机工回国服务，共拯祖国危亡。半年内先后有 15 批 3 200 余名南洋各地华侨汽车司机和汽车机修工，在新加坡和槟城集中参加南侨机工回国服务团。许许多多南洋华侨心系祖国，忧国心切，节衣缩食，各尽所能，以常月捐、特别捐、娱乐捐、航空救国捐、认购救国公债、义演义卖、献金献机等形式，踊跃为祖国的抗战事业捐款捐物。财力、物力支援是南洋华侨对祖国抗战做出巨大贡献的最集中体现。

李深静的父亲李光邦就是如此。万里远牵乡国梦，一丝长系故人情。他平日里省吃俭用，但多年来从不间断地帮助远在中国的亲友们。在抗日战争最艰难的那段时期，李光邦不遗余力为远在福建的亲友们捐款捐物，甚至将其已故父亲唯一留下来的 6 英亩橡胶园卖了，所得款项全部汇回中国支持抗战，这让本不宽裕的生活变得更加拮据和艰难。在那个青黄不接的战争年代，更凸显海外游子的家国情怀。

1941 年日军入侵马来亚后，原本就很苦难的李家更是雪上加霜。战火纷飞的岁月，灵台无计逃神矢，风雨如磐暗故园。李光邦不得不带着妻儿老小，开始了辗转流离、四处避难的日子。此时的李深静尚在襁褓之中。

世界大战落幕后，李光邦好不容易借了一点钱在雪兰莪州巴生而榄（Jeram）的一处橡胶园落脚，搭建了一间小屋开起杂货店生意，一家人艰难度日。一间小小的木屋杂货店挤住了一家大小，地面都是泥土，没钱修整，每当刮风的时候，屋内外到处尘土飞扬，空气中弥漫着呛人的味道，经常需要洒水防尘。就是这样一个小小的空间，却是全家人的避风港湾。杂货店白天用来做生意，到了晚上打烊关门后，就变成全家人睡觉休憩的地方。家里没有一张像样的床，李深静曾回忆他将白天坐的长凳子拼起来当作床用，经常会因为凳面狭窄，晚上从睡梦中摔倒在地上。李光邦家里前前后后生了十个孩子，除了早夭的一个外，尚有二女七男。因为家中孩子多，生活过得相当清贫窘迫，能维系一家人的生存实属不易。

李深静的家中虽然很贫寒，但是在父母的照顾下，他起初还能在而榄培智华文小学接受启蒙教育。进入学校之后，李深静感受到远离纷扰繁杂世界的那份宁静，也在读书中找到了快乐。可是好景不长，由于受到政治因素影响，马来亚曾有过为期 12 年（1948—1960）的紧急状态时期，作为马来西亚第二大民族的华人在当地备受歧视，在许多方面遭到限制，生活上受了很大的委屈。李深静家中异常拮据，生活艰难，父亲开的杂货店一天也赚不到几十块钱，所有赚到的钱加起来还不够维持一家人的基本生活所需。同年，家中又增添了李深静的弟弟李赞良。不久后，李深静的哥哥们外出讨生活、谋生计，姐姐们前后相继嫁人，弟弟还年幼。面对生活的压力，家里再也拿不出任何钱帮他支付学费，读到小学三年级的李深静只好恋恋不舍地离开了深爱的校园，过早地踏入社会。

辍学在家的李深静，每天都要在杂货店里帮助大人们理货、称秤、收钱、计数、送货，店里店外忙个不停。因杂货店位于园坵里，附近的数十户工人家庭生活很清贫，很多人家买东西要先记账，等发工资时才能结账，有的时候还需上门讨要。小本生意需要少量多次进货，所以为了做到勤进快销，李深静每天很早起来进货，晚上挨家挨户送货。这小小的杂货店靠着园坵工友和附近居民的照顾，勉强维持着一家人的生活。作为一个从小在橡胶园长大的贫苦人家孩子，李深静深知生活的艰苦，再窘迫的日子，他也从不怨天尤人。

在李深静的眼中，父亲每天负担一大家子的生计，孩子们调皮闯祸，父亲总会严厉管教，而母亲刘京却袒护着孩子们，如果他们犯了错，她就会在一旁耐心教导。每天母亲从早到晚家里家外忙个不停，平日对孩子们嘘寒问暖，吃的穿的全靠她一个人张罗，含辛茹苦地拉扯着孩子们长大。所以在李深静心中，母亲是非常贤惠慈祥的人，也因此与母亲的关系更加亲近。

那个时候鸡蛋可是餐桌上的奢侈品，只有孩子们过生日或者遇到节日，或家中来客人了才有鸡蛋待遇。一家人从年头到年尾也舍不得吃块猪肉，省点钱还要买面粉和油盐等生活必需品，孩子们盼着过年过节能吃上肉、穿上新衣裳。母亲刘京为了能让孩子们吃上肉，经常买来便宜的猪大肠、猪肚等食材烹制给孩子们吃，经过母亲的永春厨艺，一碗碗香喷喷的可口菜肴成了饭桌上孩子们的最爱，这些也成了日后李深静只要有机会回家乡永春必点的菜肴，是他永远无法忘记的家乡味道。

少年李深静

二、少年李深静：卖冰棍的日子

李深静经历了年轻这一代无法想象的痛苦与艰辛，卖冰棍是他人生中最刻骨铭心的一段记忆。李深静 11 岁时辍学做工，推着自行车卖冰棍的故事一直感动着很多人。他经常会向别人提及这段艰苦的少年往事，也正是这第一次刻骨铭心的赚钱养家经历，激励着李深静一生自强不息。艰难的时光终将过去，坚强的人必将苦尽甘来。饮水思源，IOI 总部大楼里不仅仍保留着李深静的办公室，还扩建出一个家族博物馆，陈列着他平生喜欢的艺术品、奖牌、奖状、各种照片和影像记录，其中，一辆老式 28 自行车格外醒目，李深静在不断提醒自己和身边的人，唯有不断地努力，才能苦尽甘来，享受成功的果实。智者不惑，仁者不忧，勇者不惧，开拓进取，才能一路向前。

IOI 总部大楼展示的卖冰棍自行车

李深静骑自行车卖冰棍的故事要追溯到 20 世纪中叶马来西亚独立前的那段时期，国家动荡，民不聊生，人民饱尝苦痛，解决一大家子的衣食温饱，成为当时很棘手的问题。

看到同龄的孩子们能去校园学习，李深静心里羡慕不已，他不甘心自己的生活如此下去，也想通过自己来赚取学费，重新回到学校读书，这是他在苦难中让自己撑下去、向前行的一股力量。那个时候李深静经常会与客人们多交流，寻找能够赚钱的机会。

　　马来西亚位于赤道附近，属于热带雨林和热带季风气候，四季皆夏，全年炎热，潮湿多雨。而当时园坵相对闭塞，每当园坵发工资后，小商贩们就会来到园坵兜售各种小吃，其中冰棍绝对是最受大人和孩子们喜爱的夏季解暑神器了，冰冰甜甜的怎么也吃不够，为马来西亚炎炎夏日增添一丝凉意。那时一根冰棍售价五分钱，李深静打听到离家三公里多的而榄镇上有一家冰棍制造及批发店，一根冰棍成本两分半，这样一来就可以赚到一倍的钱，而且一年到头都可以卖。李深静经过再三思量，没有一技之长，或许卖冰棍是比较现实可行的选择，只要勤快总还是能赚到钱。

　　于是李深静找到了那家冰棍制造及批发店，老板名叫陈兆设。他说明来意后，陈老板用疑惑的眼神上下打量着眼前这位身材弱小，眼睛却闪烁着坚毅目光的孩子，没说话，只是摇了摇头。李深静一看就急了，一边央求陈老板，一边道出自己辍学的实情和替父母分担生活压力的决心。李深静一番真挚的话语，深深地触动了陈老板，他应允李深静的请求，但告诉他只有准时回款才能继续进货。从那时起，李深静就明白了诚信的重要，没有任何资金的他依靠冰棍批发店老板的信任，先赊账从店里拿货，每天下午在批发店下班前将货款清算，才能确保第二天顺利开工。

　　开工第一天，李深静先找来一辆大人用的破旧自行车，在车子后面绑上一个木制的大箱子，里面垫上厚厚的棉被，再将进货的上百支冰棍塞进被子里严严实实地盖好，这样木箱子就起到隔热效果。当一切都准备好后，如何骑稳自行车却成了卖冰棍的最大困难。由于李深静个子矮小，即便车座降到最低，脚也只能勉强踩上脚踏板，很多时候他只能用蹬半圈然后倒回来再蹬半圈的方法骑行，如果要将脚蹬踩到最低位置蹬一圈，就要完全伸直腿甚至要像鸭子走路那样不停地摆动身体才能骑行。再加上后面载着沉重的木箱，车子开始骑行的时候很难掌握平衡。因此每当李深静准备出发的时候，都需要后面有大人帮他推一把自行车，然后他双手紧握车把，两只脚用力踩着脚蹬，趁着惯性让车子找到平衡，才能一路骑行下去。但如果遇到上坡或颠簸路面，李深静体重轻压不住车子，自行车前轮很容易翘起，一不小心就人仰马翻连人带车摔倒在地上。所以遇到实在难走的路，他也只能作罢，下车一路推车前进。

由于园坵很大，村子与村子之间是重重叠叠的橡胶园，路上行人寥寥无几，遇到生意不好的时候，李深静在路上奔波 20 多公里也卖不掉几支，还要计算好回到冰棍批发店结账的时间，否则天黑就看不清楚返回园坵的路了。巴生老居民吴耀宗回忆说："当年路上都是沼泽地，根本没有一条像样的道路，只有一条非常窄的牛车路，也是红泥路。那时候的中路镇，物资匮乏，根本看不到一辆汽车，最普通的交通工具便是自行车，大部分人都步行。英殖民时期的中路镇，大芭地分为小园主或英资公司园坵地，义山那边的大片地段全属英资公司，其他的则都是小园主，所以居民以割胶工居多。"

每当夜深人静回到家，李深静辗转反侧无法入睡，脑海里一直思考和总结今天有哪些做得不好，找出原因下次改善。如果赶上生意好的时候，李深静则沾沾自喜，哼着小曲将烦恼抛之脑后，回到家后第一时间向父母展示一天的硕果，得到大家的赞许，找到了付出之后的那种满足与喜悦。

每天清晨上路前，母亲刘京会从后面用力推动李深静的自行车，然后用她那慈祥的眼神目送儿子远去。有母亲在，李深静有种可以放心打拼闯天下的感觉，路的前方还有路，不可能一口气到达终点，累的时候，永远有一个宁静的港湾，那便是有母亲在那里为他守候的家。少年时疲惫不堪的李深静，每当看到母亲的笑脸，想到母亲在家中的守望，这份苦便在爱中缓解了许多。

李深静曾感叹卖冰棍最怕遇到下雨天，当年乡村的道路多是坑坑洼洼的烂泥路，而他售卖的地区又多沼泽，遇到雨天，自行车常常会陷入泥泞的道路中无法前行。由于自行车承载着重物，车轮打滑很容易失去平衡。运气好的时候，不到三五分钟就会有人经过，帮着他扶起来。如果运气不好的话，可能要 15 分钟、20 分钟，或者更长的时间。李深静宁愿自己摔倒也不会让装冰棍的木箱倒下。有一次，李深静外出卖冰棍正好赶上滂沱大雨，在半路跌倒后，他心中的第一个想法就是确保装满冰棍的木箱不能倒下，否则水进入木箱，冰棍很快就会融化，一天的辛劳就会功亏一篑。就在车子即将倒下的瞬间，他急忙跳下来，用一个肩膀顶住整个箱子。自行车和木箱压在他幼小的身躯上，李深静又急又怕，大声疾呼求救，但狂风暴雨的恶劣天气里，哪里有什么行人。他已经忘记坚持了多久，时间一分一秒地过去，狂风暴雨冷酷地吞噬着他那稚弱的呼救声，无情地鞭打着浑身湿透的他，他的身躯不停地战栗直到麻木，他实在忍受不了心中的压抑和痛苦，在滂沱的大雨中放声大哭，"上天为什么对年幼的我这么不公平，让我肩负这么重的压力，难道上天要考验我吗？"最后，他在雨中足足苦熬了半个钟头，才有村民将他从困境中解救出来。李深静遇到过许许多多的困难和挫折，唯独那次经历，让他刻骨铭心，终生难忘。也许正如孟子曰："天将降大任于是人也，必先苦其心志，劳其筋骨，饿其体肤，空乏其身，行拂乱其所为。"李深静用坚强的意志和勤劳的汗水，从小为家庭撑起一片天。

卖冰棍的日子，除了担心天气以外，另一件具有挑战的事情就是吃不饱肚子。生意忙起来的时候，顾不上吃饭是常有的事，李深静经常在出门附近的商店里花一角钱买几片干面包，再携带一个空的红十字牛奶罐，当饥饿时就向村民讨一些井水放到罐子里，再将两片面包干泡软了一起吃。面包干实在是没有味道，有时他跟村民要一点白糖一起搅拌着吃才不会难以下咽。少年时的李深静第一次体会到赚钱的酸甜苦辣。

每天千篇一律的兜售冰棍生活，让李深静感觉到实在太乏味。他发现如果通过一些销售创新，不仅增加了趣味性，而且能增加额外收入。为了吸引顾客，并带给客户娱乐性、趣味性，他首先制作了一个带有指针的圆形转盘，上面写有1、2、3的数字，只要顾客多支付一点钱就可以转动转盘，当指针指到1的位置就可以换取1根冰棍，指到2的位置可以换取两根冰棍，外圈是截停指针的钉子，他将数字1位置的钉子装订得浅一些，这样一来指针就很容易落在1的位置了。由此可以看出，年轻时候的李深静已经有了经商的头脑。

小本生意要想赚钱就得吃苦，这是颠扑不破的真理。但要想赚更多的钱，光靠吃苦耐劳还是不够的。李深静每天都在一边卖冰棍，一边观察大人做生意的规矩，一边揣摩学习怎样做生意，怎样把冰棍卖得更快更多。可谓留心处处皆学问，哪里的人们购买力强，哪个地方的冰棍好卖，什么时间在什么地点举办什么样的活动，不同的地方冰棍的需求量以及天气变化规律等，这些都是李深静所关注和思考的。骑自行车叫卖冰棍的日子，过早地让一个小男孩在一次次跌倒中悟出了"三个一定"的道理：出货时一定要明确今天所需冰棍的数量，一定要一口气找到冰棍好卖的地方，还一定要尽可能多地将冰棍卖出去。为了

李深静踩在自行车上回忆童年卖冰棍经历

解决第一个"一定"，李深静采取了提前预约的形式，有大订单的顾客需要提前向他预约。第二个"一定"是，李深静每天卖完冰棍后，会到村口跟一群老大爷聊聊天。从他们口中往往能知道明天哪里举办活动，哪里有什么大事，一来二去，隔天早上准能提前到人多的地方占位。在做好前两个"一定"后，第三个"一定"就水到渠成了，确保冰棍生意不至于太差。李深静总结下来的这些经验做法，让他比其他同行卖冰棍的时间大大缩短，有一天他甚至 3 个小时就将 130 根冰棍全部卖出了。

努力可以分为三个层级：做事、会做事、做有价值的事。大多数人停留在第一层级，盲目地投入资金、精力，但年少不服输的李深静已经开始学习如何跨入第二层级，以方法论作为底盘，不断去想办法，提高办事效率。普通人讲求努力，而高手讲求效率，低水平努力到头来只能感动自己。总而言之，李深静的三个"一定"，其实也为他以后在商业中的"提前筹划、把握商机、竭尽全力"奠定了基础。小故事大智慧，既是市场脉搏的准确把握，也是商业机会的灵敏嗅觉。

　　日复一日，年复一年，每天早晨李深静骑着自行车，后座驮着一个沉重的木制大冰柜，栉风沐雨，一边艰难地骑行，一边扯着嗓子吆喝卖冰棍。就这样，他在自行车上度过了艰辛的四年卖冰棍生活。经历卖冰棍的艰苦日子，李深静愈发觉得这样下去也不是一个长久之计，他深深领悟到如果想要改变自己平庸的命运，还是应该继续回学校读书。李深静平日尽可能省吃俭用，将赚到的钱一点点积攒下来，他没有忘记回学校读书的初心。他白天忙碌着将冰棍卖出，晚上点起油灯自学书本知识，有的时候因为生意不好做，李深静很晚才能回到家，在夜深人静的时候，他一直在思考自己未来的路该怎么走，他明白读书才会有出路，只要一有空闲时间他都会拿起书本学习。

　　李深静是一个懂得感恩的人。很多年后，当李深静的生意越做越大，他依然没有忘记曾经在最困难的时候帮助过他的人们。他曾经专程回去探望当年卖冰棍的批发商陈兆设夫妇，感谢两人对自己的恩情。另一个是对李深静十分关照的爪洼村民，每次他看到李深静弱小的身躯在大街上兜售冰棍的时候，为了表示支持，他总会买一根，这让李深静十分感动，一直铭记在心。李深静曾说："当我的事业有成后，回到以前的村落，要感谢他时，可惜那村落已经没了，无法感恩，遗憾之至。"

李深静（右）探望当年卖冰棍的批发商陈兆设夫妇

三、重返校园的生活

突然有一天，李深静非常兴奋地告诉父母："我可以解放了。"他将四年来卖冰棍一点一滴存下来的所有积蓄凑足了学费，毅然去巴生市区吴福发路的华侨小学（巴生滨华小学前身）报读五年级，靠自己的努力重返校园。坐惯了自行车硬邦邦的车垫，坐在学校课椅上的李深静自嘲地将自己形容成一条泥鳅，坐两下屁股就滑到地上。此时，在学校登记证上，李深静的名字已经从原名"李良"改为"李深静"。这是他的决定，他非常喜欢这个名字。很难想象，仅仅一个10多岁的孩子是怎样有决心做出这个决定的，或许是李深静觉得命运应该由自己选择才对，现在看来一定是一种勇气和力量使然，他希望用"深静"重新抒写自己的人生。

1957年，李深静在华侨中小学校中学部（巴生滨华中学前身）初中毕业后，入读光华中学高中一年级。求学期间，他也帮忙在住家附近的园坵协助管理及卖学生周刊帮补学杂费。李深静曾经非常享受那段回到校园的时光。

当时学校离家有30多公里路途，但每天李深静都会用摩托车载着六弟李赞良，往返于而榄园坵到巴生市区的路上。虽然路途遥远，但清晨迎着初升的太阳，耳边环绕着小鸟的歌唱，几个孩子你追我赶哼着小曲，一点也不感觉到路途的遥远。

华侨中学初中毕业合影（第三排左一为李深静）

李深静（右二）在光华中学读高中时期与同学们合影

中学时期李深静的成绩一直非常好，性格开朗的他和老师、同学们的关系也相当融洽。课余时间，一些要好的同学们经常会小聚，或结伴看电影，或街边吃夜宵、吹海风，日子过得简单而快乐。

李深静和表弟黄美才两个人年纪相当，是发小，在一起玩耍长大。黄美才曾回忆，李深静让他印象最深刻的是胆识和好胜心。记得有一次黄美才请李深静看电影，当时马来亚还处在英军管制的紧急状态中，但他们没有意识到马来亚实施宵禁的管控和社会动荡的危险，两人如同往常一样共骑一辆自行车，在回家的路上有说有笑。突然前方遇见警察设岗查哨，由于没有特殊时期的通行证，况且自行车上也没有安装车灯，坐在车后个头相对高大的黄美才胆怯了。但李深静一声不吭，丝毫没有显示出慌张，他骑着车子逐渐靠近哨站关卡，等到经过哨站警察盘问的时候，他猛踩脚踏板，使出全身的力气冲破了防线，等警察回过神来的时候，李深静早已骑进弯曲的小巷子不见了踪影。这次的经历让表弟黄美才重新认识了李深静，让他见识了李深静的机智勇敢，以及遇到问题后的沉着冷静。

黄美才还打趣地说："当年我们在一起玩耍的时候，虽然他家庭条件不好，但他处处努力做到最好，什么都要与我比，那个时候我就看出来他的好胜心了。"还有一件小事让黄美才今天回味起来仍然觉得有些不可思议。少年时，有一天好多个朋友一起出门游玩，在路上碰到了能占卜的道士，大家就逗乐问老道士他们当中将来谁最有出息，没想到道士却指着个头最矮的李深静说道："将来这个人一定会大展宏图。"几个顽皮的男孩先是停顿了一下，然后哄堂大笑，谁都不会想到这个又矮又穷的男孩，终将成为马来西亚未来赫赫有名的大人物。

　　时光如梭，无忧无虑的高中生活仅仅持续了一年多的时间，当李深静升到高二的时候，家里需要有人承担家计，比李深静年幼的两个弟弟尚在求学，父亲李光邦明确表示没有办法继续承担这么多子女的学费。李深静虽有远大的抱负要上大学，但无奈之下也只能作罢。正在读高二的李深静不得不肄业，踏入社会将意味着从此将结束他求学的受正规教育之路，直接进入天地广阔的"社会大学"。李深静在"社会大学"里，经受了诸多方面的生活考验，对人生的意义、对世界的复杂性进行了新的探索。没有上过正规大学是李深静一生中最大的遗憾，但是他始终没有放弃过学习，他深知知识使自己变得更加强大，知识改变命运，学习改变人生。这也是此后李深静重视教育事业的缘起，而且一生不遗余力地支持教育事业。

　　李深静的人生就像歌中写到的那样：人生不经历风雨，怎么会见彩虹，没有人能够随随便便成功。把艰苦当作人生的历练，宝剑锋从磨砺出，梅花香自苦寒来。正因为年轻时的李深静饱尝了人生的艰难和曲折，在日后无论遇到多大的困难，他都能坚定信念克服它。再回首卖冰棍的往事，要向他这样一位真正的孤勇者致敬。

四、园坵中成长

　　海明威说："世界击倒每一个人。之后，许多人在心碎之处坚强起来。"柏拉图说："人类没有一件事是值得烦恼的，当克服一次挫折之后，你便提升了一次自我。"艰难困苦，玉汝于成，李深静经历了很多坎坷，但他似乎天生就会视挫折为成功的踏脚石，并将挫折转化为机会和前行的动力。

离开校园的李深静，开始了他的求职生涯。他迫于自身学历低，只好先找到一家位于 40 英里外的万津摩立橡胶园当见习生，没想到从此与橡胶园结下了不解之缘。由于上班的地点离家实在太远，同时不方便送弟弟读书，索性李深静与李赞良搬离了而榄，寄宿到了位于加埔路的亲戚家中。

见习生的岗位是对初来乍到刚踏入社会的毕业生一次锻炼的机会，对于高中肄业的李深静更是难得且珍贵。为了保住这份工作，在橡胶园里，他什么都做，什么都学，只要忙完手头上的工作，他就跑去橡胶园种植区，坐在一旁看别人如何种植橡胶树。遇到不明白的地方，他就上前搭个话，问问老师傅，由于李深静总是虚心诚恳求教，别人对他自然是有问必答。每到晚上，当别的工人在隔间喝酒聊天打牌，李深静则在宿舍里一个人挑灯夜读，如饥似渴地翻看着从橡胶园仓库里淘出来的园圻管理书籍。

当时李深静说着一口蹩脚的马来语，一开口别人便知道他是外来人。马来亚联邦摆脱英国殖民统治独立后，除了马来语以外，英语成了当地交流最频繁的商业惯用语言。为了弥补英语不足，他白天打工，晚上到巴生高等学校进修英语。由于英语中会涉及很多翘舌音，他刚开始学习时常常咬到舌头。有段时间他的嘴巴简直就是"灾难现场"，舌头布满牙印，一说话就像打开了舌头的开关，舌头不断往外冒血。

由于李深静勤敏好学，不辞劳苦，很快被提升为胶园管工。橡胶园的劳作相当艰苦，冰谷的散文《秤胶棚里》写道："那些割新胶树的，担子弯弯的很沉重，微笑由他们的心田开到脸上；那些割老胶树的，沉重的不是担子，而是他们忧虑的心……"身为胶工，雨天犯愁，因为下雨天割胶的时候雨水会稀释胶汁，使劳动成果大打折扣，甚至无法出工。在马来西亚漫长的雨季里，胶工没有收入，全家的生活更陷入一片困顿之中。艳阳高照、碧空如洗之时，在密不透风的胶林里割胶，却如同置身于蒸笼之中，胶工苦不堪言。所以李深静常说橡胶园的工作挣的是血汗钱，需要工人们一点一滴去做。在萧村的散文《割胶》中，作者笔下的胶工们每天既要与时间赛跑，赶在中午以前完成割胶任务，还要小心翼翼地割胶，生怕割坏了树胶饭碗也跟着打破；他们既要面对老板在工资方面七扣八除的剥削，更要防备躲在阴暗处的野兽——老虎和野猪的突然和致命攻击。方天写于 1955 年的短篇小说《胶泪》描写了胶园危机四伏的夜间情况："偶然有沉实的树果坠落在草丛里，或是夕寒汇集的劲风拂动簌簌的叶；那潜伏的蛇便蠕蠕地在草丛里爬蜒，而夜间寻猎的山猪也警戒地微睁着闪光的绿眼，胶林里疏落的阿答屋里，发鼾的狗也便咻咻引项吠起……"

在橡胶树的驯化、人工栽培、传播逐步取得成功的同时，橡胶树的育苗、植树、采胶、割胶刀具、割口、胶园的林间管理，以及种苗的储存运输等工作也都取得了巨大进步。割胶技术讲究"稳准轻快"，即拿刀稳、接刀准、行刀轻、割胶快。只有这样，才能多出胶、少伤树。这一割胶技术看似简单，操作起来却不易。各项操作要尽量一气呵成，这样才能确保割线顺畅、出胶更多。刀不能歪、手不能抖、眼不能眨，绕着树干割胶时，眼睛、脚步

胶工们在胶园割胶

要跟随胶刀前进的方向移动，才能达到割线均匀、产胶更多的效果。老一辈胶工早年割胶使用的长柄拉刀由刀口、刀柄和刀把组成，较薄的刀身能够更好地贴合橡胶树，刀刃处一个锋利尖端可以更好地切割树皮。但是，因为刀口长度较短，割胶效果并不好。在低处割胶时，胶工需要蹲下才能操作，劳动强度较大。

李深静 22 岁时，有一次去新加坡的路途中，偶然经过一家样貌不凡的园坵，他向门口的老大爷一打听，才知道这是一家跨国公司南洛的种植园。李深静赶紧回家，写信应征职位，经过简历筛选，他顺利进入面试环节。但最后面试官的一个问题，让他顿时满脸涨红，恨不得找个地洞钻进去。"你的学历是什么？""高中……"面试官睁大眼睛说道："这么低啊，英语水平也不达标，那你来这里能做什么呢？"这次失败的面试经历让李深静一直记忆深刻，没料到多年后，1989 年他出其不意地收购了南洛公司的 13 个园丘，整体规模相当于 IOI 集团原有种植园资产的近两倍，举国震惊。收购成功后，IOI 集团从此跻身全国前五大种植园公司。这是李深静一生中最开心的一件事情，上帝为你关了一扇门，总会为你打开一扇窗。就是因为当年申请工作被拒，李深静才有机会另找机会，走出非凡之路。

求职受挫，但毕竟有在万津园坵期间出色的管工经验，1964 年夏天，在新婚不到半年的时候，李深静终于找到了一份霹雳州玲珑镇（Lenggong）哥打淡板（Kota Tampan）的橡胶园工作，老板是永春老乡的华人实业家李延年家族。李延年以橡胶业起家，战后组建李延年集团有限公司，为马来亚最早进行多元化发展的工商巨子。在李深静的不断努力下，他终于做到了经理职位。在园坵中，李深静不仅学会了种植技术，还掌握了如何管理园坵。在别人眼里种植业的工作本是枯燥乏味的，但勤奋好学的李深静却乐在其中。

李深静（右一）亲自栽培棕榈树苗

  经过四年在园坵的学习与锻炼后，不断追求上进的李深静决定挑战更大的园坵工作机会，1964 年 6 月，他把家中老小交托给妻子孔美群，毅然北上，竞聘到大型园坵 Kota Lima Rubber Estate 工作并担任经理。作为占地超过 40 公顷的橡胶园坵经理，他第一次管理上百名胶工，而且绝大多数比他年长，有近九成是印度裔，文化和语言障碍成了李深静面临的最大挑战。但这又怎能难倒李深静呢？《孟子·尽心上》中说："人之有德慧术知者，恒存乎疢疾。"艰危和苦难，对于有德行、智慧、学识和才智的人来说是人生的一种财富。平日里李深静与胶工们打成一片，对下属员工的家庭和生活情况非常关心，通过真诚交往，大家逐渐从内心佩服这位能干的领导。李深静借着种植园内各种语言混杂的环境，在与来自不同国家和地域的胶工们的交流中练就了一口流利的淡米尔语。

  这家园坵所在的哥打淡板距离李深静所居住的巴生永安镇（Taman Eng Ann）有 300 多公里，驱车要历经 5 个多小时的山路才能到达。每当周末李深静回家的时候，他就会叫上园坵一位名叫阿华力（Awali）的印度裔司机，帮他开上公司配备给他的吉普车，披星戴月地回巴生探望家人，周日下午再开回公司。李深静利用车上的漫长时间，与司机用淡米尔语经常谈天说地，了解印裔胶工的工作生活情况，以及当地的文化习俗，既拉近了感情，又了解到胶工们的诉求与困难，还提升了语言能力。马来西亚是个多元种族、语言、文化、宗教并存的国家，从小在园坵环境中成长的李深静天生就有语言天赋，很快他的淡米尔语越说越地道。在与园坵的其他友族交往中，李深静又熟练掌握了爪哇语。没有了语言沟通的障碍，他在后续的管理工作中，能够游刃有余地与不同地域的友族们交流。多年后李深静自己成了老板，他的语言天赋使他在商场上如鱼得水、如虎添翼。他曾经用非常流利的淡米尔语在电话中和一位印度籍的前任部长交谈，当部长秘书帮助转接电话的时候，听到电话的另一方用地道标准的淡米尔语交流，总以为自己电话没有转接成功，但再次转接依然如此，结果使得部长的秘书很纠结。有时这也成为胶工们茶余饭后的消遣故事。

李深静对下属员工严格而不失温度，他注重细节、以身作则，其下属无不佩服敬重；他常对下属嘘寒问暖，只要他能做到，总会不辞辛劳帮助困难员工，让下属们感受到共情与温暖，也因此与很多人结下了深厚友情。虽然有上下属关系，但李深静和胶工们一样都是劳苦弟兄。有一位名叫杜金英的女胶工，有11个儿女，是典型的马来西亚华人新村的穷苦家庭。相较于市镇和城市，新村的出现，源自马来亚英殖民政府在"紧急状态时期"（1948—1960年）为断绝马来亚共产党从垦耕者手中取得食物和药物的补给，而实施的集中营式的居民大搬迁计划。因此，新村可以说是一个历史的产物，而且是个具有非常浓厚意识形态和政治色彩的产物。[①] 杜金英的整个家庭以割胶谋生，在芭场自己种些稻米、番薯和南瓜来糊口。在家庭经济状况极度困窘的状态下，杜金英以极其辛勤的劳作撑起了全家的日常开销，为了生计她必须比别的胶工多割一倍的橡胶树。老居民吴耀宗曾回忆："当年割胶每月最多

---

① 何启才：《从管制到自治：简论马来西亚华人新村的发展与现况》，《马来亚大学华人文学与文化学刊》第八卷第一期，2020。

仅够糊口，要养一家老小，也不太够。所以很多割胶工早上割胶后，下午又到马来甘榜收购土产，增加收入。""也有一些居民在自家范围空地种菜种瓜，再到中路镇摆地摊卖。"

李深静（右三）在园坵

棕榈园中辛勤劳作的工人们

黎明是割胶的最佳时辰，每天凌晨两点到五点，此时的橡胶树体内水分饱满。多年来，在这一时段橡胶树排胶最顺畅、割胶产量最多。每天凌晨三点多仍在黑夜之中，杜金英就顶着头上微弱的照明灯去割树胶。工作到了下午还要当胶园散工，干额外的活儿。冰谷在散文《头灯》中颂扬了这种"头灯精神"，进而焕发起迎难而上的精神与勇气："头灯的光亮很微弱，它缺乏灯塔穿云透雾的能力，缺乏路灯的明耀光华，也没有花灯和灯笼的炫目缤纷。可是，我们不要忘记，胶工依仗它解除穷困，国家有了它才能进步繁荣。"

当时年轻的李深静把这一切都看在眼里、记在心上。当杜金英的丈夫病逝时，由于儿女们还小，家里缺少人手办理后事。李深静知悉后亲自登门慰问和帮忙，让这位女胶工感念难忘，经常在孩子们面前谈及此事。

谁会料到，这位女胶工的众多孩子中出了多位国家栋梁，包括排行第四的黄家泉（曾任马来西亚国际贸易及工业部第二部长），排行第十的黄家定（曾任马华公会第七任总会长、马来西亚房屋及地方政府部长）。黄家定与李深静相差17岁，李深静是黄家定敬佩的大哥。黄家定在担任房屋及地方政府部长期间，曾与李深静一起出席不少重要会议，李深静也是主动向外界提起黄家定母亲当胶工时刻苦耐劳、不向困难低头的故事，借此提醒后辈。令黄家定印象深刻的是，李深静在黄家定父亲过世时给予同情关切，黄家定赞扬李深静是充满爱心、关怀和没有园坵经理架子的人。黄家定说："当时李深静只有20多岁，虽然许多胶工的年纪比他大，但他非常具有大哥风范。""李深静没上过大学，唯他不轻言放弃，不断自我学习累积经验，致使他有今天的成就。"缘起园坵，善心善行。黄家定在担任马来西亚首相对华特使期间，李深静曾邀请他担任IOI集团董事。在黄家定的牵线搭桥下，李深静与厦门大学取得联系，并努力促进厦门大学马来西亚分校的建立。

黄家定卸任 IOI 集团董事的答谢会（右为李深静）

亚洲航空（Air Asia）首席执行官安东尼·弗朗西斯·费南德斯（Anthony Francis Fernandes）每天都在向很多不同的人学习，李深静是他的学习目标之一。他曾说："李深静告诉我过去他是如何从卖冰棍，转变为一位可说出哪种棕油籽可产更多棕油的专家。我从李深静身上学到，无论做任何事，热忱都是保持前进的原动力，所有经商的人都应该懂得这一点。"正如费南德斯所言，凭借着对事业的热忱和专注，李深静从零开始，经过几十年的埋头进取，终于实现了他当初规划的所有目标。他成功的秘诀就是对产业的热爱。他曾说，自己从事棕油业数十年，对每一棵树都有很深的感情，像对待孩子一样照顾它们。"每一棵都有她自己的性格。如果其中一棵的收成良好，我就会告诉她'我爱你'。反之，如果她的收成不好，我就会给她六到九个月时间来产出标准数量的果子。很意外的是，她们通常都会达到标准。"李深静相信，每一颗植物都是有生命的，爱惜它们，它们就会长得好，结出丰硕的果实。因此每当他巡视棕榈园时，看到棕榈树长得好，叶子翠绿，果实饱满，他就会很开心；如果树叶干枯，没有生气，他就会感到很心痛，并且会批评手下的员工，要求它们尽快改进。"在我心里，棕油是我一生的事业，我绝对不能允许看到这个产业在我手里垮掉。"

李深静（左三）视察棕榈园业务

李深静（第二排左九）与园坵不同族裔员工合影留念

第十章　琴瑟和鸣　同舟共济

一、有情人成眷属

古往今来，靠自己努力打拼成就一番伟业之人，都离不开背后女人的默默付出与理解支持。所以，谈论李深静的伟大成就之时，我们绝对绕不开他的妻子潘斯里^①孔美群。

华人下南洋来到马来亚之初，主要涉及的经济领域为锡矿开采，因此当时大部分的华人都被安置在采矿区的附近。由于锡矿的经济效益较好，许多公共基础及设施的建造，也以锡矿开采地区作为中心，这样的规划使得大部分的聚落逐渐发展成为市镇或大城市。此后，八打灵接着也陆续开发了大胶园。1940 年，日本侵略者占领了马来半岛。在这民不聊生的岁月，孔美群出生于雪兰莪州八打灵锡矿一个贫困的矿工家庭。全家十多口人仅靠孔美群父亲微薄的薪水和母亲兜售糕点的小贩生意过着缺衣少食的生活。由于贫病交加，积劳成疾的母亲病逝了。那年，孔美群刚 8 岁。她 9 岁时，父亲娶了继母。因为孔美群勤快、伶俐，继母对孔美群还算疼爱。而伴随着异母弟妹的出生，孔美群除了做家务还要带弟妹，不但读书的希望越来越渺茫了，连小孩子通常的嬉戏玩耍也很难得。日复一日的操劳成了孔美群童年唯一的、挥之不去的记忆。10 岁时，父母知道孔美群读书心切，又怜惜孔美群懂事、乖巧，为家庭付出最多，终于送孔美群

---

① 潘斯里是对马来西亚受封丹斯里的人的妻子的称呼。类似的还有拿督的妻子被称为拿汀。

上学了。

因为超过启蒙年龄，孔美群一上学就只能读四年级，而对一至三年级的功课一无所知，看着课本干瞪眼，老师一问三不知，经常被老师喝骂、同学嘲笑，在忍辱受屈中度过了最初的学生生涯。由于对知识的渴望，这些遭遇不但没让孔美群退缩，反而更激发了她学习的上进心，除了上课，放学路上、干家务时、吃饭间隙，她甚至连睡觉时也躲在被窝里学。由于成绩优秀，11 岁时孔美群顺利升上五年级，而这时，继母不断地又生养了几个弟妹，家境更贫寒了。父母无力支付孔美群的学杂费，为了继续学习，她就要自食其力。每天早晨六点，她在睡眼朦胧中挣扎起床，带着批发来的糕饼、炒米粉到矿场上叫卖，卖 1 元可赚得 18 到 20 分，她人小，又想多带点货，而矿场都是沙路，自行车车轮常常陷进沙里，连人带车摔倒，米粉、糕饼沾上了泥沙也不舍得扔，将大的泥沙抹掉后，和着小的泥沙就自己吃了。为了多积攒一点钱，孔美群在假期中曾谋到一份看孩子的工作。那是一对华人夫妇，在树胶园割树胶。每天清晨五点，孔美群就骑着自行车到两英里外的树胶园看顾两个孩子，下午等主人回家了她才骑车回家，披星戴月的日子一直到假期结束。夫妇俩很满意孔美群的工作，不愿意她离开回到学校，于是说："你家那么穷困，不能供你读书，你难道还想出来当老师吗？"他们的话刺痛了孔美群，孔美群心想：我就要争气读出来给你们看。苍天不负有心人，五年级毕业时，孔美群居然考得全班第一名。六年级毕业了，家中真的再也拿不出钱供孔美群继续读书了。眼看就要辍学，历史老师廖荣蕾知道孔美群继续学业面临困难处境，而正好她的先生陈延进博士要去森美兰州的芙蓉中华中学（Seremban Chung Hua High School）做校长，可以带着孔美群去读初一，但条件是要帮助他家料理家务。只要能读书，孔美群当然就欣然同意了。以后每到假期，孔美群也不能闲着，总会提前两周请求姐姐帮助寻找工作。有一份工作是在一个印度人家。印度老板很苛求，他们不吃饭你也不准吃，还不能坐在桌上吃，只能蹲在很黑的小屋子里吃，挨骂受气更是家常便饭。到了初二，陈延进校长调往新山宽柔中学（Foon Yew High School），因陈校长与坤成女校（Kuen Cheng High School，原名坤成女学校，于1908年创校）的林宝权校长是里昂中法大学（法语：Institut franco-chinois de Lyon）的校友，便介绍孔美群去坤成女校读初二。

"筚路蓝缕，拓土南荒，坤成首创女教彰；祛彼暗黑，文化阐扬，群季俊秀萃簧庠"，在坤成女校的孔美群更是笃行日新、自立自强，随着年龄的增长，她可以采用半工半读的方式自筹学费了。每天放学后，她骑着自行车到八打灵的建筑工地卖炒米粉及冰水，直到晚上八点多才回家复习功课。她每天在烈日下晒六个多小时，两只手一年到头脱皮，长满了黑斑和白斑，至今仍留下后遗症。直到高中一年级，她有了一个考日间师训组①的机会。抱着试一试的心态，孔美群参加了日间师训华文组的招生考试，没想到竟被录取了。当她在报上看到自己被录取时，高兴得情绪失控，又哭又笑，别人以为她疯了。十年寒窗苦，不负有心人，孔美群对这来之不易的机会特别珍惜。当教师本是孔美群的夙愿，加之师训班还有津贴，第一年每月50元，第二年每月100元。这些钱她从不舍得自己用，除了买教材、制作教具外，全交给父亲贴补家用，一直持续到师训班毕业为止。1960年，毕业后的孔美群被政府派到巴生港口的海南村（Bagan Hailam）务德学校（WuTeck School）任教，每月薪水146元。

园坵是李深静进入社会的大学堂，他白天在万津摩立橡胶园当管工，并学习种植、交割、提炼、管理等知识，晚上就到夜校即巴生高等学校（SMK Tinggi Klang）进修英文。在夜校英文班，他认识了刚刚从师训组毕业的明锦方和朱量才两人。他们将应届师训毕业刊拿给李深静看，或许是缘分使然，李深静在62位同学的毕业刊中被其中一个眉清目秀的女生深深吸引，便请求两位同学帮忙介绍，而那个女生就是孔美群。

---

① 英殖民政府1948年开办"高级师范训练班"，简称"高师"，毕业生在毕业后分派到各华文小学执教，是华文女子师资培训之始。经过十年发展，随着马来西亚独立，教育政策改变，"高师"于1957年被停办，由日间师训华文组取代，从此在马来西亚，日间师训华文组成为华小师资的唯一来源。日间师训的原名为Day Training College，简称DTC，后来改称PPAK，华文组则在后加一个C，即PPAKC。1957—1972年，日间师训组的主要教学语言是华语，马来语定为第二语言，学员受训期为三年。但是日间师训组只录取极少数的华文组学员。

1961 年，对于孔美群来说，是人生的一个重要转折点，这一年她认识了李深静，由此改变了她的人生。孔美群比李深静小一岁，两人几乎是一见如故，单纯的两个年轻人从此开始了约会。李深静每个礼拜下班赶去码头坐舢板到很远的村落看望在华小教书的孔美群，因为都是第一次恋爱，他很郑重，每次都穿着干净的皮鞋，走时却常逢退潮，皮鞋陷进一片狼藉的烂泥滩，难堪又辛苦。在那个清贫的年代，每次见面成了两个年轻人最奢侈的享受和不懈的期盼。

1963 年 12 月 7 日，李深静和孔美群在家人、朋友的祝福下喜结连理。孔美群因为结婚而有理由调到了距离巴生 4 英里的培英学校（SJKC Pui Ying）教中文，一教就是 7 年。李玉玲、李耀祖姐弟相继在此期间出生，给家庭增添了许多生气和乐趣。为了让孩子有个好的生活环境，孔美群和李深静工作更勤奋了。结婚初期，李深静曾问孔美群："这一生希望平平淡淡还是轰轰烈烈的生活，甚至死在大风大浪里？"孔美群作为女人选择平凡生活，唯李深静坚持，人不能庸碌一生，要有曲折起伏才有意义。

不久，李深静离家去霹雳州玲珑的一个园坵做经理，每两周才能回一次家。20 世纪 60 年代，橡胶业买卖交易频繁，行业很不稳定，李深静后来被调去霹雳州的另外一个橡胶园担任园坵经理，但不久这个园坵被卖了，一筹莫展之际，李深静尝试转行做养猪业。孔美群回忆说："深静听闻养猪能赚钱，买了百多头猪，还亲自照顾，猪只长大要出售时，却发生猪瘟，导致我们血本无归。"那时李耀祖刚出生两个多月，李深静做生意忙得焦头烂额，连团圆饭都顾不上回家

1963 年李深静和孔美群喜结连理

吃，那年春节一家人过得很不是滋味。

养猪失败后，李深静获得了巴生路 6 英里的美孚油站的商业机会，真是天赐良机。李深静的表弟黄美强也是油站业的早期开拓者，他回顾说，经营油站并非想象中轻松和简单，"经营油站首要缺点是营业时间长（如 24 小时营业），而且必须全年无休"。

千辛万苦将油站做起来了，李深静又找到一份园坵经理的工作，油站全由孔美群来料理。那时，孔美群还在距巴生 4 英里的培英学校执教。每当学校放学后，她便匆匆忙忙吃完饭赶到油站做账。因住家离学校很远，每天早上去巴生上课，来往需乘火车，常因太疲劳在火车上睡着了而错过站，等售票员叫醒后还得转车回家。后来夫妻俩在加油站附近租了一套房子，举家从永安镇搬迁过来。李深静的母亲舍不得日夜相伴的孙子孙女，也和老伴一起陪伴着家人迁居此处。

孔美群除了教书及油站两份工作外，同时还要看管 6 个孩子。当时请不到工人，即使请到也不容易稳定，李深静考虑再三，不让孔美群再做教师。而孔美群又非常热爱来之不易的教师职业，不愿就此舍弃，于是每天奔波于学校—油站—做饭—带孩子的周而复始的劳作之中，所有的心思都在孩子、丈夫、家庭上。数年间，孔美群从没随丈夫出门应酬，没吃过一顿从容饭，没睡过一个安生觉，除了孩子们的吃喝拉撒睡，还要陪做功课。等到孩子们都睡下了，她才能坐下来批改学生的作业。半夜十二点睡，清晨五点起床，照顾孩子们吃完早餐，六点半出门去学校，一边驾车，一边将早餐放在膝盖上胡乱吃几口。久而久之，孔美群养成了与时间赛跑的习惯，至今吃饭、走路都慢不下来，长此以往，加重了胃的毛病。这些都还能克服，最担惊受怕的是孩子生病。一次，四个孩子同时出麻疹、拉肚子，半夜孔美群同女佣带着孩子们去诊所，跑前跑后，顾得了这个顾不了那个，跌倒导致膝盖流血也顾不上。孔美群说："真是有泪往肚里流。就算没有人帮我，我也毫无怨言，因为深静生意更辛苦，我不能因为孩子的事让他操心。"

尽管艰辛，孔美群绝没放松过对孩子们的教育。所幸六个孩子品学兼优。李深静平日忙碌，更多的是用以身作则的方式教育孩子，一旦发现问题，他也会告知妻子提醒孩子们。随着时间的推移，李深静的工作有了很大起色，家里生活条件也逐步改善，加之经营油站也有一定风险（曾经三次被印度人抢劫，其中一次孔美群还怀着李玉贤），李深静坚持让孔美群卖掉油站。这是孔美群多年付出的心血，虽然十分难舍，撑持了一段时间后，最终还是卖掉了。孔美群不图能赚多少钱，只求孩子听话、丈夫体贴、家庭和谐。

离家在外的日子，李深静也不忘给妻子写信。他鼓励妻子主动报名培训进修课程，即便是马来文培训也要参加。李深静知道妻子从小节俭惯了，所以一再叮嘱要舍得买一些有营养的食材和补品，他经常强调身体是属于自己的，要多关注健康。

2013 年 12 月 7 日是李深静与孔美群五十周年金婚的日子。孩子及亲友们为他们举办了简单的家庭宴会进行庆祝。孔美群利用这个难得的机会，把古代圣贤的传统中华文化精髓与儿女、媳妇、女婿、孙儿们共同分享，希望他们能体会并接受。

孔美群这一生，从教 21 年，在加油站工作 28 年，60 岁才退休。回顾一生，她有时也觉委屈，爱着身边的每一个人，就是没有心疼过自己。但孔美群始终坚信父亲在世时的一席

2017 年李深静携孔美群赴欧洲旅行

话。那时老人家已 86 岁高龄，患了老年痴呆症，13 个儿女都不认得了。而有一天，孔美群开车载他出门，在路上，父亲忽然叫着她的名字说："美群，13 个孩子中，你最善良，最懂事，最容易被人欺，但你不要怕，人善人欺天不欺。"听了这番话，孔美群满腹辛酸，泪流满面，连眼前的路都看不清了。之后不久，孔美群的父亲就过世了。而他在弥留时刻告诫孔美群：爱家人，

爱众生，将她的福报回馈社会，以此感恩今天所拥有的一切！

琴瑟和鸣，鹣鲽情深。夫妻的齐心协力、风雨同舟是成功的基石。一个男人的成功，离不开背后女人的理解与支持。成功的背后是夫妻双方的相辅相成。家庭美满，需要夫妻二人不断地去用心经营，不断地去呵护，不断地去成长。就像这世间的花花草草，需要用一生的风雨浇灌一世的岁月，需要用一世的灵魂邂逅人间的美丽。李深静今天的成功不是一蹴而就的，而是从疾苦中走来，一路上风风雨雨。他在外人眼里尽是飞黄腾达、功成名就、风光无限，但谁又知道崎岖求索的道路上只有经历"九九八十一难"，才能修成正果，才可以得到世俗的圆满呢？

李深静创立了 IOI 集团，事业大了，压力也就大了。特别是工作紧张、生意不顺时，孔美群一边心疼丈夫，一边以包容的心默默承受着，全力支持他的事业。家庭关系中，夫妻关系居于重要的地位。要做到家和，需要妻相夫、夫爱妻，夫妻和睦，不离不弃。这样家庭才能和谐，事业才能兴旺。孔美群非常谦虚地说："风风雨雨、含辛茹苦几十年，家和万事兴是我作为妻子的首要任务。"

人的一生总会经历许多坎坷、磨难和挫折，但最大的打击是失去亲人的悲痛。李深静与母亲的关系非常好，可谓出了名的大孝子，每个周末都会回而榄园坵看望父母，经常买一些猪脚等带回家犒劳父母。婚后，孝顺的李深静将父母、祖母及两个弟弟一家七口接到在巴生永安镇购置的新居一起生活。1970 年的某天，李深静的母亲刘京为了给正在生病的老伴买点心，独自一人冒雨步行去茶室，途中穿过马路时不幸遇难。这件事情对李深静造成巨大的打击，他停下了手中所有的工作，将自己关在家中整整一个月不见任何人，把头发全部剃光了为母亲守孝。提到母亲，他总是无法掩饰内心的悲痛。他曾感慨母子缘浅，三十出头创业还未成功，母亲没有来得及享福就离开了，无法报答母亲的恩情成为李深静一生的遗憾。孔美群回忆道，她的婆婆心地善良，只要有人让她帮忙她都会竭尽所能，所以人缘很好。因为婆婆温和的性格，婆媳之间从来没有闹过不愉快。刘京常对李深静说："要做好人，要做好事。"多年后，李深静在家中的后院修了一个凉亭。他说这个是为纪念母亲而建的，有的时候思念母亲了，或者生意不顺了，他就喜欢坐在凉亭里沉思许久。在往后的多个捐赠项目中，李深静常以自己父母的名字命名，将中华文化的传统孝道展现得淋漓尽致。

二、油站开局面

李深静的另一个表弟黄美强口述回忆说，马来西亚油站行业是从20世纪六七十年代起步发展的。油站最早期都是委托管理模式，和有意经营者用授权代理形式合作。在委托模式下，土地、油站建设、设备等一律由石油公司提供，经营者只有代理权。当时眼光独到的华商看到了商机，因此比其他族群更早涉入，当年经营油站的业者，华裔占了80%。第二多的是印裔，第三才是巫裔。"很多有生意头脑的华人，纷纷踊跃开油站。"

经营巴生路6英里美孚油站的商业机会，对于李深静和孔美群来说，真是天赐良机。当时马来西亚的汽油提炼和销售主要由外资垄断，主要有壳牌、埃索（ESSO）、加德士、美孚石油（曾译为"无比"）、英国石油公司（BP）。吉隆坡和雪兰莪州属中部各市镇，常合称为"雪隆"或"巴生谷"，建于1905年的旧巴生路（Old Klang Road）是巴生谷最有"年代"的大路，比联邦大道还早建了60年，出入方便，交通网络四通八达，连接吉隆坡市中心和雪隆区各地，北段接连吉隆坡与新街场，南面接连蒲种与八打灵。这里的许多花园都和一些高速大道衔接，包括郊外岭花园（Taman Desa）可以接通隆芙大道、蕉赖（Cheras）；旧古仔（Kuchai Lama）可以衔接到加影外环公路（SILK）；友乃迪花园（Taman United）、华联花园（Taman OUG）和蒲种大道都与隆莎大道（KESAS）、武吉加里尔（Bukit Jalil）连接。和旧巴生路连接的大道除了联邦大道，还有东西连贯大道（East-West Link Expressway）、新班底谷大道（New Pantai Expressway，NPE）、吉隆坡莎阿南大道、白蒲大道（Lebuhraya Damansara-Puchong，LDP），通过蒲种大道将能到达金銮商业中心、旧古仔路和加影外环大道。

1967 年，李深静成功取得距旧巴生路六英里新开设的无比油站代理权。他和孔美群开设油站，命名为"南发号服务站"（Lam Huat Service Station），但还需要资金上的盘算：经营油站需要 1.5 万马币的运营资金用于购油周转，但李深静和孔美群刚经历养猪失败，手中没钱。靠孔美群学校薪酬扣除永安镇房贷和生活费后，已无富余。幸好孔美群的姐姐借款 8 000 马币，其余用高息借贷，月息 3 厘，每月利息 210 马币。凭借地段优势，再加上经营管理得法，"南发号"很快就盈利了，每月盈余 1000 多马币，不到一年就还清了高利贷债务，很快也把妻姐的借款还清了。因"南发号"已经营顺畅，一年多后，李深静另谋新职，在美罗担任园坵经理。

黄美强从事油站始于 1962 年，当年他高中毕业后的第一份工作就是在姐夫的油站当财副（也即书记）。1968 年，当时 25 岁的黄美强开始创业，手中仅有储蓄 3 100 马币，而 1968 年油站的营运资金是 3 万马币。黄美强手上的资金只是经营油站资金的 1/10，于是黄美强就招募哥哥与二姐夫成为股东，他们都各自投资 1 万马币。真是"不经历风雨怎么见彩虹，没有人能随随便便成功"，黄美强的油站开业 10 个月后就遇上"五一三事件"。这场历史上最严重的种族冲突中，黄美强和太太从最危险的地区逃出两条命，满怀希望的油站被抢劫一空。而李深静的"南发号"也因 1970—1971 年吉隆坡大水灾而在劫难逃。1970 年 12 月 31 日，吉隆坡地区狂风大作，暴雨倾泻，连续七天七夜不放晴，巴生河水高涨，积水久久未能消退，这是吉隆坡罕见的大水灾。当时，市区 3/4 的土地淹没在洪水中，只有武吉阿曼警察总部、精武山、咖啡山、孟沙山、东姑山幸免。渣打银行地下仓库也被水淹了，所有钞票湿透毁尽。水灾最严重的时候为 1971 年 1 月 6 日晚，当天乌云满天，大雨滂沱，百余小时持续不断。吉隆坡的大水灾夺走了 53 条人命，冲毁房屋 500 多间，毁坏道路、财物难以估计。此后政府新建道路，改道后旧巴生路六英里车流锐减，"南发号"生意严重下滑。

苍天庇佑，黄美强的加油站获得了保险公司"暴动险"的赔偿，而无比油公司补偿了李深静"南发号"的损失，同时授予李深静距旧巴生路三英里半新建油站的经营代理权。1971 年 4 月，李深静和弟弟李赞良合股经营新油站，取名为"顺发号服务站"。

两家无比油站在手，李深静一家子的局面大为好转，而自幼与李深静交好的表弟黄美才从事五金业，行业上与地产业关联紧密，黄美才顺势参与了一些房地产业务且获利不少，这也吸引了李深静的兴趣。于是李深静在巴生和友人成立了加埔实业发展公司。1971 年年底和隔年，二女儿李玉霞和三女儿李玉贤相继出生。人丁兴旺，地产走势上扬，李深静赶紧置换房产，卖了永安镇的角头屋，以孔美群的名义买入距旧巴生路三英里半的上海花园（Jalan Pisang）的独栋洋房，紧接着又在距旧巴生路四英里处买了两个店铺，每间售价 10 万余马币。

1969 年"五一三事件"发生后，马来西亚无论是政治、经济，还是文化与教育，都出现了巨大变化。以马来人为主导的政府，将"五一三事件"归咎于种族之间的经济鸿沟，于是政府所拟定的政策，"皆以对此事件的解释为政策根据"。短短几年时间，许多不利于华人社会的政策与法令相继推出，先是新经济政策，接踵而来的有国家文化政策、工业协调法令、大学学额固打制等[1]。20 世纪 70 年代，中东战争引发全球能源震荡，全球发生了一场前所未有的石油危机。这场危机对全球经济造成了巨大的冲击，短短几个月，全球石油产量快速下降，石油价格大幅上涨，需求持续增长。而当时马来西亚的汽油代理商主要由华人经营，这场石油危机无疑对他们是雪上加霜。

马来西亚国家石油公司成立之前，石油行业被几大外资品牌的石油公司垄断。然而，油价不断攀升，代理商抽取的定额佣金却没有任何提高。石油公司为了确保自身利润，一边是微薄的定额佣金，一边是石油公司可以随时提高租金，甚至可以取消代理权。由于代理商没有议价能力，加之刚经历

---

[1] 莫顺宗、李延年：《从商人到华团领袖》，林水檺编：《马来西亚华人历史中的精英企业家》，台北"中央研究院"，2001，第 203—237 页。

不久的"五一三事件"的种族冲突在华人心中仍存在疑虑，此时华人只能受人宰割，忍气吞声接受现实。李深静开始对一边倒的不合理霸王条款予以反击。

1974 年 3 月 24 日，李深静与黄美强一起发起成立"马来西亚无比石油商公会"，李深静担任首届会长，黄美强担任副会长。他们首先向无比油公司提出要增加汽油的定额佣金，同时废除石油公司随时提高租金和无条件取消代理权两项条款。但石油公司对此诉求完全不屑一顾，根本就不承认公会的地位。之后，无比油公司更是变本加厉，继续下调代理佣金，油价却再次上涨，代理商必须每天与油公司现金结账，而客户大多是赊账结算，经历着两边夹击，利润更加微薄，业务一度无法正常运行。就在代理商基本束手无策的时候，李深静开始谋划如何帮助代理商争取正当权益。他组织公会会员通过抗议请愿、提交备忘录、亲自到场谈判、找政府协商、召开记者见面会等多种形式与无比油公司展开周旋，经过几个回合后，无比油公司更是杀一儆百，取消李深静的"顺发号"代理权。但让无比油公司出乎意料的是，各个代理商团结一致，欲发动针对全国无比油的罢卖。在双方争执难解难分的时候，霹雳中华总商会副会长黄松俊等侨领出面调解，李深静等代表与无比油公司进行了长达 5 个多小时的谈判，最终以无比油公司与"顺发号"无条件续约和平收场。

这场代理商与油商的对峙提升了华人代理商的气势，让很多人见识了李深静的胆量和勇气，大家将他视为英雄。生意场上没有永远的敌人，李深静的做事风格向来对事不对人，他懂得如何化敌为友。通过这次事件风波，他的作风也让石油公司的高层刮目相看，其中董事杜约翰与李深静成了多年好友。

1974 年 6 月 30 日，马来西亚石油商联合总会（现已改为马来西亚油站业者协会）正式成立，时任特别任务部长曾永森（第 13 任马来西亚上议院主席，前马来西亚华人公会署理总会长）出席见证，来自全国各地不同品牌的汽油商，共同推举许日强出任主席，李深静出任署理主席。许日强时任雪兰茇汽油商公会主席及负责埃索（ESSO）汽油商工会财政，他是一名雪兰莪州巴生闻人，1971 年荣获雪兰莪州苏丹封赐 PJK 勋衔。黄美强曾任雪隆及霹雳州的石油商公会会长，也是马来西亚石油商联合总会的发起人之一，并担任总会总秘书长达 12 年，也当过署理总会长一职。他说："当时公会的声望很大，也极力维护华人经营的油站代理权。""初期参与大马石油商总会，会员清一色是华人，但为了与政府有效沟通，总会里也保留了一些名额给非华裔从业者。"

李深静在担任全国汽油商联合总会署理主席、秘书长期间，为行业上下奔走，结交了不少政界朋友。

李三春，1977 年任马来西亚华人公会第四任总会长。

李金狮，1979 年出任马青总团长；20 世纪八九十年代曾任马华雪兰莪州联委会主席；1986 年任马来西亚华人公会署理总会长。前马来西亚劳工部部长，房屋暨地方政府部长，卫生部部长。

叶炳汉，1987 年出任马青总团长；1990 年出任马华公会副总会长；1993 年及 1996 年成功蝉联副总会长。曾任马化合作社董事。

黄木良，自 1977 年李三春任总会长期间，开始担任马华中央委员，直到 2009 年辞职，前后长达 32 年，经历 5 任总会长的领导；在这期间，也曾出任雪兰莪州马华副主席一职超过 10 年，还曾担任马华旗下自立合作社 KOJADI 和马化合作社 KSM 的董事。

林良实，1986 年马华公会第六任总会长。前马来西亚新闻部副部长，财政部副部长，教育部副部长，交通部部长。

黄俊杰，马华前总秘书，前马来西亚教育部副部长、房屋及地方政府部长和卫生部部长。

1975 年，李三春当选马华总会长，李深静和黄美才加入雪兰莪州马华巴生支部，由此，李深静开始活跃于商会和乡亲会馆，与黄琢齐、何穆兴、钟廷森、杨忠礼等人来往密切，成为挚友。

马华元老、前马华副总会长拿督叶炳汉在接受《星洲日报》电访时透露，自己与李深静，以及马华元老李金狮和黄木良在 20 世纪 80 年代是非常要好的朋友。"我们经常一起聚会、喝茶、聊天，当时我是雪兰莪州马华署理主席，他（李深静）则负责雪兰莪州马华联委会财政。"

马来西亚政党政治风云激荡逾七十载，曾几何时李深静也活跃在政坛，20 世纪 80 年代曾担任过马华八打灵市议员以及雪兰莪州马华联委会财政等职务，与政坛大佬李三春、李金狮、叶炳汉、黄木良等交往颇多，关系密切。政坛风云变幻，商海也是波澜起伏，此后李深静逐渐淡出政坛，坚定而执着地在商海中搏击，穿越艰难险阻，最终成为一代商业巨子。

第十一章　有土有财　家业长青

李深静是孩子们的航标，他的成功就是一个家庭的成功。他在家庭中起着至关重要的作用。因此，作为一个父亲，在家庭中，一定要拿得起，放得下。言谈举止，处处起到表率作用，起到引领作用，说话算数，一就是一，二就是二，并且说到做到，从不食言，不要做"弱夫""暴夫"，而要做一个顶天的"丈夫"。弱夫就是唯唯诺诺，唠唠叨叨，懒懒散散，吃吃喝喝，撑不起家庭，没有担当；大事做不了，小事不愿做；怨天尤人，牢骚满天。暴夫就是非打即骂，不讲道理，甚至是蛮横无理，使整个家庭乌云密布，望而生畏，没有和睦可言。丈夫就不同了，能称为"丈夫"者，既能严格要求自己，以理服人，处处起到表率作用，又能勇于担起家庭的责任，撑起一片天，让家庭和睦相处，安居乐业；既能孝敬父母，友爱兄弟姐妹，又能疼爱妻小，使家庭成为幸福的港湾；既能躬耕熟练，拥有生活的本领，又能礼贤宾朋，豪爽义气。"他"在家庭中的作用可以概括为"养、育、教、领、

20 世纪 80 年代李深静一家八口的全家福

243

导"。平时在家庭中，以身作则，处处起到引领作用，那么，孩子就会在父亲的影响下，效法父亲，修身正己，健康成长。在教导孩子的时候，不打不骂，不动声色，不唠叨，多鼓励，少批评，不娇不溺，指出缺点错误，指明前进方向。这样才能被称为"严父"。

一、生而有涯　知也无涯

李深静夫妇共育有二男四女，按照年龄排序分别是玉玲、耀祖、玉霞、玉贤、玉慧和耀昇。李深静很关心孩子们的教育问题。在马来西亚经济大发展时期，大多数有经济条件的华裔父母都认为英语是比较有商业价值和前途的语言，所以一般会把孩子送去国际学校主修英语。但是李深静有着浓厚的中华情结，他认为身为炎黄子孙必须记得自己的根脉，不能忘本。因此，孩子们从小的时候开始，李深静就将他们分别送去华文小学读书。平日里他也督促孩子们多学习一些中文，他相信只有掌握好中文，才能了解中华文化的良好底蕴。

新加坡从一个小岛国，在李光耀的领导下成功地走出了困境，发展成为一个繁荣富强的国家。李光耀的远见卓识对新加坡的崛起产生了深远的影响，这一点也让李深静非常佩服。他认为如果孩子们能够融入新加坡良好的社会环境，对他们未来的发展肯定会产生积极的影响。李深静将孩子们分别送往新加坡的寄宿学校就读初中。每个孩子在离别的时候，李深静都会叮嘱上一句："我送你去就是读书，你要知道自己的责任。"家中几个孩子都在年纪很小的时候外出求学，但谁都没有学坏，父亲以身作则，让他们在很小时就有了为自己的前途负责的意识。在李深静的教育观中，送孩子出国读书，一来让他们有机会离开家，培养自力更生的学习、生活能力，二来让他们能够掌握更多新知识。

李耀祖是家中第一个远赴英国读大学的孩子，他记得当时父亲推荐他选择英国伦敦国王学院（KCL）的法律专业。由于马来西亚在 20 世纪八九十年代很多领导人和成功人士都是出自律师专业，加之李深静所创办的 IOI 集团一路走来，无论是他开始发起成立的大马无比汽油商公会与石油公司的风波，还是狙击"工业氧气"，在法庭上对簿公堂，这些过往让李深静意识到生意越做越大，面对烦琐的各种事务，法律知识尤为重要。李深静也鼓励李耀祖在读书之余，多做一些力所能及的事情，感受一下打工的滋味。李耀祖记得读大学期间，一到假期，他就会到父亲开的加油站帮忙。

李耀昇就读的圣伯特理中学（St. Patrick Secondary School）是一个天主教会创办的新加坡学校。作为一所天主教学校，圣伯特理中学以其宗教课程的天主教传统而自豪，其中还包括晨祷、三钟经、反思、弥撒和天主教社团。同时，圣伯特理中学也平等对待其他宗教传统的学生和老师，并寻求机会让这些学生在重要场合带领祈祷和反思，让每个人都有归属感。李耀昇 13 岁就被安排寄宿在一个爱尔兰教父管理的宿舍里，严厉而又传统。这是他人生第一次离开家独自生活，一日三餐都是安排在宿舍里吃。从一早起床、吃早饭、上学、休息、温习功课和课外活动都要依照教父统一定制的时间表进行。只有周末的中午才有 5 个小时校外自由活动的时间。每个月学校给寄宿学生固定数额的零花钱，用于购买食物和基本必需品。如果不好好理财，一个月的零花钱很快就会被花光，这样周末别人的孩子能出去玩，而李耀昇会因为没钱出门只好乖乖待在校园里。李耀昇四年的中学时光就是在这样一个很有纪律的环境下度过的。

李深静也从不会给孩子补贴过多的零用钱，而是按照实际需求给予孩子们定额补贴，至于其他的额外费用，即便孩子们有要求，如果不是充分必要的理由，在李深静那里是行不通的。李耀昇记得第一次出国时的体重大约有 70 公斤，但不到一个学期体重就急降到 55 公斤，中学的独立生活，让李耀昇懂得了如何与老师和同学们相处融洽，如何养成不乱花钱的习惯，学会精打细算、当家理财的本领，如何在有限时间里安排好自己的生活节奏，让自己变得有更加条理和健康。李深静的朴实除了体现在节俭上，也体现在跟儿女的感情交流方面。在家的时候，李深静从不喜欢说大道理，也不喜欢说很多话。在那个年代，还没有网络，李深静每次都是算准孩子们在外的课后时间，给他们打长途电话，每次电话都很短，因为就只有简单的三句话："吃饱了吗？书读得怎样了？钱够用吗？"当孩子们恭恭敬敬回复完，李深静就准备挂电话了。虽然父亲话不多，但孩子们能感受到那份他内心对儿女们的关心，朴实无华，又情真意切。

李耀昇第一次出远门是在9岁那年，几个孩子在父亲的带领下去英国参加哥哥李耀祖的大学毕业典礼。毕业典礼对于一个人来说是一生非常重要的时刻，很多学生的家长也会到场祝贺，校长则站在红毯上为每一位毕业生颁发证书。李耀昇参加了哥哥的毕业典礼，哥哥能在英国名校毕业，同时还拿到了英国的执业律师资格，让父亲感到无比高兴和自豪，之后，哥哥成了家里弟弟妹妹们学习的榜样。李玉霞、李玉慧和李耀昇也相继跟随着哥哥的脚步，先后拿到了法律专业学位。李深静总是非常自豪于孩子们都是英国名校毕业生。他还很骄傲地把孩子们的毕业照片悬挂在家中最显眼的地方，每当家中有朋友到来，他就会向他们展示这份喜悦。

在长子李耀祖（左三）的大学毕业典礼上合影（左二为李深静）

虽然自身没有接受过大学的正规
教育，但"活到老学到老"在李深静
身上得到了最好的体现。他对知识的
渴望和兴趣超过了常人。少而好学，
如日出之阳；壮而好学，如日中之
光；老而好学，如秉烛之明。秉烛之
明，孰与昧行乎？老而好学，犹如点
燃蜡烛发出亮光，照亮自己，也照亮
同行的人。其实，社会本身就是一所
大学，经过李深静多年的摸爬滚打，
他总结出一套世界观、人生观和方法
论。学习是企业家成功的关键因素之
一。李深静是一位终身学习者，他对

在次子李耀昇（左）的大学毕业典礼上
合影

知识的渴望和学习能力，感染着周围的每一个人。不断探索、自我完善，贯
穿了他的一生。李深静学习了从种植业，到棕油业、油脂化学工业、炼油工
业、房地产业以及休闲、娱乐和酒店服务业等领域。其中，园坵是李深静进
入社会的第一个学堂，白天学习棕榈业的种植、交割、提炼、管理等知识，
晚上进入夜校培训英语知识。投入置业领域后，李深静又拓展到商业的方方
面面，他在资本市场上实施的每一次兼并收购，都会仔细研读这些公司的财
务报告等信息披露资料，积累了丰富的资本和管理经验，涉及的法律文书，
李深静会逐字逐句推敲，认真学习，遇到不懂的条文就向律师请教。

机会总是留给有准备的人，通过他的努力钻研学习，不仅拓展了个人的
知识水平和人生涵养，而且在时代的转折中，他成功抓住了几次重大的机遇，
从而建立起庞大的商业帝国。

他曾在清华大学进行短期领导人培训，这个项目是清华大学专门为有
影响力的世界级企业家进行培训的课程。清华大学苏世民书院常务副院长
潘庆中教授现在依然记得坐在最前面的李深静，他上课时经常向任课老师

提问并互动，而且对国内的发展形势有非常多的问题和好奇心。全班同学没有几个举手的，但坐在讲台下面的李深静认真地听讲，并对他想要了解的知识提前进行了预习，对老师讲授的内容进行有针对性的提问。孔子曰："敏而好学，不耻下问，是以谓之文也。"他应该是班里最活跃与好学的学生了。

李深静虽没有接受过高等教育，却以非凡的行业成就和卓越的社会贡献，被授予双荣誉博士学位。他先后获得了马来西亚博特拉大学（Universiti Putra Malaysia）名誉农学博士学位（2002 年）和马来亚大学（Universiti Malaya）荣誉科学博士学位（2017 年）。李深静在台上致辞时曾回忆说，他 11 岁时因家境贫穷而失学，因此错过了人生学习的黄金时段。骑着脚踏车辛苦地兜售冰棍，一次摔倒让他觉悟。他坦言，当时只因想到脚踏车可以倒，我人可以倒，但冰棍箱子不能倒，它不只是我的家当，更是家里的生计。他觉悟唯有靠知识才能改变命运，他决定用卖冰棍的钱来支付学费，重新回到学校上课。他也希望学生能以他为鉴，在学校时把握机会打好基础，因为机会是留给有准备的人。

2017 年李深静（左）获颁马来亚大学荣誉科学博士学位

学习华文从孩子抓起，这是李深静一直以来的理念，他自己也是这样言传身教的，他的孩子们个个会讲流利的华语。李深静亦父亦师亦友，特别是将次子亲自带到中国发展商业地产，接受和学习中国的文化。通过诸般努力，他不仅成就了自己传承华文的梦想，也为马来西亚华人社会继续华文教育树立了典范。

二、以身作则　言传身教

人之行，莫大于孝，孝莫大于严父。李深静在孩子们面前爱而不溺，严而有格，是他对待子女的真实写照。

李深静很少会直接表扬孩子们的成绩，而是更多地给予鼓励和鞭策。父亲对儿子们有更高的要求和责任，对女儿，他也从不会溺爱纵容。孩子们对父亲深藏的爱也会铭记在心。日理万机的李深静对孩子们的影响并不会削弱，他总是以身作则，言传身教，通过自己的实际行动教会孩子们做事做人的道理。虽然话不多，但如果他要找谁谈话的时候，那一定是警示你哪里做得有问题了，以后必须改正。

儿女们看到父亲一步步付出所得到的收获，不仅为父亲高兴，而且时时激励着他们积极向上，不断攀登；老板勤奋好学，也鞭策着员工们在工作中不能懈怠，努力做好李深静强调的"101目标"；每个见到李深静的朋友们都不由赞叹他凡事都全力以赴，那种认真态度是少有企业家能做到的。李深静特别重视每一次的公开演讲。每次拟完演讲稿，他总会让孩子们先过目内容，包括业务数据和表达是否准确。之后他会反复朗读，确定每一个字的发音正确，然后让员工提一些建议。李深静会每天抽出时间在办公室大声朗读好几遍，直到演讲那天才停止。他的英文演讲更是改变了很多人对海外华商不熟悉英文的刻板印象。李深静的英文发音标准而流畅，其实背后是他无数次的刻苦训练，才会在观众面前展现出最好的状态。

李耀昇曾在追忆父亲时说："不记得父亲给我们讲过多少遍这个故事，几乎熟悉他的人，一提起我的父亲，都会说到父亲年幼卖冰棍的经历让他们印象深刻。"每当李深静与其他人回忆这段往事的时候，身边的儿女们总是在一旁安静地倾听，这些话不仅是讲给别人听的，更是鞭策着家族下一代的年轻人。虽然李深静的儿女们从小丰衣足食，无忧无虑，但他们一直陪伴着父亲，耳濡目染也学会了父亲为人处世的道理和做人做事的品德。

李深静创立 IOI 集团经历了不同的时代。在早期没有互联网的时代，为了能第一时间获得棕榈业市场动态和房地产业发展动态，办公室按照李深静的指示收集了各种新闻媒体的剪报并汇编成册。从 20 世纪 80 年代起，累计超过 30 年的资料堆积如山，仅有关益东收购案的中英文报章剪辑档案就近三寸厚。每一份经他阅读的资料，他都会勾勾画画留下标记。如果有对 IOI 集团不实的报道，李深静就会立刻让拿督杨豪写信给总编辑表明要求更正。

淡然是一种人生境界。在儿女们的眼里，父亲总是如此淡然处事，即便外面大风大浪，回到家却总是波澜不兴，风平浪静。李玉霞曾说，作为儿女，我们对父亲工作以外的事务都不太了解，因为父亲很少会提及在外面帮助过哪些人或者做了哪些善事。很多时候我们都是看到媒体报道，或者其他人提起才知道父亲为社会做了那么多有益的事情。李深静是一个非常朴实和节俭的人，可能很多人都难以想象像他这样身价的人，为什么还那么节约。踏实和节俭，并不是父亲刻意给孩子的磨炼，也许是老一辈人在艰苦的岁月中养成的优良品德。李深静总是将钱用在该用的地方，低调朴实是他一贯的生活态度。如果带他去奢侈品商店购买包包、首饰等，他觉得很不可思议，这么贵也会有人去买。

为了生意需要，早年李深静想买一辆豪华奔驰车 S500。但他怕别人会批评，出于慎重考虑，还专程征求三叔、四叔等长辈的意见，直到长辈们赞成李深静买车，他才去买。在那个时候奔驰有几个型号，由于外观差不多，很多人买来奔驰 S200、S300，通常会在车后贴上 S500 的标志。然而李深静恰恰相反，他买来奔驰 S500，却将车后的标志换成 S200，显示出富而不骄的低调个性。

李深静如果要到外地出差，一般都会选择经济舱，有的时候一来一回要在飞机上坐好几个小时，但是他总能克服困难，后来与李深静同行的朋友实在看不过去了，劝他不要对自己太苛刻，否则朋友们也会感觉不舒服的，大家坐在一起说话谈事，头等舱不坐，总可以坐商务舱吧。在朋友们的劝说下，李深静这才接受乘坐商务舱出行。

表弟黄美才曾回忆，有一次与李深静赴厦门调研，空闲之余，李深静发现路边地摊小店的衣服非常便宜，而且款式也不错，便对身边人说我们是不是应该买几件呢。一向对生活品质要求比较高的黄美才以为他只是开玩笑，没想到第二天见到李深静的时候，他已经穿上了从路边摊上淘到的 T 恤衫，而且向外人推荐，价格不到 100 元实在物美价廉。李深静经常在忙碌之余，在家中与朋友们小聚，他喜欢亲自到市场买一些海鲜食材回家煮，很多菜市场摊主都认得出这位笑容可掬的大老板，有时李深静还会当面请教这些食材如何烧制。李深静很喜欢与买家上演"斗智斗慧"的"砍价"心理战，而且乐此不疲，从中找到普通人生活的乐趣。外甥陈群生曾与李深静去深圳出差，两人到了琳琅满目、生意红火的东门市场，李深静看上了 40 元一件、适合穿到园坛的防水夹克。他便吩咐陈群生去讲价看 50 元买两件是否可以，没想到最后买卖成交，李深静开心得不得了。他告诉外甥，不管对方定多少价格，如果对方是骗人的，这个东西肯定不值钱，卖方一定不会亏本卖，但凡出价总有缘由，但对于我们买方来说，要对商品的价格有一个清醒的认识，才不至于被骗。

虽然李深静的穿着从来不讲究品牌，但很注意在外人面前的仪表形象。每当他要出门时，总会在镜子前面认真打理一番，发型要整齐，衣服要整洁。为了方便和节约时间，李深静为此还在家里特设了一间私人理发室，有一位长期为他服务的理发师会定期上门为他理发。李深静认为一个人的精神面貌至关重要，这样待人接物才会让客户感觉到对自己的重视，也让下属看到老板应该有的样子。

李深静有一个 20 世纪 80 年代的灰黑色公文箱，经常会在出差和商务活动时提着它，即便时间长了，箱子已经坏了锁扣，磨破了一个角，后来女儿们合起来给他买了一个新的公文箱，但李深静依然舍不得丢弃旧的。如今儿女们为了纪念父亲，将它陈列在李深静纪念馆里。

李深静用过超 40 年的公文箱

因为李深静对物质要求并不高，作为子女还有什么好挑剔的呢。家中的几个孩子平时也都很低调，从不攀比炫耀，也很少特意接受媒体的宣传采访。也正是在家风的影响下，李深静的几个孩子虽然很小年纪就独自出去读书，但谁都没有学坏，不仅如此，各个都很独立，并且理解父母的不易，更加体贴和照顾家庭，所以大家庭的氛围相当和睦融洽。

认识李深静的人都知道他很随和，完全没有任何富豪的架子。不管平时有多忙，李深静都会抽时间约朋友相聚吃饭喝酒来联系感情。与朋友相聚，喝酒和唱歌是少不了的内容。说起酒友，不管对方的身份等级，只要敬酒他皆喝，也从来不会在酒中做假。他敬酒绝不强人所难，能喝多少就喝多少。在一场婚宴中，台北经济文化办事处的罗由中与李深静相识相遇，在寒暄之际，前马来西亚华人公会总会长李三春前来敬酒并邀他一饮而尽，不擅饮酒的他略有犹豫，李深静察言观色非常细致，当即将罗由中酒杯中的半杯酒倒入自己的杯中，不禁让初次见面的罗由中为李深静的敏锐洞察力和侠义豪情所折服。在众人的眼里，李深静是个千杯不醉、酒量非常大的人。其实常伴身边的儿子李耀昇清楚，父亲并不是酒量大。设想一位 70 多岁老人家的酒量怎么可能比得上年轻人呢？而是父亲想表达对别人的一份尊重和感情，还能活跃现场气氛。

爱唱、爱笑、幽默、极具亲和力和感染力的李深静，在朋友们的心中难以忘怀。他曾在郊游的长途大巴车上，用歌声为路途劳累的朋友们带来欢声笑语。他也曾开玩笑说，如果他这辈子没有从商，很可能就是一位歌手。"事业成功，做人成功，教子成功"是朋友对李深静的评价。李深静究竟是如何做好各种关系的平衡，他又是如何一步步从无到有，从无名之辈到成为被社会公认的著名慈善家和企业家呢？一个人的成功需要天时、地利、人和，最重要的还要有不断勤奋努力和善于学习的本领，这些成功要素联结在一起，在特殊的历史时期，造就了李深静今天事业的辉煌。

马来西亚中华总商会总会长戴良业曾说："和李深静在一起时，深深感到他充满活力和魄力，还有不畏艰难和永不放弃的坚持和力量。李深静也从不吝于分享经验和心得，能从他身上得到学习和成长，我感到十分荣幸。他奋力创造财富，又从未间断地回馈社会，尤其是他对华人教育关爱和捐资助学的义举，不仅出钱，还很用心，激励和培育了许多社会栋梁。记得当年他毫无半点犹豫即捐助厦门大学马来西亚分校 3 000 万元人民币，让我十分敬佩和感动。"

在李深静的商界朋友当中，一定要提到已故的杨忠礼。杨忠礼是李深静非常尊重和敬佩的老大哥，比李深静年长 10 岁，两人之间是忘年之交，经常无所不谈。20 世纪 80 年代初李深静认识了杨忠礼，从商界到商会、社团和教育领域，他们俩都有很默契的交流与合作，经常会相约一起参加各种社会活动。

李深静与杨忠礼有着很多相似之处，一是他们的成长经历。他们都是从无到有，经历了年轻时期艰难困苦的创业历程，从建立自己的企业，到后来成为对社会有贡献的慈善家和教育家。二是对教育事业的奉献与热爱。他们都曾经因为家境贫寒而辍学没有接受完整的教育，这让他们对教育事业情有独钟，义不容辞捐建学校。杨忠礼曾多次邀请李深静参加他所捐建学校的奠基仪式，李深静也邀请杨忠礼到马来西亚坤成中学和福建永春去考察，两人尽全力为华文教育事业做出更大贡献。三是家庭观念和对子女的培养。他们都对家人非常爱护，对家中众多子女的教育非常重视。两人的妻子都是教师，相夫教子，作为男人背后的贤内助，把家庭安排得井井有条，使男人能安心在外发展事业，回家得以享受天伦之乐。杨忠礼的儿女有五男二女，都毕业于英国著名大学，李深静的儿女也先后赴英国名校念书。四是对家乡故土的眷恋和对华人社团的支持。李深静和杨忠礼虽然都是出生于马来西亚雪兰莪州的华裔，但是父辈们对家乡故土的思念和深厚的家族观念深刻影响着他们。杨忠礼祖籍金门，李深静祖籍永春，同属于闽南同乡，自然更加亲切。他们常常提醒后代不能忘记自己的根，要知道根来自何方。在马来西亚，他们俩携手推动华人社团的团结，经常劝告华人社团要抛开不必要的成见，求同存异，共同争取和维护华人社团的权益。

李深静（右）与挚友杨忠礼合影

自古就有千金易得、知己难求的说法，足以证明人生在世如有幸遇到一知己，是何等的幸运。李深静和杨忠礼两家至今没有生意上的往来，简单朴实的友谊让彼此更加投缘。两人都有着相似的人生观，无论是为人处世，还是对社会的责任感和使命感，彼此尊重，互相欣赏，支持华人社团与华文教育事业，成为各自人生中非常珍贵且难得的挚友。真正的知己，彼此珍惜，彼此温暖，两颗相似的灵魂刚好遇见。杨忠礼于 2017 年 10 月先离世，李深静接到这个消息后悲伤不已，失魂落魄，在杨忠礼的追思会上每晚都前去为这位老朋友和老前辈默哀，到了出殡日，李深静饱含泪水送老朋友最后一程。缘分就是这样一个奇妙的东西，杨忠礼的墓地与李深静家族为其买下的墓地仅隔了两个位。李深静在不到三年后也长眠在此。

三、价值传导　润物无声

李深静的长子李耀祖 11 岁的时候，就开始和父亲一起视察园坵。即便后来他赴英国读书，但只要遇到学校放假的时候，就会回到园坵帮忙。李耀祖回忆说："父亲带我去建筑工地和油棕园视察，他待树如同'女朋友'。""从小父亲就带我接触公司的业务，有时也跟着他见生意伙伴，有时一些比较重要的饭局，我偶尔也会出席。所以自然而然，不只是对业务，对一些人物也有一些了解。""听长辈们谈生意，关于各种数字，关于怎样发展，当时听了觉得很新奇，也很钦佩他们的能力，自然而然心里也会想，以后长大了要向他们看齐。"

李耀昇出生于 20 世纪 70 年代末，是家中的老幺，上面还有一个哥哥和四个姐姐，由于姐姐和哥哥的年纪比李耀昇年长很多，当时他们都已在国外求学，而那段时间也是父亲事业正忙的时候，儿时的李耀昇难免少了些玩伴，但哥哥姐姐们却觉得耀昇正好能享受家里的独宠。在李耀昇的童年回忆中充满了家庭的温暖和美好，为了让李耀昇买到喜欢的玩具，父亲安排司机开车穿过大街小巷，经过长时间的寻找，终于在街边的商店找到了他心仪的玩具，耀昇在很小的时候就能感受到父亲的爱。但是李深静也从来没有宠溺他，尤其是当孩子做错事时一定会好好地教导，不允许他重蹈覆辙。李耀昇记得他第一次遇到的问题是在小学二年级的时候，被一位同学在班上栽赃和欺负，并让家长来学校。回到家后，父亲问清楚此事的缘由，本以为父亲会劈头盖脸训斥他，但让李耀昇惊讶的是，父亲在听取了他的诉说后马上理解和相信他，过后还安慰他说这个事情让他受委屈了。这次曲折经历让小小年纪的李耀昇懂得了诚实和信任的重要性。

李耀祖和李耀昇各自大学毕业之后都没有直接进入父亲的集团工作，而是先到社会上磨炼和积攒经验。李耀祖作为家中长子，父母通常对他有更高的期望与要求。李深静在很多场合和机会上给予他发挥的空间，并告诉他还有哪些地方可以提高和改善。李耀祖毕业后，有近五年的时间先后到律师事务所、马来西亚总检察署、司法部任职。李耀祖回忆道，他还没有加入 IOI 集团之前，曾经在政府部门服务了四年。当他进入公司的时候，还是一个新人。他是在 1994 年进入 IOI 集团的，当时 IOI 集团的规模还不是很大。"当我进入公司后，我主要先了解公司的业务情况，当然，最主要的还是了解公司的企业文化。我父亲经营了一段时间之后，已经为公司建立了一套企业文化。"李深静给予孩子很大的自主选择权。经过两年的努力后，父亲就任命李耀祖为 IOI 集团的董事。这种放手让年轻人自由发挥的空间和选择岗位的弹性不是一般人能拥有的，直到现在李耀祖依然感谢父亲给予他的信任。

李耀昇的年龄比哥哥李耀祖小一轮，他的孩童时期正赶上父亲大力收购发展棕榈油产业，李深静也经常会带着他一起去园坵。李耀昇在 6 岁左右就开始陪父亲一同去巡视园坵，短的话可能是一日游，长的话如到东马的沙巴州一趟可能要待上半个月。就这样，李耀昇童年的大部分周末和假期时间也跟李深静一样献给了棕榈园。大学毕业后的李耀昇，先选择就职于荷兰国际集团（ING）旗下霸菱银行（Baring Private Bank）在新加坡的房地产投资公司。其间，他曾在该银行伦敦公司的金融市场投资部实习了半年。这两年多的工作经历让李耀昇学习了国际金融市场的运作模式，启发了他对融资运营模式的认知。回到马来西亚后，李耀昇的第一份工作是当董事长特别助理。长大后陪在父亲身边，让李耀昇时常回想起当年还是小孩子时跟随着父亲到棕榈园坵、炼油加工厂和建筑工地巡视业务的场景。

二女儿李玉霞说父亲是一个闲不住的人，你永远猜不到他会在何时何地出现。每到周末别人都在休息，父亲经常顶着烈日在工地里视察工作。有几次她在学校接送孩子的时候，突然看到工地上有个熟悉的矮小身影，与周围的大型起重机相比显得格外显眼。仔细一看她才发现，年事已高的父亲独自在视察工地，有时甚至忘记戴头盔，这让玉霞着实捏把汗。女儿心疼父亲，但也清楚父亲的性格，李深静就是这样一位做事要求完美，从来不知道疲惫的人。玉霞说父亲平时话不多，但会以身作则，言传身教，让孩子们清楚自己的责任所在。李深静的生活态度和做事方式对孩子们的影响最大，可以说父亲是一位身教重于言教，以实际行动影响儿女的人。"爸爸的人生格言是说到做到、言行合一，他曾经一天内巡视工地三次，半夜也去，这个纪录至今无人能打破。这激励着我也要凡事亲力亲为，不断学习进步。"李玉霞曾说："保持热忱是很重要的，因为这能推动你跳出舒适区。我在家族企业就职的27年里，见证了公司把土地转化为住宅、商业和娱乐场所，并为人们的生活带来积极的影响。"

在孩子们童年的记忆里，父亲李深静就是十足的工作狂，视工作为嗜好，无时无刻地不在工作。李深静常教导孩子们，生意是要自己去看，意思是做任何生意，最重要的是要自己亲力亲为，了解事物的实况，熟悉业务运作细节，才能够把企业做好。怀着这个企业理念，他以身作则，依然是每天从早到晚地去巡视公司业务，与管理人员一起开会商讨企业所面临的种种问题。面对任何问题，他都表现得非常镇定，都会利用自己多年积累下来的经验和智慧去想方设法解决问题。可以说，李耀祖和李耀昇都是从父亲身上学习到如何管理公司的能力和待人接物的本领。

李耀祖回顾说："我父亲他无论做什么事情，都是很投入，而且身体力行。当要了解一样东西的时候，他会很深入去观察和学习。比如说在园坵管理方面，他很投入。很少有集团的掌舵人可以花7天，甚至10天的时间，每天在园坵里观察。他住在园坵里面，每天从早上到傍晚观察，他就是这样做事，每件事情都亲力亲为，很投入。另外一个是他的诚信。这个诚信不是一朝一夕的，是经过这么多年积累的，大家都很认可他的信誉。我从父亲做生意的态度上获益良多，而且不只是我本人，公司那些任职比较久的员工，我相信他们也感觉到他做事的认真和热忱。我们这里很多工作比较久的员工，都继承了他的价值观和他做生意的态度。"李耀祖跟随父亲的脚步，秉承他的做事态度，有时到一线与基层员工接触。创业难，守业更难，虽然与父亲花在园垦的时间没法比，但也尽力做好每一个细节。李耀祖说："我相信秉持父亲和家庭的核心价值，即诚实、谦虚、勤奋及对教育的信念与价值就能获得持久的成功。"

李耀祖是长子，担当挑起集团大梁，李耀昇入则孝，出则悌。兄弟俩从初出茅庐逐渐成为李深静的左膀右臂。李深静一天天见证着儿子们的成长和进步，父子关系也更加密切。有一次，李深静曾询问黄家定有关其两个儿子的意见。黄家定回答，两位公子都很优秀，也体现出做人的价值观。"长子李耀祖有经验，稳重成熟，能挑大梁；耀昇潜能大，要放心让他去做。"

李深静的办公室里悬挂着一位知名书法家赠予、以他名字起头的嵌字联，上联是"深谋创伟业，能使荒山变棕海"，下联是"静心修大慧，敢叫平地起高楼"。这副对联生动且传神地书写了李深静一手创下的功业。这也说明 IOI 在逐步壮大后推动了两大产业，"能使荒山变棕海"，是他一手打造的棕榈油王国，即 IOI 集团；"敢叫平地起高楼"，指的是马来西亚知名房地产商 IOI 置业集团。

2014 年，李深静经过深思熟虑，启动了二代接班计划，正式将 IOI 拆分为二，即 IOI 集团和 IOI 置业集团，分别交予两个儿子李耀祖、李耀昇管理，而女儿们也可以参与企业的管理事务。传统观念中，"家业传子不传女"，虽然李深静没有直言，但是儿女们都坦然接受，尊重父亲的安排。如此布局，就是"分工分业不分家"的传承模式，有人评价，这是马来西亚华商界在计划子女接班时"最明确的分工"。

大家庭合影

2017 年庆祝李深静 78 岁生日聚会

李深静（中）与儿子耀祖（右）、耀昇（左）合影

在李深静 77 岁时，曾以半开玩笑的口吻说："基于我本身'强壮'又'英俊'，所以会维持 IOI 执行主席十到二十年。另外，我也旁观两个儿子的表现，如果儿子表现良好，甚至超过预期，可能会提前退休。"这句话的含义，就是传承布局上的"扶上马、送一程"，把两个儿子推向事业前台以后，他就用心辅佐二代接班人，力求平稳接班、顺利过渡。

李深静生前给继承人留下两家家族控股的私人有限公司，分别是 Progressive Holdings 和 Vertical Capacity。其中，李耀祖持有 Progressive Holdings 私人有限公司 77.5% 的股份，李耀昇持有 22.5% 的股份；VerticalCapacity 则恰好相反，李耀昇占 77.5% 的股份，李耀祖占 22.5% 的股份。

李烨（李耀昇的大儿子）手捧《福布斯》期刊（2024 年 5 月），上有李耀祖、李耀昇昆仲合影

李耀祖和李耀昇昆仲，在父亲辞世这五年来，遵循父亲生前"分工分业不分家"的传承规划，兄友弟恭、合作无间，将 IOI 事业继续发扬光大。家和万事兴，"兄弟档"入选福布斯发布的"2024 马来西亚富豪榜"排名第四位，并成为 2024《福布斯（亚洲版）》的封面人物。

四、幼子完婚　遂心如愿

"宗族的发展，其实就是中国社会的发展。它不仅是一种经济发展，而且也是一种文化的发展。"在家庭内部形成的各种社会关系，即婚姻关系、血缘关系等，以及由此而形成的继嗣关系，对宗族组织的构成及演变，无疑都具有深远的影响。[①] 在福建传统家族组织中，如果父母在世而有二子已经完婚，就属于大家庭。时光荏苒，犹如白驹过隙。李耀祖、李耀昇兄弟俩将精力都放在与父亲一起打拼事业上。李耀昇作为家中老幺，一直未成家，这让父母一直放心不下。

李深静开始拜托身边人帮李耀昇介绍对象。据说李深静几次拜访厦门大学都特别嘱托学校领导帮他的儿子留意寻觅贤惠善良之人。有一次李耀昇访问厦门大学，学校的老师还特意为他安排到离学校不远的地方住宿，希望他能有机会与更多女生交流。但是缘分未到，李耀昇来去匆匆，一般都围绕公司业务转，没有时间考虑这些事。后来，李深静又到泉州出差，并委托泉州的政府官员帮忙推荐合适女孩和李耀昇认识，而且几乎每次回去都会提及给儿子李耀昇介绍女朋友的事情，李耀昇也很不好意思让年长的父亲一直为他操心。其实，李耀昇的内心一直渴望有个心仪的伴侣能共度一生，但他比较追求完美，又不擅长主动出击，甜言蜜语更不会，所以总是期待缘分降临。

2017 年的某一天，一向勇敢无畏的李深静突然安静了下来，经过询问得知，父亲在医院被诊断出肺癌。这个消息对于全家人来说犹如晴天霹雳，李

①　郑振满：《明清福建家族组织与社会变迁》（增订版），北京，北京师范大学出版社，2020。

耀昇很难想象充满活力的父亲会被突如其来的病魔击倒。2018 年的一天，李深静在医院看病的时候，语重心长地告诉儿子，需要抓紧时间解决自己的婚姻问题。李耀昇知道父亲最放心不下自己的婚姻大事，看着父亲的身体每况愈下，尽早让父亲看到他成家立业成了李耀昇心中的渴望。

也许是上天注定，一天李耀昇下班回来，无意间拿起桌子上的一份报纸，上面刊登了有关马来西亚能源、科学、技术、环境及气候变化部新上任的女部长杨美盈的采访，这个女孩吸引了李耀昇的注意。李耀昇通过朋友介绍见到了年轻能干的杨美盈，第一次见面后，李耀昇内心就很肯定杨美盈将是他未来理想的伴侣，他相信总有一天两人会走到一起。随后他将女孩的照片发给了父亲，表示很喜欢，但由于工作忙碌，加上自身性格内敛，第一次见面后没有进一步发展，此事也就暂时搁浅了。

李深静得知儿子心中有了喜欢的女孩，一向严肃的李深静在一次李耀昇到厦门出差的过程中，亲自打电话给儿子，先说了很多无关紧要的话，李耀昇感觉到父亲的话有些反常，让他抓不住重点，接着父亲又说了一句语重心长的话："你之前提到的那个女孩怎么样了，如果喜欢就要勇敢表白不留遗憾啊，你要加油哦！"这才让李耀昇恍然大悟，知道了父亲电话中真正蕴含的意思。此后，父亲的叮咛一直萦绕在耳边，李耀昇决定这次要积极主动出击。

李深静是一位很细心的人，在李耀昇向他介绍了杨美盈之后，他也侧面了解到这个女孩有着在棕榈园的成长经历。李耀昇第一次带杨美盈见父母的时候，他会有意识地离开，留下杨美盈与父母多一些交流的机会。有意思的是，李深静对杨美盈说道："我们之间也很有缘分，因为我们都是园坵长大的小孩。"自从李耀昇与杨美盈决定步入婚姻后，李深静多次向杨美盈提及："你真的很好命，嫁给我的钻石王老五儿子。"可见在李深静的眼中，儿子就是块宝，父亲对儿子的那份情真意切，也让杨美盈看在眼里，感动在心里。

李深静赞赏马来西亚有这位坚强能干的年轻领导人，有两件事特别得到了李深静的肯定。第一件事就是杨美盈的艰苦求学经历。本科毕业后的杨美盈，通过自己的努力终于拿到剑桥大学的硕士录取通知书，然而家庭没有足够的资金支持她赴剑桥大学求学，但她没有放弃。2010年，她通过不懈努力，终于再次收到剑桥大学寄来的录取通知书，而且还获得赴剑桥大学的奖学金，这笔钱解了她的燃眉之急，几年后她顺利地取得剑桥大学化学工程硕士学位。

第二件事就是作为马来西亚年轻一代对国家未来发展的担当和无畏精神。李深静这一代人是艰苦创业的一代，白手起家，经历了艰难打拼的创业过程，大多没有机会接受系统且完整的高等教育。而新一代的马来西亚华人已经开始在商界、政界崭露头角。杨美盈就是这样一位将所学知识付诸实践的马来西亚青年代表。她早年以一等荣誉学士学位毕业于马来西亚国家石油大学，主修化学工程。大学毕业后，她在全球最大的油田公司斯伦贝谢当一名化学工程师。她从剑桥大学毕业后回到马来西亚，几年后成为政界新星，担任马来西来能源、科学、技术、环境及气候变化部部长。2018年12月，她被英国《自然》杂志选为"年度影响世界的十大科技人物之一"。

2019年3月29日是李耀昇和杨美盈大喜的日子，李氏家族邀请了家人、亲友及政商界人士在布城艾美酒店（Le Méridien Putrajaya）举行隆重的婚礼。这一天，亲朋好友们欢聚一堂，李深静特别开心，脸上一直充满着喜悦。身体虚弱的李深静在妻子孔美群的搀扶下，同儿子儿媳及其家人一一握手，并与在场的很多亲朋好友们合影留念。在李深静的面前，两位新人彼此许诺终身，在父亲爱的祝福下成就了这份美满的姻缘。其实结婚那天，李深静的身体状况已经很差了，孩子们也一直担心父亲能不能坚持那么久，但他强忍着身体的疼痛，完成了他多年未了的心愿，在这重要的时刻希望留下更多美好的回忆。

李耀昇与杨美盈共结连理婚宴庆祝

五、最后的离别

孩子们深深感受到生命在疾病面前的脆弱与渺小，是那么不堪一击。面对日渐消瘦、衰弱的父亲，全家人想尽了各种办法还是无济于事，无情的病魔一点点吞噬着他的健康。那段时间，孩子们非常珍惜与李深静度过的每一分每一秒。四个女儿更是不间断轮流在医院守护着父亲。两个儿子虽然管理着庞大的家业，但一处理完紧要的事情后，就会赶过来看望父亲。虽然李深静的身体正在经受肺癌的折磨，且每况愈下，但他一直很坚强地面对。李深静总是说，等他病好了还有很多事要做，他还能像往常一样巡视工地，去逛逛他们在很多地方投资修建的商场，或者约几位好朋友一起下厨房烹饪美食。

李深静离别前的时日，孩子们陪伴在他的床边，每个人都期待在一起的日子再多一些。孩子们和父亲很像，话语不多，也可能是他们太熟悉了，在这个时刻很难用言语表达即将离别的痛楚。李深静舍不得离开亲人们和这个世界，儿女们更舍不得离开他，他教会孩子们太多，给予他们太多，尤其作为一直陪伴父亲左右的兄弟俩，更不敢想象离开父亲的情形。如果没有这场噩梦般的癌症，如果可以回到从前该多好，可惜，没有如果。

2019年6月1日晚，李深静在布城的住家与世长辞。他原本计划在80岁寿辰之时宣布退休，可没想离寿辰还差两天，却驾鹤西去。斯人已逝，风范犹存，精神永传，大家将永远怀念丹斯里李深静。丹斯里李深静与潘斯里孔美群鹣鲽情深，一同走过56年。孔美群回忆起过去56年的相伴岁月，她和丈夫皆出身贫寒，婚后一切从零开始。"生前一生风雨，历经风浪，得来不易，但不认命，不服输，刻苦耐劳，不屈不挠，创造一个个不可能实现的奇迹。""如今深静不在了，我希望家人秉承他的遗愿，好好守护家，让家族和IOI开枝散叶，世世代代永生不熄，事业屹立不倒。"她以丈夫为荣，期许来世再结为夫妻，陪伴李深静创造更多奇迹。

可能是上天的安排，曾被誉为"最年长CEO"的李深静，永远也无法正式退休，他依然是那盏象征着真与爱、坚定与不懈精神的明灯，照亮孩子们心中前行的道路。孩子们说："我们家庭的支柱，永别了，在我心中，您是伟大的企业领袖，照顾家庭的好爸爸、好丈夫、好儿子，也是无私奉献的社会栋梁。"

李深静的家人按照传统的佛教仪式，在位于布城钻石山的住家设灵治丧。在钻石山停灵的三天里，上百名亲朋好友纷纷到场吊唁，也包括诸多马来西亚的政商界领袖。在追思会上，李深静的家人和朋友们先后分享了与李深静在一起的难忘往事。

2019年6月6日清晨，李深静的灵柩在停灵三天后离开李府，出发到森美兰，长眠于汝莱孝恩园。当天，逾百人撑伞，亲友、华人社团及商界领袖在绵绵细雨中含泪送别故人，家属耀祖、耀昇等在车后扶灵，妻子孔美群不舍丈夫的离去，陪李深静走完人世间最后一段路程。坤城中学管乐团也为董事长演奏他生前最爱听的歌曲《月亮代表我的心》《榕树下》和《掌声响起来》，一首首经典老歌奏响，勾起了对往事的回忆。

灵车行进途中特意经过数个地点，包括毗邻的 IOI 购物中心、马来西亚深静（哈古乐）华文学校、蒲种金融企业中心（PFCC）等，让 IOI 员工及学校师生为李深静做最后告别，让他了却心中牵挂。当灵车到达马来西亚深静（哈古乐）华文学校的时候，校董家协、师生们逾 300 人列队，面向李深静灵车。一些师生拉着条幅，上面写着"李爷爷，我们永远爱你"。校方高奏校歌，一些师生难掩悲痛，抹泪歌唱。最后师生们向灵车三鞠躬以示敬意，目送灵车缓缓离开校园。

亲朋好友在灵车旁最后送别至亲至爱的丹斯里李深静

你走了那么多年，你还在我的身边。那一天你微笑的脸。如今闭上眼，我还能看得见。穿过旷野的风，你慢些走。我用沉默告诉你，我醉了酒。

蓝蓝的泉州湾，蓝蓝的夜，那么深，那么静，连风都听不到，听不到，飘向故乡的云，你慢些走，我用奔跑告诉你，我要远行。

嘿，你在！你在这世界，每个角落存在，嘿，你在！你穿过风，穿过云，穿过一切，回来！

蓝蓝的泉州湾，蓝蓝的夜，那么深，那么静，连风都听不到，听不到，穿过旷野的风，你慢些走，唱歌的人带着思念，勇毅前行。

我们的世界改变了什么，我们的世界期待着什么。

莎士比亚说："人是宇宙之精华，万物之灵长。"中国战国末期《孝经》中有"天地之性人为贵"的记述。明心见性不分南北，立德立言无问西东。天生地成、变动不居是世间最根本的道理，而生命则是在这永不停歇的变化中所产生的最宝贵的产物。"天行健，君子以自强不息。地势坤，君子以厚德载物。"面对上天无穷而不止的变化，面对大地宽广而和顺的胸怀，只有君子才能以"自强不息"和"厚德载物"的精神效仿之。这也是为何生命为天地间之最"贵"的原因。

李深静先生

如何评价人一生的成功？这个问题可能问一千个人有一千个理由。但从人们的常规理解大致分为三类：一是外在的，包括拥有的财富、金钱等物质条件；二是社会价值，包括对社会所做的贡献，如创造的就业、税收和担当的社会责任；三是内在的，包括精神富足、家庭美满、子女孝顺和自我实现。从另外的角度看，成功并不是一个孤立的过程。它涉及人与人、人与空间和社会所建立的良好关系和连接。辩证地看，成功既是主观的，也是客观的，周围社会对某个人的评价也是评判一个人成功的因素之一。

所以，世间万物永恒，唯有将物质财富、内在成长、社会价值相结合，才是真正实现成功的路径，从而获得充实而有意义的人生。这是很多人理想的目标，但现实生活中难以触及完美的成功标准。李深静可谓接近以上所有成功标准的典范。李深静白手起家，通过不断拼搏和磨炼，打造了庞大的商业帝国，并在家庭、朋友和社会网络中获得了极高的评价。

丹斯里李深静是马来西亚华裔领袖白手起家的典范。他既有驰骋商界的国际视野，也有落叶归根的桑梓乡情，更有推己及人的教育奉献……他的前半生历尽沧桑、尝尽苦楚，但他从不轻言放弃，反而不断自我学习，充实自己，力争上游。他以脚踏实地的态度、刻苦耐劳的精神，努力不懈地苦干，不断积累经验，提升判断能力并与时俱进，最后成就了马来西亚屈指可数的商业王国。

——丹斯里黄家定（马来西亚华人公会前总会长）

丹斯里李深静一生热爱国家、关心华人社会、支持教育，功绩昭然，赢得各界广泛赞誉和尊敬。他充满活力和魄力，有不畏艰难和永不放弃的坚持和力量，也从不吝于分享经验和心得，我从他身上得到了学习和成长，深感荣幸。"深水静流育万物，高山景行贯天地"，丹斯里李深静毕生实践了伟大的企业家精神，乃后世之楷模。

——丹斯里戴良业（马来西亚中华总商会前总会长）

丹斯里李深静一直是一位有情有义的好伙伴。我们共同承担重建校舍的重任，在筹款晚宴中一起把酒劝捐。在面对学校改制招收男生而掀起的千层浪中，共同击退惊涛骇浪，从而让坤成中学在面临改制的历史转折点上，扭转乾坤，步上康庄大道。丹斯里个性坚定，做事有勇有谋，我们彼此的默契和深厚友情，就在这过程中建立起来。

——丹斯里钟廷森（马来西亚中华总商会永久名誉会长）

之前家父得癌症在病床修养，同时期丹斯里李深静发现自己也得了癌症，但他手术休养好以后，马上就飞来台北看家父，家父当时看到他，就好像看到自己的兄弟一样，非常开心，感动……丹斯里是一位勤俭、诚信、思源、前瞻、乐于助人、值得敬重的人。

——林鸿南（台北宏泰集团掌门人）

丹斯里虽然生在海外，却对家乡的感情相当深厚。丹斯里自幼历经坎坷，白手起家打造商业传奇，并热心公益不忘回馈社会，其对人才培养和教育事业不求回报的奉献精神令吾辈敬佩不已。

——李稻葵、潘庆中（清华大学教授）

"仁、义、礼、智、信"是丹斯里李深静一生的价值追求，构成了他的价值观，是他人生与事业成功的根本所在。

——朱崇实（厦门大学前校长）

深静名誉会长生前事业有成，敦睦乡谊，积极投身和谐侨社建设，为推动"世永联"会务发展做出了积极贡献，堪称典范。

——张志民（世界永春社团联谊会会长）